L'épisode napoléonien

Aspects intérieurs
1799-1815

Du même auteur

Les Révolutions européennes
et le Partage du monde (1715-1914)
coll. «Le Monde et son histoire», t. VII et VIII
Bordas-Laffont, Paris 1968 ; 2ᵉ édition, 1972

L'Age des révolutions européennes (1780-1848)
en collaboration avec F. Furet et R. Koselleck
Paris-Montréal, 1973 (traduit de l'allemand)

Banquiers, Négociants et Manufacturiers parisiens
du Directoire à l'Empire
Paris-La Haye, Mouton, 1978

Grands Notables du Premier Empire
Notices de biographie sociale
publiées sous la direction de L. Bergeron
et G. Chaussinand-Nogaret
Paris, éd. du CNRS, 1978-1988 (18 vol.)

Contributions au t. III de
Histoire économique et sociale du monde
sous la direction de P. Léon
Paris, Armand Colin, 1978

Les Masses de granit. Cent mille notables
du Premier Empire
en collaboration avec G. Chaussinand-Nogaret
Paris, EHESS, 1979

Contributions au t. II de
Histoire des Français, XIXᵉ-XXᵉ siècles
sous la direction d'Y. Lequin
Paris, Armand Colin, 1983

France under Napoleon
traduction anglaise par R. R. Palmer
Princeton University Press, 1982
édition américaine de l'Épisode napoléonien

Contributions à
Histoire de la France. L'espace français
sous la direction d'A. Burguière et J. Revel
Paris, Seuil, 1989

Les Rothschild et les Autres. La gloire des banquiers
Paris, Perrin, 1990

Paris. Genèse d'un paysage
sous la direction de L. Bergeron
Paris, Picard, 1990

Louis Bergeron

Nouvelle histoire
de la France contemporaine

4

L'épisode
napoléonien

Aspects intérieurs

1799-1815

Éditions du Seuil

En couverture :
J. L. David, *Le Sacre de Napoléon I*^{er}
Photo Giraudon

ISBN 2.02.005216.4 (éd. complète)
ISBN 2.02.000664.2 (tome 4)

© Éditions du Seuil, 1972

Avant-propos

Brièvement, quel sens donner à l'ordre choisi pour traiter de ces quinze années d'histoire intérieure de la France?

La première partie est consacrée à l'œuvre intérieure de Napoléon Bonaparte. Comment en serait-il autrement? L'événement majeur de ces quinze années — surtout, à vrai dire, des huit ou neuf premières années du siècle — est bien en effet l'intense activité d'un chef d'État dont ce qu'il est convenu d'appeler le génie politique réunissait à des conceptions et à des convictions personnelles fortes et claires et à un grand prestige individuel un sentiment très sûr du nécessaire et du possible dans la France révolutionnaire — après dix ans de révolution. « Ma politique est de gouverner les hommes comme le grand nombre veut l'être. C'est là, je crois, la manière de reconnaître la souveraineté populaire. » Tout en combattant implacablement les minorités d'opposition active, il surmonte l'indifférence ou l'attentisme de la majorité des Français et, qu'il s'agisse de hiérarchies sociales ou de système administratif, impose à des citoyens bientôt redevenus sujets d'entrer dans une construction cohérente, qu'il veut définitive, et où se reconnaît son goût de l'uniformité, de la symétrie, de l'efficacité — signes d'une organisation rationnelle au sein de laquelle une tête unique transmet l'impulsion jusqu'aux plus éloignés des membres. Ce que nous apercevons de rigide, voire d'oppressif dans les survivances du système napoléonien, fit sa force à l'origine, lui conféra sa valeur de modèle envié, sa modernité sans égale.

La seconde partie, sans prétendre opposer la France au Premier Consul et à l'empereur, auquel un large consentement populaire n'a pas fait défaut, s'attache cependant à suggérer tout ce qui est demeuré hors de sa prise et, inévitablement, minimise l'importance de l'épisode et de l'homme par rapport à celle des mouve-

ments lents, des tendances profondes, des résistances. Le régime
n'a pas eu le temps de consolider vraiment ses assises ; il n'a peut-
être jamais eu plus que les apparences de la stabilité. Le comportement démographique des Français lui a échappé ; la croissance de
la population s'essouffle alors que Napoléon eût souhaité étayer
la puissance de l'empire sur une haute fécondité. Le corps social
ne s'adapte pas sans réticences aux cadres napoléoniens ; la fusion
des élites ne se réalise qu'imparfaitement. Un des piliers de l'État,
le clergé, fait défection, miné par les progrès de l'ultramontanisme.
Dans la vie profonde de la nation, c'est pourtant le secteur des
activités économiques qui manifeste le plus d'indépendance — le
moins de facultés d'adaptation — à l'égard d'un régime dont
l'idéal eût été de tout contrôler à la perfection. Le monde agricole
et rural évolue selon ses rythmes propres, qui n'ont que bien peu
à voir avec ceux de l'univers politique ; la Révolution, bien sûr,
a marqué — et encore — l'Empire fort peu. La production industrielle et les échanges subissent, eux, les contrecoups immédiats
de la politique internationale ; mais la rénovation des structures
industrielles, par exemple, tient à un ensemble de conditions per-
manentes qui ne se modifient que lentement. De 1800 à 1815, ne
nous y trompons point : la France a peu changé. Paradoxalement,
Napoléon se situe à la fois en deçà et au-delà : dernier des despotes
éclairés, ou prophète de l'État moderne.

1

Le schéma napoléonien de l'État et de la société

1

Le régime

N'hésitons pas, à propos du Dix-huit Brumaire et de la Constitution de l'an VIII, à privilégier — nous n'en ferons point coutume — l'événement politique et le texte juridique. Contrairement à ce qu'une opinion moyenne, réellement lasse, et nécessairement mal informée [1], pouvait penser le 19 brumaire an VIII, ou le 20, le coup d'État du général Bonaparte ne ressemblait pas aux coups d'État précédents. On pourrait même, de préférence, le classer dans la catégorie des événements qui grossissent avec le recul. On peut, certes, contester la validité de la césure. Après tout, l'Empire héréditaire était déjà proclamé que les mots de « République française » continuaient à avoir cours dans le langage officiel. Et il est à la fois aisé et instructif de relever les points importants sur lesquels le Premier Consul a pris tout naturellement la suite des méthodes et de la politique des Directeurs qu'il avait cependant renversés. De Thermidor an II à mai 1804, il est bien vrai aussi que c'est la même société de bénéficiaires de la Révolution qui, par retouches successives, précise les conditions de sa survie politique et les garanties de sa domination sociale [2]. Mais, tout de même! Témoins de l'évolution des institutions et des mœurs politiques dans les pays capitalistes au XXe siècle, nous sommes nécessairement sensibles au phénomène de la personnalisation du pouvoir et à la crise des institutions parlementaires. Nous sommes par suite tentés de relire avec plus d'attention l'histoire des assemblées et de leur asphyxie, distante de quelques

---

1. Nous ne savons pas aujourd'hui, pièces en mains, tous les éléments de la conspiration. Un point aussi important que la psychologie et les intentions du moment de Bonaparte lui-même restent du domaine de la reconstitution.
2. Cf. Albert Soboul (25) *.
* Le chiffre entre parenthèses renvoie à la bibliographie finale.

années de leur omnipotence; l'histoire aussi de ce « soldat, fils de la Révolution », ainsi que Bonaparte se qualifiait lui-même, devenu par un coup de force heureux un souverain d'un genre particulier, monarque de fait bien avant que de droit. Si important qu'ait été ce changement de régime, dont tout le sens n'est malgré tout apparu qu'à l'usage, plus importante encore est la signification que Bonaparte lui-même a attribuée à son propre avènement politique : celle d'une clôture de la Révolution, d'un retour à l'ordre et à la stabilité, d'un fil conducteur de l'histoire de la France renoué avec les débuts de la Révolution, et rien qu'avec eux. Il n'y a donc pas de doute sur l'interprétation qu'il convient de donner au rôle historique de Napoléon Bonaparte. Pour le reste du monde, bien sûr, il demeure le redoutable propagateur de la Révolution, ou l'admirable instrument de la raison gouvernant le monde, du progrès de l'esprit dans sa longue « explication avec le temps » (Hegel). Mais en France ? Avec Brumaire est venu le temps du filtrage, de la décantation. Bonaparte est lié à la Révolution, certes, par tout ce qui paraît d'ores et déjà appartenir à l'irréversible : égalité civile, destruction de la féodalité, ruine de la situation privilégiée de l'Église catholique. Quant au reste, usage des libertés, forme des institutions politiques, il y a eu depuis 1789 une telle instabilité, tant de contradictions entre les grands principes et la pratique des gouvernements, une incertitude si persistante sur l'issue de la guerre et sur l'unité de la nation, que le champ reste libre pour un homme fort qui, à condition de préserver les conquêtes essentielles de la Révolution, innoverait en matière de gouvernement et refuserait de s'embarrasser de scrupules. En réalisant l'ancrage de la France aux rivages dont les modérés de la Constituante avaient refusé de s'écarter, Bonaparte accomplit en somme après coup cette « révolution par en haut » dont l'ancienne monarchie n'avait pas été capable. Mais la contrepartie politique en est un certain nombre d'amputations de l'héritage immédiat de la Révolution, de retours en arrière et d'emprunts déconcertants à l'Ancien Régime. En quelque sorte, ce sont le dynamisme de Bonaparte et la rigueur de son administration qui viennent rajeunir une expérience de despotisme éclairé tardive et, dans le cadre de l'Europe occidentale, déjà quelque peu périmée.

1. Les institutions politiques : structure, évolution

Souveraineté du peuple, système représentatif : fictions et réalités.

Quand, reçu officiellement par le Directoire au Palais de Luxembourg le 10 décembre 1797, après Campo-Formio, Bonaparte avait évoqué la nécessité « d'asseoir le bonheur du peuple français sur de meilleures lois organiques », sans doute ne faisait-il que traduire le sentiment, commun à beaucoup de « républicains d'ordre », selon lequel le double danger contre-révolutionnaire et démocratique exigeait un raffermissement de l'État, dépositaire de la Révolution. Mais jusqu'au Dix-huit Brumaire, il n'avait jamais exposé de façon plus explicite ses vues en la matière. Les modalités de la préparation de la Constitution destinée à remplacer celle de l'an III fournirent à elles seules de premières indications. Confiée le 19 brumaire à deux commissions législatives issues des Anciens et des Cinq-Cents, ainsi qu'aux Consuls provisoires, cette élaboration, traînant trop au gré de Bonaparte, se poursuivit chez lui et sous sa direction à partir du 11 frimaire (2 décembre 1799), ce qui lui permit notamment, en forçant la main des rédacteurs à propos du pouvoir exécutif, de se faire désigner dans la magistrature suprême sans élection préalable. Après quoi la Constitution fut mise en vigueur sans qu'il ait encore été procédé au référendum ou plébiscite auquel elle devait être soumise. Ainsi s'effectue une sorte de second coup d'État, par lequel Bonaparte confisque à son profit le pouvoir constituant, l'une des premières conquêtes des représentants aux états généraux de 1789.

Une telle attitude est bien le reflet d'une conception essentielle chez Bonaparte : celle du transfert de la souveraineté, en droit émanée du peuple, sur un chef de gouvernement recueillant la confiance publique et, par réciprocité, se dévouant tout entier au bien général. Conception qui n'est pas révolutionnaire, encore que dans des circonstances exceptionnelles la dictature du Comité de salut public s'en soit pratiquement inspirée. Mais la qualifier de « réactionnaire » serait oublier qu'elle peut se déduire de la théorie rousseauiste du contrat social, et correspond en outre à la pensée de plus d'un philosophe — Diderot en particulier.

Les hommes étant faits pour être gouvernés, que reste-t-il alors de ces autres conquêtes révolutionnaires — droit d'élire et d'avoir des représentants? En ce qui concerne le suffrage, Napoléon le rétablit universel : s'il peut se le permettre, c'est qu'en même temps il émousse l'arme du vote, limitant étroitement les fonctions de ce dernier. La nouveauté est le recours au plébiscite : mais la réponse par oui ou par non, ou par l'abstention, est moins un acte réfléchi, un choix politique que l'expression affective d'une confiance globale accordée ou refusée à un homme. S'exerçant d'autre part dans des assemblées primaires, il cesse d'avoir pour objet la désignation de représentants ou de fonctionnaires publics, pour ne plus servir que de base à un système de collèges électoraux, véritables corps intermédiaires. De toute façon, le suffrage universel a eu bien peu d'occasions de fonctionner. Napoléon cesse de recourir au plébiscite à partir de 1804. Les collèges électoraux de la Constitution de l'an X, formés à vie, ne doivent être complétés que lorsque les vacances atteignent le tiers de leurs effectifs : il n'y aura en fait qu'un seul renouvellement.

Les assemblées ne disparaissent pas dans la Constitution de l'an VIII : mais c'est seulement parce que Bonaparte a dû faire des concessions aux brumairiens et, notamment, à Sieyès, c'est-à-dire à un groupe qui restait aussi fermement attaché au système représentatif qu'anxieux de renforcer l'exécutif. Mais quant à lui, Bonaparte était résolument hostile aux assemblées et décidé, s'il devait en conserver la façade, à les confiner dans des tâches purement formelles. Dès 1797, il décrivait à Talleyrand le pouvoir législatif idéal comme « sans rang dans la République, impassible, sans yeux et sans oreilles pour ce qui l'entoure... (Il) ne nous inonderait plus de mille lois de circonstance qui s'annulent toutes seules par leur absurdité, et qui nous constituent une nation avec trois cents in-folio de lois ». Le recul est considérable — mais la responsabilité en revenait déjà aux Directeurs — des premières assemblées révolutionnaires, organismes respectés de législation et parfois de gouvernement, au Tribunat et au Corps législatif de l'an VIII, l'un discutant et l'autre votant des projets de loi nés en dehors d'eux, dans des limites de temps déterminées par le gouvernement. Quoique leurs membres aient été purement et simplement désignés à l'origine, puis choisis sur des listes de candidatures, ces deux conseils, aux effectifs d'ailleurs restreints, n'ont pas été purement passifs et opinant dans le sens espéré par le pouvoir : le Tribunat, plus brillant dans sa composition et plus courageux dans ses personnalités, le paie d'une épuration, puis de sa disparition; le Corps législatif, plus médiocre et plus docile, contrôlé de près dans son recrutement, survit.

La véritable assemblée selon le cœur de Napoléon Bonaparte, c'est le Sénat. Dans une société qui, du notable électeur au grand dignitaire noble de l'Empire, va s'organiser selon le double critère de la fortune et du service de l'État, le sénateur, en attendant d'être titré, se voit attribuer le traitement considérable de 25 000 F par an, sans préjudice d'ultérieures dotations. Sa présidence est, à l'origine, le lot de consolation de Sieyès. Il compte d'abord 60 membres — 31 nommés directement par le Premier Consul, 29 cooptés par les précédents; mais il aura, en 1813, 141 membres, s'étant augmenté en l'an XII des princes et grands dignitaires, membres de droit et, plus tard, du fait de multiples nominations par l'empereur, entre autres au bénéfice de notables des pays récemment annexés. Son mode de recrutement, les avantages considérables conférés à ses membres font du Sénat un conseil docile, servile même. A la timidité de ses tentatives pour limiter l'inquiétant développement des pouvoirs de Bonaparte, en l'an X, puis en l'an XII, répond la lâcheté de son comportement en 1814, le courage ne lui étant venu que lorsque son maître était abattu. « L'adaptateur et non le conservateur de la Constitution » (Charles Durand), il exerce, de fait, un pouvoir législatif répondant aux sollicitations officieuses ou indirectes du pouvoir. Le sénatus-consulte intervient dès l'origine à l'occasion des actes politiques importants — condamnation à la déportation de 130 jacobins, en 1801; amnistie des émigrés, en 1802 —, comme pour fonder en droit les inflexions progressives du Consulat vers l'Empire. Après 1804, il n'est même plus concurrencé par le recours au plébiscite, ce qui renforce son caractère de « législation par-dessus les lois ».

Les libertés publiques.

Sortons un instant des dispositions constitutionnelles. Le dépérissement des institutions représentatives ne fait qu'un, en effet, avec les atteintes aux libertés publiques, en particulier à la liberté d'expression. Dans un cas comme dans l'autre, Bonaparte utilise un argument de circonstance. La raison d'être du coup d'État était de mettre fin à ce qu'il appelle l' « anarchie », c'est-à-dire les menaces de contre-révolution royaliste et de reprise du jacobinisme ou du babouvisme. La stabilisation ne peut être le fait que d'une République autoritaire. La conciliation, l'apaisement sont, certes, un volet de la politique consulaire et impériale. Mais l'autre volet est celui de la compression et de la répression. Le silence doit être imposé aux factions, aux trublions de tous bords. Par suite, aucune facilité ne doit être laissée à l'expression des divergences politiques, ni à l'occasion de débats parlementaires, ni par le truchement des journaux. Bien que la Constitution de l'an VIII énumère sommairement, et en dehors de toute déclaration solennelle, les droits qui sont l'égalité, la liberté, la sûreté (des personnes) et la propriété, seule cette dernière a été efficacement garantie, tant par le Code civil que par le Concordat. On étudiera plus loin les atteintes partielles à l'égalité. Au chapitre de la liberté en tout cas, nul doute que Bonaparte considérait celle de la presse comme un fléau politique. La presse n'existe à ses yeux que comme service de l'État et comme instrument de propagande. De la première campagne d'Italie à l'apogée de l'Empire, cette conception passe dans les faits en trois étapes. Dès avant le Consulat, Bonaparte avait utilisé à son profit des feuilles temporaires directement inspirées par lui, et c'est encore la méthode qu'il emploie quand il rédige des articles anonymes à insérer dans *le Moniteur* pour répondre à l'opposition qui, au début du Consulat, conservait encore quelques moyens de se manifester au grand jour — plus tard, c'est sur ses ministres de l'Intérieur qu'il comptera pour remplir la même fonction d'orientation des journaux subsistants. C'est très tôt dans l'année 1800 qu'il se décide à limiter le nombre des journaux parisiens, dont il restreint par la suite les capacités d'information en leur interdisant de traiter d'un grand nombre de sujets — de sorte que, muselée quand elle n'est pas abolie, la presse perd de toute façon une grande partie de son intérêt pour les lecteurs. En général, écrira l'empereur à Fouché en 1809, « les journaux sont toujours prêts à s'emparer de ce qui peut nuire à la tranquillité publique[1] ». Déclaration qui précède de peu la création de censeurs attachés à chaque journal, puis les mesures draconiennes de 1810-1811 : limitation du nombre des journaux d'information générale à quatre pour Paris et un par département, confiscation des journaux parisiens au bénéfice de sociétés contrôlées par la police. Ces mesures avaient été précédées, du reste, par l'établissement du nouveau régime des imprimeries, et avaient trouvé dès l'origine du Consulat leur pendant dans les mesures de contrôle des pièces de théâtre.

Ainsi donc n'est-il pas de régime qui soit plus éloigné que le régime napoléonien d'une considération quelconque accordée à l'opinion — non pas l'opinion au sens d'affection ou de désaffection des masses populaires, à quoi le pouvoir est au contraire très sensible, mais à celui de fraction éclairée du corps civique s'efforçant de s'interposer entre ce pouvoir et ces masses, de contrôler par la critique l'action du premier, d'orienter ou d'orchestrer les réactions des secondes. La démocratie plébiscitaire passe au-dessus des institutions représentatives et entrave la formation d'une opinion publique. C'est un aspect, parmi d'autres, de l'opposition fondamentale entre la France napoléonienne et son adversaire britannique ; et de l'hostilité au nouveau régime du libéralisme bourgeois incarné, non sans courage, par Benjamin Constant.

Quant à la liberté des personnes, Jacques Godechot note que son recul était bien antérieur au Dix-huit Brumaire — c'est effectivement un terrain sur lequel les révolutionnaires n'avaient pas eu le loisir de mettre définitivement en accord la pratique avec les grands principes — et qu'en 1814 il n'y avait dans les prisons d'État que 2 500 individus internés arbitrairement[2]. Ajoutons toutefois que le système de la résidence surveillée, atteinte à la liberté individuelle au nom de la sûreté de l'État, mais en fait en raison des opinions politiques, fut largement utilisé par les préfets

1. Cité par Jean Tulard (26).
2. Biblio. n° 13.

pour isoler efficacement les minorités militantes, notamment les anciens jacobins et terroristes.

Dans tous les cas, c'est le caractère policier du régime napoléonien qui s'affirme. Si la création d'un ministère de la Police où s'illustre longtemps Fouché est une innovation, l'importance du rôle de la police et son efficacité ne sont pas, à Paris en particulier, originales : Jean Tulard note que la préfecture de police, reprise de l'Ancien Régime dans sa forme institutionnelle, a hérité du Directoire les fichiers et les méthodes du Bureau central de police. On sait que Napoléon comptait beaucoup, pour l'excellence de la police, sur la concurrence entre les agents : ceux de Fouché, ceux de Dubois, les siens propres, sans parler des menues informations que lui-même collectait à l'occasion de ses audiences, de ses rencontres ou de sa correspondance. C'est un trait assez inquiétant que celui de l'intérêt primordial de Napoléon pour ses polices. Nécessaires dans l'atmosphère politique troublée du temps, indispensables à la sûreté d'un pouvoir personnel en ascension rapide, inscrivant à leur actif de remarquables dépistages, elles n'en constituent pas moins un témoignage de fragilité des bases consulaires et impériales. Avant Napoléon, seule la monarchie des Habsbourg avait accordé à la police une telle place de choix [1].

L'exécutif.

Le Dix-huit Brumaire et la Constitution de l'an VIII signifient déjà profondément, sinon formellement, le rétablissement d'une certaine forme de monarchie. En ce sens, Sylvain Maréchal prophétisait quand il mettait dans la bouche de Bonaparte, général de l'armée d'Italie, les propos que voici : « Peuple de France! Je vous composerai un Corps législatif et un Directoire exécutif... Je vous donnerai un roi de ma façon [2]. » Si l'on en croit Miot de Melito, dès 1797 Bonaparte aurait laissé entendre qu'il tenait pour périmée la forme de régime qui avait voulu se substituer au faible Louis XVI : « Croyez-vous que ce soit pour fonder une répu-

1. Cf. Jean Tulard (27), p. 157-175. L'auteur insiste sur la surveillance particulière des migrations saisonnières et des mouvements de grève.
2. V. Daline (9), p. 409-418.

blique que je triomphe en Italie? Quelle idée! Une république de trente millions d'hommes!... C'est une chimère dont les Français se sont engoués mais qui passera comme tant d'autres. » Babeuf, écrivant de Bonaparte en 1828 : « Il donna le coup de grâce à la Révolution », fait écho aux *Considérations sur la Révolution française* de Mme de Staël : « C'était la première fois depuis la Révolution qu'on entendait un nom propre dans toutes les bouches. Jusqu'alors on disait : l'Assemblée constituante a fait telle chose, le peuple, la Convention; maintenant, on ne parlait plus que de cet homme qui devait se mettre à la place de tous, et rendre l'espèce humaine anonyme, en accaparant la célébrité à lui seul. »

Mais, s'il est vrai que Bonaparte s'est frayé l'épée au côté le chemin du pouvoir, il est faux qu'il ait substitué à la République directoriale défaillante une dictature militaire, comme le prédisaient les babouvistes. « De tous les militaires, c'est encore le plus civil », disait de lui Sieyès. La gloire militaire a été pour Bonaparte la condition préalable du succès de son coup de force, la garantie d'une extension rapide de ses pouvoirs acceptée sans murmure, et finalement la condition non remplie de la survie de son empire. Cela conduit à remarquer que si l'armée et la guerre sont finalement indissociables de l'histoire consulaire et impériale, elles ne sont pourtant que des auxiliaires d'une expérience dans laquelle le général s'efface à n'en pas douter derrière le chef d'État. L'un des dangers les plus certains encourus par Napoléon Bonaparte est précisément venu de l'appui donné par d'autres généraux à des complots auxquels la jalousie de n'avoir pas été invités à partager effectivement le pouvoir après Brumaire les ralliait — beaucoup plus que d'effectives sympathies idéologiques.

De quoi s'agit-il donc? Pas davantage d'une monarchie classique, analogue à celle des Bourbons déchus, avec laquelle dans le fond comme dans les formes la rupture ne cessera de s'accuser. Ni, non plus, d'une nouvelle version de l'exécutif collégial, cher aux régimes révolutionnaires : des trois Consuls de l'an VIII, la décision du Premier seule suffit (article 42), et l'énorme différence des traitements consacre cette prééminence (cinq cent mille au lieu de cent cinquante mille francs). Il s'agit d'un type nouveau de pouvoir, issu certes de l'évolution des événements depuis 1789 — Bonaparte est un grand parvenu de la Révolution — mais plus encore incarnant dans une forte personnalité un idéal philosophique que ni l'Ancien Régime politico-social ni les institutions successives de la Révolution n'avaient admis à l'essai. Écrivant en 1791, Cabanis interprétait comme suit la pensée de Mirabeau, récemment disparu : « Il pensait que la liberté conquise par l'insurrection devait être conservée par le respect des lois; que les lois ne pouvaient être exécutées que par une force active; que dans un grand empire, dont le peuple n'est pas encore éclairé, dont les mœurs sont avilies par des siècles d'esclavage, cette force doit résider dans les mains d'un seul [1]. » Concentration d'une autorité étendue dans des mains neuves, celles d'un homme attaché à la modernisation de l'État et de la société : c'est bien, réserve faite des modalités arbitraires et brutales qui décevront si fort Cabanis et ses amis, l'esprit du régime de Brumaire. « Alliance de démocratie et d'autorité », avance René Rémond dans la définition du bonapartisme [2] : à condition de noter que la démocratie y est passive et l'autorité seule agissante.

Ce nouveau souverain qui cache encore son nom, il n'est point un roi mérovingien, mais un homme d'après les Lumières. Aussi l'exercice de son autorité s'entoure-t-il d'un grand nombre d'hommes et d'institutions propres à l'éclairer et à le seconder — auxiliaires d'autant plus indispensables que le maître a le goût de contrôler tous les détails. On verra plus loin la variété des destins individuels et politiques qui se rencontre dans le personnel napoléonien, recruté, selon le mot de Molé, d'après les seuls critères de l'aptitude et du talent. Il faut, en premier lieu, rappeler le rôle essentiel du Conseil d'État, assemblée nommée, dans la préparation technique des textes soumis aux délibérations du Tribunat et du Corps législatif, mais aussi — paradoxalement — dans la vie politique même de l'époque. Vie politique restreinte et souvent secrète, mais où le Conseil d'État joua sans doute un rôle important, alors même qu'il nous reste insaisissable : c'est au sein de cette institution « aulique », en effet, que Bonaparte et Napoléon tolérèrent le plus complètement les manifestations de divergence et même d'opposition. Comme le sénateur, le conseiller d'État

1. Cité par Louis de Villefosse et Janine Bouissounouse (30), p. 93.
2. René Rémond (23), p. 224.

était payé vingt-cinq mille francs par an, signe certain de sa place dans les hiérarchies des serviteurs de l'État napoléonien. Dans ses sections spécialisées — législation, intérieur, finances, guerre, marine — comme dans ses séances plénières, s'élaborent toutes les réformes, toutes les codifications, selon un rythme qui décroît en fonction du travail déblayé, sans que le prestige de l'institution en soit pour autant affaibli. En outre, le Conseil d'État est représenté — aux côtés des Consuls, de ministres, sénateurs et enfin des grands dignitaires — dans les Conseils privés qui se tiennent à partir de l'an X, occasionnellement, pour discuter de grands actes constitutionnels ou diplomatiques.

Au stade de l'exécution, les ministres viennent directement au-dessous de l'empereur. Situation ambiguë que la leur; car si leur volonté et leur signature sont celles mêmes de Napoléon et les placent très haut dans l'État, ils n'ont, comme le montre clairement Charles Durand [1], que fort peu d'autonomie et de pouvoir de décision; leurs opinions personnelles ne doivent pas prévaloir — il en est de même à l'échelon des préfets. Les Conseils des ministres ne sont que des réunions d'agents individuels présentant des rapports et soumettant des projets. L'un ou l'autre, dans les conseils d'administration spécialisés, a plus de chances de jouer auprès du Premier Consul ou de l'empereur un rôle consultatif direct : tel Chaptal après 1810, siégeant en permanence dans les conseils d'administration du commerce et des manufactures. Dans ces conseils d'administration, du reste, se retrouvent encore une fois des représentants des sections spécialisées du Conseil d'État, dont la compétence s'affirme ainsi à plusieurs niveaux. On reviendra, de surcroît, sur sa mission de formation pratique des hommes destinés à occuper les postes supérieurs dans toutes les branches de l'administration.

Un tel exécutif était-il fort hors de la personne même de Napoléon Bonaparte? La question se pose pour l'administration supérieure civile comme pour l'état-major. « Nous sommes tous accoutumés à être conduits pas à pas et nous ne savons pas improviser de grandes dispositions », avouait Decrès, ministre de la Marine. Charles Durand parle de « faiblesse du système en des circons-

1. Biblio. n° 4, t. I, p. 154-165; et V, p. 814-828.

tances anormales ». Quand, en particulier, dut fonctionner dans des circonstances dramatiques, à la fin de l'hiver de 1814, le Conseil de régence, l'absence d'un véritable lieutenant politique de Napoléon se fit d'autant plus cruellement sentir que des trahisons étaient dans l'air : les conditions dans lesquelles l'empereur se trouva acculé à la défaite et à l'abdication en furent certainement modifiées.

Du Consulat à l'Empire.

La logique et les mécanismes d'un pouvoir personnel et centralisé sont aisément intelligibles. Plus déroutantes, les formes dynastiques et rétrogrades qu'il revêt à partir de 1804, avec la proclamation de l'Empire héréditaire et la cérémonie du 2 décembre sous les voûtes de Notre-Dame.

Le passage à la monarchie impériale peut s'interpréter en termes de psychologie individuelle ou familiale. L'appétit du pouvoir, mais aussi le goût pour ses apparences et ses parures se décèlent aisément dès les années 1800-1801. Bonaparte préfère les Tuileries des anciens rois au Luxembourg des Directeurs. Il y porte un habit rouge qui est un habit de cour, et le diamant « le Régent » y orne son épée ; il s'occupe de bonne heure de rétablir certains éléments des « maisons » de l'ancienne monarchie, et de l'étiquette. A l'égard de sa famille, il éprouve à la manière des Corses le sentiment de sa solidarité et de ses devoirs d' « enfant qui a réussi ». Elle le lui rend sous la forme d'une jalousie et d'une avidité souvent mesquines ; au jour du sacre, les sœurs de l'empereur refuseront de porter la traîne du manteau de cérémonie de Joséphine, la créole qui a le tort d'être étrangère au clan. La famille pousse à la transformation dynastique et monarchique, dès les débuts du Consulat : habitué du salon catholique et réactionnaire d'Elisa, Fontanes écrit en 1800 un *Parallèle entre César, Cromwell, Monk et Bonaparte*. « Heureuse République s'il était immortel !... Si tout à coup Bonaparte manquait à la patrie, où sont ses héritiers ? Où sont les institutions qui peuvent maintenir ses exemples et perpétuer son génie ? Le sort de trente millions d'hommes ne tient qu'à la vie d'un seul homme ! » Lucien, ministre de l'Intérieur, candidat à une succession éventuelle, croit bon de faire diffuser ce texte comme brochure anonyme, et cette fausse manœuvre en un temps où le Consulat reste menacé lui vaut d'être remplacé par Chaptal.

Mais le véritable sens de la légitimation et de la consécration du coup d'État de Brumaire, cinq ans après, est politique. Il se dégage de la double appréciation : de la situation intérieure de la France et de ses rapports avec les autres États indépendants de l'Europe. On sort ici du domaine des seules institutions.

2. La politique du pouvoir *

Napoléon Bonaparte et le royalisme : ralliements et ruptures.

Les historiens doivent se méfier des fausses symétries, des balances dont les plateaux ne s'équilibrent pas. Le vainqueur de Brumaire ne suivait pas une voie étroite entre deux précipices également profonds, et la stabilisation politique de la République ne se trouvait pas également menacée par le jacobinisme et par les contre-révolutionnaires. Ces derniers constituaient seuls le véritable danger, alors même que Brumaire s'était fait en agitant le spectre d'un retour à la Commune et à la Terreur. « A gauche », des cadres décimés ou étroitement surveillés n'étaient pas en mesure de mobiliser des masses populaires urbaines entrées, au demeurant, dans un cycle de passivité. « A droite », en revanche, il fallait compter non seulement avec l'hostilité des fidèles de l'Église catholique, mais avec la guerre civile dans l'Ouest et les menées des émigrés. En dépit de la haine, que l'on peut qualifier de sanguinaire, de Bonaparte à l'égard des « jacobins », c'est-à-dire des anciens terroristes et babouvistes, c'est à tirer la Révolution de l'impasse où l'avait conduite le ralliement de fortes minorités à la contre-Révolution que Bonaparte dut consacrer les efforts les plus difficiles.

Si l'impression d'un équilibre tenu entre une « droite » et une « gauche » prévaut malgré tout parfois, à l'étude des premiers temps du Consulat, on le doit à certaines déclarations du Premier Consul ou des brumairiens, inspirées par la propagande — ou par l'illusion. Ainsi Napoléon à Joseph : « Quel révolutionnaire n'aura pas confiance dans un ordre de choses où Fouché sera ministre? Quel gentilhomme n'espérera pas trouver à vivre sous l'ancien évêque d'Autun? » Ou encore Cabanis, rédacteur de l'*Adresse aux Français* du 19 brumaire, au nom des Anciens et des Cinq-Cents : « Le royalisme ne relèvera pas la tête. Les traces hideuses du gouvernement révolutionnaire seront effacées. » Mais comparons les mesures d' « apaisement » prises à l'égard des uns et des autres. Les membres des comités révolutionnaires déportés en l'an III sont rapatriés. La fête du 14 juillet est maintenue, comme propre à faire l'unité des républicains. La mort de Washington procure à Bonaparte l'occasion d'un éloge de la liberté. Gestes d'une portée bien limitée, en regard d'autres actes. Le coup d'État a été suivi immédiatement de mesures de détente substantielles à l'égard des minorités modérées ou contre-révolutionnaires, qu'il s'agisse de détacher du royalisme afin d'isoler celui-ci et de le vider de ses forces. La loi des otages contre les parents des émigrés est abrogée le 22 brumaire. Les modérés « fructidorisés » sont eux aussi rappelés, à l'exception de Pichegru. Une trêve est conclue le 3 frimaire en Vendée, par l'entremise du prêtre Bernier. La fête du 21 janvier est supprimée, le serment de haine à la royauté remplacé par un serment de fidélité à la Constitution qui permet aux prêtres d'exercer librement le culte, désormais à l'abri des risques de déportation.

Le plus frappant est cependant l'importance accordée par le Premier Consul au règlement politique de la question religieuse, au-delà de la simple réouverture des églises. Dès 1796, le général Bonaparte avait souhaité traiter avec le pape, revenant sur l'erreur de la Révolution qui avait été de vouloir régler le statut de l'Église de France hors de l'autorité du Saint-Siège. Mais la contre-partie de ce réalisme, de ce refus de gouverner contre les croyants et leur clergé, c'est la difficulté de trouver un langage commun avec la papauté. « Rétablir la religion », acte politique à Paris, d'un homme aussi peu embarrassé de scrupules que de protocole — acte avant tout spirituel à Rome, où l'on reste après dix ans de schisme ou de persécutions d'une sensibilité à fleur de peau et de vocabulaire.

S'il prescrit sans attendre des obsèques solennelles pour la dépouille de Pie VI, mort à Valence, Bonaparte ne peut bien entendu rien faire avant l'élection de son successeur. C'est une double chance que Pie VII, l'ancien évêque d'Imola, ait été à la fois connu et apprécié de Bonaparte, et assez intelligent et courageux pour surmonter à l'occasion les scrupules de sa conscience, les réactions de sa profonde spiritualité personnelle. Il est très significatif cependant que Bonaparte ait encore attendu dix jours après la victoire de Marengo pour s'ouvrir à un prélat italien de ses intentions de négocier : cette négociation, il n'entend la mener, en ce qui le concerne, qu'à partir d'une position de force. C'est ce que traduit encore son transfert, d'autorité, à Paris, puis, au cours d'une série de tractations interminables, coupées d'incidents spectaculaires, le recours à la surveillance policière, à l'ultimatum, à la menace militaire.

Dans ce Concordat dont, selon le mot de Mgr Leflon, le secrétaire d'État cardinal Consalvi et l'abbé Bernier « ont gratté et regratté les mots », Rome semble avoir fait d'immenses sacrifices. Le premier des avantages obtenus par le Premier Consul est d'avoir scellé, par la signature même d'un accord, la reconnaissance de la République française par le Saint-Siège, donc la rupture de l'alliance traditionnelle de celui-ci avec les monarchies légitimes : coup désastreux porté au royalisme français en exil, délivrant les fidèles à l'intérieur du pays de tout scrupule à l'égard du régime de l'an VIII. Le second est la confirmation d'une Église fonctionnarisée, docile à l'État et principalement sociale dans sa fonction : prolongement de la tradition gallicane, mais aussi de la pensée philosophique recommandant tout à la fois l'intégration et la soumission du clergé à l'État ; le refus du rétablissement des congrégations, par suite, s'entend surtout comme le rejet de toute vie ecclésiastique échappant à l'autorité épiscopale. Les chapitres eux-mêmes sont réduits à des fonctions décoratives. En troisième lieu, la vente des biens d'Église n'est pas remise en cause, ce qui est très important pour renforcer le prestige de Bonaparte aux yeux de la partie propriétaire de la société française.

Pie VII, d'autre part, n'a pas obtenu que le catholicisme fût reconnu religion de l'État. Il a accepté de mettre son autorité au service de ce que Consalvi a appelé « le massacre de tout un épiscopat », en exigeant la démission de tous les évêques, réfractaires ou constitutionnels, que Napoléon estimait indispensable à effacer les traces du schisme révolutionnaire. On peut juger que l'opération, en affirmant les pouvoirs du pape sur l'Église de France, encourageait le courant ultramontain. Mais elle a donné également l'occasion de se manifester à toute une tendance de l'épiscopat français, à tout un mouvement ecclésiologique favorable à l'appel au concile œcuménique en matière de discipline — qui se manifeste à nouveau au concile national de 1811 : quand, en conflit avec le pape, Napoléon voulut faire transférer aux évêques métropolitains l'investiture canonique pour les sièges vacants, les évêques évoquèrent le consentement de l'Église universelle [1]. Pie VII, enfin, a subi la défaite et l'humiliation des Articles organiques publiés en même temps que le Concordat par la décision unilatérale de Bonaparte, et qui signifiaient le retour à une conception louis-quatorzienne, ultra-gallicane des rapports de l'Église et de l'État — une confirmation apportée, en somme, à tous ceux qui dans l'Église avaient critiqué l'opportunisme politique du Concordat. Parmi les nombreuses dispositions de ces Articles, relevons celles qui officialisent l'égalité des cultes en France, celles aussi qui subordonnent étroitement le « bas clergé » aux évêques, « préfets violets » : un cinquième seulement des prêtres de paroisse reçoivent le titre de curés et, avec lui, l'inamovibilité; tous les autres sont les simples « desservants » de « succursales ».

Qu'a donc gagné le pape dans ce Concordat « plus apte à soulever des difficultés qu'à les résoudre » (Bernard Plongeron)? Le maintien de l'unité de l'Église romaine, que la consolidation du schisme en France aurait pu ruiner définitivement; la reconnaissance de l'investiture canonique, qui lui permit de surmonter l'opposition au Concordat des cardinaux *zelanti*, sensibles à tout renforcement de l'autorité spirituelle; la reprise d'une vie pastorale régulière en France, où le nouveau statut administratif et social du prêtre encourage la reprise du mouvement des ordinations, remontées à quelques centaines à la fin de l'Empire.

1. Sur ces problèmes, voir Bernard Plongeron (140), p. 179 et s.; Jean Godel (39).

Pie VII en tout cas resta attaché aux résultats acquis, ce qui ôta toute portée à la résistance de la « petite Église » anticoncordataire. La continuité de son attitude apparaîtra ultérieurement dans son acceptation de venir sacrer l'empereur à Paris. La négociation du Concordat s'accompagna de la radiation en octobre 1800 de 52 000 personnes de la liste des émigrés; on ne leur demandait que fidélité à la Constitution. Il était bien entendu que la restitution de leurs biens confisqués se limiterait à ceux que l'administration des domaines n'aurait pas encore vendus. Le succès de cette politique était garanti par l'attitude même des émigrés qui, dès le coup d'État et avant toute mesure, avaient commencé à rentrer discrètement. Rentrer ne signifiait pas se rallier activement; mais c'était en tout cas accentuer l'isolement du prétendant Bourbon au sein d'une minorité d'irréductibles, ceux qui devaient attendre 1814-1815 et poursuivre de l'extérieur la lutte contre Napoléon Bonaparte.

Leur existence, et leurs ramifications en France expliquent pourtant que la politique de Bonaparte à l'égard du royalisme ait pu se faire répressive et policière en même temps qu'apaisante dans ses principes généraux. A l'égard de ceux qui persistaient à ne voir en lui qu'un instrument ou qu'un usurpateur, le Premier Consul a usé de la violence, verbale ou physique, alors qu'il effaçait le passé à l'égard de tous ceux — quitte à les faire surveiller — qui faisaient formellement allégeance à sa personne. De Brumaire au sacre, il a ainsi à plusieurs reprises coupé les ponts ou versé le sang. Déjà la trêve avec les Vendéens n'avait pas empêché, en dépit de l'immunité qui s'attache à tout négociateur, l'exécution de Frotté. La victoire de Marengo, « baptême de la puissance personnelle de Napoléon », selon le mot de Hyde de Neuville, avait permis la réponse hautaine et tranchante à Louis XVIII. En 1804, ce furent les exécutions consécutives au procès de Cadoudal, la condamnation à mort étendue de fait et d'autorité au duc d'Enghien. Il y eut d'autres exécutions encore sous l'Empire, en 1808-1809. Pour être non sanglant, le passage à l'Empire (préparé deux ans plus tôt par le passage au Consulat à vie, insuffisant par rapport à l'étendue des pouvoirs déjà détenus par Bonaparte) constitue néanmoins une rupture bien plus importante. Suivant une brillante manœuvre, Napoléon, non content d'éprouver la stabilité du système de la démocratie plébiscitaire par la consultation sur l'hérédité impériale, transfère par le sacre, obtenu du pape dans des conditions pour lui presque aussi humiliantes que celles de la signature du Concordat, sur sa personne tout ce qui pouvait survivre d'affection et de respect pour une monarchie légitime. « Quelle défaite pour les Bourbons ! A cet égard, les réactions du comte de Lille comme celles de Joseph de Maistre devaient accuser la force du coup ainsi porté dans la conscience de nombreux catholiques » (Charles Durand). Isolé au-dedans de la France, le royalisme l'est également au-dehors puisque le régime de Brumaire, dans les formes symboliques sinon au regard du conflit des idéologies, se trouve assimilé aux États européens traditionnels.

Le meilleur moyen d'interdire le retour de l'Ancien Régime était donc, selon Napoléon, de lui emprunter ses séductions. Cet emprunt n'a pas pu pourtant convaincre les partisans d'une république, impériale peut-être, mais fille de la Révolution égalitaire. Il s'accompagnait de la remise en honneur de trop d'oripeaux qui rappelaient des souvenirs trop récents. L'impression demeure que le régime napoléonien est désormais « glacé » comme, naguère, la Révolution après les grands procès de l'an II. Cette impression de froideur, on peut en retrouver la primeur dans la petite « salle des portraits » du musée de Bois-Préau où sont réunis bustes canoviens et toiles de Gérard, images d'une famille sacrifiant tant bien que mal aux règles de l'art officiel de cour. Même impression d'artifice dans le recours devenu nécessaire à d'autres références historiques que celles des Capétiens : Empire romain, Empire carolingien — et dans le choix des insignes — — aigle, couronne, abeille... ou du lieu de couronnement, Notre-Dame de Paris. Il fallait, pour admettre tout cela, une sensibilité sérieusement émoussée par quinze années de bouleversements aussi profonds et inattendus les uns que les autres. Et aussi, une préparation psychologique soigneuse : plusieurs mois de voyages à travers les départements et, à Boulogne-sur-Mer, une distribution massive de croix à l'armée.

Napoléon Bonaparte et les « intérêts ».

Dans son grand effort de ralliement des modérés à sa personne, Napoléon Bonaparte a-t-il tranquillisé les fortunes aussi sûrement qu'il a apaisé les consciences religieuses et politiques?

Albert Vandal a pu présenter le Consulat comme « une succession d'édits de Nantes ». Multiplions les analogies, et parlons donc d'un « Concordat des rentiers » à propos de l'arrêté du 23 thermidor an VIII (11 août 1800) qui décida qu'à compter du deuxième semestre de l'an VIII les rentes et pensions seraient acquittées en numéraire. Une médaille fut frappée à cette occasion, portant en légende : *Fides publica. Foenus stata die solutum.* (Confiance publique. Paiement de l'intérêt à l'échéance.) Le cours du tiers consolidé, parti de onze francs au Dix-huit Brumaire, monté au-dessus de 30 après Marengo, passe à 50, puis 60 — relèvement absolument exceptionnel. Le 20 floréal an X, le tiers consolidé fut rebaptisé cinq pour cent consolidé, et le produit de la contribution foncière affecté par priorité au paiement des arrérages dans le mois suivant l'échéance.

Dans une société telle que la société française, passionnée par l'acquisition de la terre, la consolidation des propriétés nationales de toutes origines, l'effacement de toute distinction entre biens nationaux et biens patrimoniaux, constituaient d'autres nécessités politiques. Le marché immobilier paraît avoir été affecté de marasme et d'une tendance à la baisse, dans le secteur des biens d'origine nationale, du fait des retours d'émigrés, malgré les promesses officielles. Le Concordat apporta des garanties formelles. Toutefois, une menace théorique subsistait dans l'hypothèse où la Contre-Révolution serait venue à triompher. Aussi Bonaparte ne pouvait-il totalement satisfaire les acquéreurs que dans la mesure où il parviendrait à joindre à la victoire militaire un règlement de paix général et définitif. Ce que, précisément, ni le Consulat ni l'Empire ne réussirent à achever.

Ce problème du « retour à la normale », à la situation antérieure à 1792, était aussi le problème majeur aux yeux des gens d'affaires de toute sorte, à l'exception sans doute des fournisseurs. La stabilisation intérieure était déjà pour eux d'un prix inestimable. Il n'est que de constater pour s'en convaincre l'enthousiasme d'un banquier parisien, Barrillon, commentant le coup d'État dans une lettre à son collègue Greffulhe, de Londres : « Alors arriva le Dix-huit Brumaire et le gouvernement réparateur de Bonaparte, alors tous les esprits s'exaltèrent et chacun entrevit l'aurore du bonheur et de la tranquillité intérieure; les hommes prirent d'autres idées et les choses changèrent de face [1]. » Mais pour le reste, dans l'orientation de l'économie comme dans la marche de leurs affaires courantes, les banquiers, les négociants, les manufacturiers n'ont été l'objet d'aucune sollicitude particulière du fait que leurs intérêts étaient soumis à une politique extérieure d'ensemble obéissant à sa logique propre. Les représentants des grands intérêts économiques sont parmi les secteurs de l'opinion qui se sont progressivement détachés du régime, faute d'y trouver une sécurité suffisante.

Napoléon Bonaparte et sa « gauche ».

L'originalité du régime napoléonien achève de se définir à travers ses attitudes à l'égard des courants d'opposition libérale ou jacobine. Buonarroti écrit, dans sa *Conspiration pour l'égalité* : « La nouvelle aristocratie dut reconnaître dans ce général... l'homme qui pouvait un jour lui prêter un solide appui contre le peuple; et ce fut la connaissance qu'on avait de son caractère hautain et de ses opinions aristocratiques qui le fit appeler au Dix-huit Brumaire de l'an VIII, effrayé de la rapidité avec laquelle reparaissait alors l'esprit démocratique [2]. » Bonaparte, aux yeux de qui la faute majeure de Louis XVI avait été de composer avec l'émeute lors de la journée du 20 juin 1792, Bonaparte, l'ennemi du gouvernement par la rue, éprouvait sans aucun doute une haine profonde à l'égard des anciens « terroristes », haine systématique jusqu'à l'aveuglement. La démonstration en fut faite à l'occasion de l'attentat de la rue Saint-Nicaise. Dès le premier instant, le Premier Consul en décide l'imputation aux jacobins, aux babouvistes, et annonce son attention de saisir l'occasion pour faire un exemple : « On ne se passera pas de sang », déclare-t-il au Conseil

---

1. Arch. nat. 61 AQ, fonds Greffulhe, correspondance.
2. V. Daline (9).

d'État; et à Roederer : « J'ai un dictionnaire des septembriseurs, des conspirateurs, de Babeuf et autres qui ont figuré aux mauvaises époques de la Révolution. » Quand Fouché, après quinze jours d'enquête, apporte la preuve que l'attentat est le fait des royalistes, Bonaparte s'entête et maintient l'idée d'une liste de proscriptions en punition du passé politique des militants républicains : « pour le 2 septembre, le 31 mai, la conspiration de Babeuf et tout ce qui s'est fait depuis », selon Thibaudeau. Finalement, le 15 nivôse an IX (5 janvier 1801), la déportation de 130 personnes est déclarée par un sénatus-consulte « mesure conservatoire de la Constitution ».

Même volonté d'élimination, selon des voies plus humaines mais non moins arbitraires, au sens fort du mot, frappant cette fois l'esquisse d'une opposition parlementaire. En 1802, c'est l'épuration du Tribunat par le Sénat à l'occasion d'un renouvellement par cinquième qui aurait dû se faire par tirage au sort. Après quoi l'assemblée se voit fractionnée en trois sections — Législation, Intérieur et Finances — qui n'ont pas le droit de siéger en assemblée plénière. La suppression de la classe des sciences morales et politiques de l'Institut, l'année suivante, complète cet écrasement des foyers de pensée politique indépendante. Arrestations, éloignement d'officiers et de troupes suspects de républicanisme frondeur vont dans le même sens, et c'est un des aspects de l'expédition de Saint-Domingue, qui neutralise l'armée du Rhin.

Le pouvoir consulaire et impérial est donc un pouvoir qui se défend en attaquant. Mais si, en fin de compte, il s'affirme rapidement, le prestige de la victoire aidant, c'est que ses adversaires actifs ne constituent que des minorités. La lutte menée contre elles n'a guère ému, dans l'ensemble, le gros de la population française. Elle n'a pas contraint Bonaparte à multiplier indéfiniment les actes de violence et les victimes. Mieux encore : venus des horizons les plus divers, des milliers d'hommes aptes à l'administration du pays ont accepté de servir, sous les institutions nouvelles, le Consul dont ils reconnaissaient et admiraient l'autorité. Bonaparte a eu pour lui les élites. Les inventorier brièvement est sans doute le meilleur moyen d'analyser les conditions de l'efficacité du régime.

2

Un pays sous tutelle administrative

Héritage ou originalité? La question ne pouvait appeler, s'agissant de la forme du régime politique, qu'une réponse nuancée, puisque les méthodes d'accession au pouvoir, les principes constitutionnels, où se reconnaissaient des habitudes ou des notions acclimatées par le Directoire, ont été assez rapidement oubliés ou dissous dans un style nouveau d'exercice du pouvoir et dans l'instauration d'une nouvelle légitimité.

En revanche, les institutions administratives soulignent les continuités. Dirigées d'une main plus ferme, parfois rebaptisées, enrichies de quelques nouvelles instances ou d'échelons supplémentaires, elles sont pourtant très reconnaissables : la tradition de la monarchie d'Ancien Régime au temps de ses velléités réformatrices, l'effort de re-centralisation de la Convention et du Directoire succédant à celui de création originale de la Constituante convergent dans la stabilisation d'une « grille » administrative certes rationalisée et simplifiée, mais qui, de part et d'autre de la Révolution, paraît obéir à des inspirations voisines et fonctionner grâce à un personnel au sein duquel le statut a changé plus que les hommes.

1. Les préfets

Avec leurs subordonnés les sous-préfets, créés en liaison avec le rétablissement des arrondissements, les préfets évoquent jusqu'à nos jours et d'un seul mot l'omniprésence et l'uniformité d'une autorité centrale jalouse de ses prérogatives.

Leur étude ne peut se concevoir sans le rappel des caractères de l'administration parisienne qui les tient en main. Il s'agit du puissant ministère de l'Intérieur — le seul qui compte, avec le ministère de la Police qui en fut distinct de 1800 à 1801 et de 1804 à 1814 [1]. Il avait depuis 1790 recueilli la plupart des fonctions de l'ancien Contrôle général des finances et de l'ancienne Maison du Roi. Disloqué en six commissions exécutives par la dictature du Comité de salut public, rétabli en l'an IV, fortement marqué par la personnalité de François de Neufchâteau, il reçut une organisation minutieuse et disciplinée des hommes auxquels Napoléon Bonaparte le confia : son frère Lucien, le seul sans doute à y avoir apporté un véritable sens politique; Chaptal, Champagny, Crétet, Montalivet, grands commis travailleurs et dociles. Dépendent de l'Intérieur, outre l'« administration générale » (population, conscription, garde nationale...) et communale, l'agriculture, les subsistances, le commerce, les « arts et manufactures » (ces deux dernières attributions détachées au profit d'un ministère particulier de 1811 à 1814), l'assistance publique, les prisons, les grands établissements artistiques et scientifiques, les travaux publics, les Mines, les Ponts-et-Chaussées, l'instruction publique, les Archives... et la statistique. Auprès de cela, apparaissent comme étroitement spécialisées les attributions de la Justice, des Finances et du Trésor, de la Guerre, de la Marine et des Colonies, des Relations extérieures, des Cultes. On comprend à peine aujourd'hui qu'une telle « machine » ait pu donner aux contemporains une impression de lourdeur bureaucratique alors qu'elle fonctionnait avec guère plus de deux cents personnes, depuis le ministre et son secrétaire général jusqu'aux huissiers et garçons de bureau, en passant par les chefs de division, les chefs et sous-chefs de bureau, les rédacteurs ou commis, les expéditionnaires ou surnuméraires. Comme l'explique Montalivet dans ses *Instructions générales* de 1812, « il faut qu'au centre on sache tout ce qui se fait, bien ou mal (...) Il faut que des analyses (...) mettent fréquemment en regard tout ce qui se fait et tout ce qui ne se fait pas sur chaque matière, la manière dont les choses se font aux différents lieux et

1. Le seul ouvrage qui esquisse une histoire de l'administration napo-léonienne est le recueil d'études et de documents de Guy Thuillier (43).

dans les différents temps ». On conçoit alors que le ministère de l'Intérieur, « la mémoire de l'État » selon une autre expression du même Montalivet, ait eu parmi ses principales fonctions celle d'entretenir une gigantesque correspondance avec tous les points de l'empire, une fonction « paperassière » que n'alimentait pas seulement la minutie croissante des règlements.

Le dépositaire de ces compétences multiples, le partenaire privilégié de ces échanges épistolaires, c'est le préfet. Non point, d'ailleurs, qu'il doive en résulter le moins du monde pour lui l'exercice d'un quelconque pouvoir. Dans les deux sens, entre le gouvernement et les administrés, il doit au contraire faire preuve de transparence et de neutralité, assurer l'exécution des ordres et la transmission des informations. On se demande s'il faut voir en lui un agent, ou un « support » d'une exceptionnelle qualité. « Ils n'ont le droit de proclamer ni leur propre volonté, ni leurs opinions » (Lucien Bonaparte). « La chaîne d'exécution descend sans interruption du ministre à l'administration et transmet la loi et les ordres du gouvernement jusqu'aux dernières ramifications de l'ordre social avec la rapidité du fluide électrique » (Chaptal).

Si l'uniforme qu'il porte ne promet donc pas le préfet aux joies du proconsulat, il lui impose en revanche de singulières qualités de dévouement, d'observation, de souplesse autant que d'aptitudes à incarner l'autorité. « Vos attributions », annonçait l'une des premières circulaires de Lucien Bonaparte, « embrassent tout ce qui tient à la fortune publique, à la prospérité nationale, au repos de vos administrés. » C'était indiquer, au-delà de la fonction de contrôle de l'ensemble des secteurs administratifs, à l'exception du secteur militaire, une mission politique au sens le plus large du terme. Le Premier Consul comptait sur les préfets pour faire passer dans la vie quotidienne l'image du régime réparateur. Ils sont donc au premier chef responsables de l'ordre local que ne doivent plus troubler les querelles, désormais tenues pour périmées, des partisans et des adversaires de la Révolution. Émigrés rentrés, radiés et amnistiés; anciens jacobins et « terroristes »; artisans qui se réunissaient clandestinement pour chanter la *Marseillaise* ou célébrer la fête du Dix Août; esprits indépendants tels que notaires, avocats, hommes de lois, gens de lettres;

réunions de clubs, académies, loges..., autant de sujets de préoccupation, d'occasions d'enquêtes, de constitutions de dossiers, de rédaction de rapports sur l'« esprit public ». Il fallait aussi s'assurer des conditions dans lesquelles entraient en application les grandes mesures pacificatrices, où s'exécutaient les obligations les plus désagréables aux populations. Ainsi du Concordat : l'installation des nouveaux curés risquait de ressusciter des conflits de personnes autour des anciens constitutionnels ou réfractaires; du paiement des contributions, et notamment des droits réunis dont la perception pouvait donner lieu à des incidents lors des inventaires de récolte dans les départements de vignobles — ainsi ceux de l'ancienne Bourgogne, exemptée des droits d'aides à la fin de l'Ancien Régime; et naturellement de la conscription, avec ses séquelles : insoumission et désertion. Malheur, alors, au préfet dont les limites départementales enferment de vastes étendues boisées, comme dans l'Yonne, où de Bléneau, un homme de la vieille monarchie, évoque les habitants « à demi sauvages » du canton de Quarré-les-Tombes. Un préfet, d'ailleurs, hésite beaucoup à user de la répression, à la fois parce qu'une telle nécessité pourrait laisser supposer en haut lieu que son administration a été défaillante, et parce que ce recours risque de rendre plus difficiles les relations ultérieures avec la population; toutefois Méchin, préfet de Caen, se voit bien obligé en 1812 de remettre sur les émeutes frumentaires de la fin de l'hiver un rapport qui conduit Savary à envoyer 4 000 hommes dans le Calvados, pour appuyer une opération de répression judiciaire destinée à servir d'exemple.

L'activité d'un préfet comporte aussi des aspects plus positifs. Il lui revient de préparer l'affermissement des nouvelles structures administratives en recherchant les personnes aptes à remplir des emplois, par leur famille, leur fortune, leurs capacités ou leurs opinions : de là l'importance de la « statistique morale et personnelle ». Il doit présider les manifestations — à vrai dire de plus en plus espacées et sommaires — de la vie politique : plébiscites, prestations de serment, établissement et révision des listes des citoyens les plus imposés et des membres des collèges électoraux, préparation des visites du Consul ou de l'empereur. Il a enfin à suivre et à encourager la vie économique dans tous ses aspects. Lucien Bonaparte n'avait-il pas aussi joint cette recommandation : « Pour affirmer la paix dans votre département, détournez vers les notions de l'économie politique ce qui reste d'agitation qui succède aux mouvements d'une grande révolution. » L'économie, certes, c'était encore une fois la sécurité publique d'abord. Le problème des subsistances restait préoccupant, surtout si le département était habituellement ou fréquemment déficitaire en grains. Partout le préfet se tenait au courant de la régularité de l'approvisionnement des marchés, de la liberté de circulation des grains, de leurs prix (relevés par quinzaines et par arrondissements), des prévisions de récolte. En période de crise, il pouvait prendre des mesures exceptionnelles, dont le tableau rappelle à la fois la « police » de l'Ancien Régime et la Terreur : déclaration obligatoire des stocks de farines et grains, sous peine de visites domiciliaires; réquisitions, au besoin à l'aide de la gendarmerie, chez les propriétaires et les blatiers; importation éventuelle à partir de départements excédentaires; vente obligatoire sur les marchés, à un prix taxé; interdiction de moissonner avant parfaite maturité des grains, fixation de la date de début des travaux, etc.

Non moins régulièrement, les préfets, créés en un temps où la statistique démographique et économique se faisait tant bien que mal sa place dans les administrations centrales, dépensaient leur énergie et leur talent — ou celui de leurs collaborateurs, les secrétaires généraux des préfectures notamment — en réponses aux questions les plus variées et les plus étendues que posait le ministre de l'Intérieur. Avec le rapport politique, le mémoire statistique ou l'état de situation figurent parmi les pièces les plus représentatives de la « littérature » préfectorale. « Des faits constatés, voilà proprement les seuls principes des sciences », avait averti Condillac : c'est bien dans cet esprit que Lucien Bonaparte et ses successeurs ont voulu fonder l'action du gouvernement sur des connaissances exactes et positives. Certains, tel Beugnot, préfet de la Saine-Inférieure de 1800 à 1806, ont mis une passion personnelle à se mettre au courant d'une façon tout à fait intime des activités de leur département : Beugnot n'ignorait rien des techniques, des machines, des hommes, des salaires et des capitaux, des prix de revient ou des conditions de la concurrence internationale en ce qui concernait les industries textiles et les activités associées, dans la région rouennaise ou le pays de Caux.

Zèle qui, paradoxalement, l'empêcha d'aboutir à la rédaction de la statistique départementale, parce que trop bien préparée [1]!

En somme, la préfecture pouvait aussi bien être tenue par des personnages ternes et sans reproche ou, au contraire, grâce à la marge d'initiative administrative locale importante qu'elle comportait, provoquer l'épanouissement d'une sorte de génie. Ce dernier cas est sans nul doute celui d'un Adrien de Lezay-Marnésia, préfet de Rhin-et-Moselle de 1806 à 1810, puis du Bas-Rhin de 1810 à 1814 [2]. Ce noble jurassien, formé au *Caro-linum* de Brunswick et à l'université de Göttingen, disciple de Rousseau et de Pestalozzi, émigré sans conviction et porté vers une République de propriétaires, était un homme des Lumières rallié à Bonaparte après la paix de Lunéville. Bien qu'il eût commencé une carrière de diplomate, comme ministre à Salzbourg en 1803, il trouva dans l'administration départementale sa vraie mesure. « Pour tout peuple, ce n'est que par l'administration que le gouvernement peut être aimé. Tant vaut l'administration, tant vaut l'administré. » A Coblence, il installe des Rhénans à des postes de responsabilité. A Strasbourg, à la fin de l'Empire, il reste le plus libéral des préfets; avec « l'impatience du rationaliste convaincu de la justesse de ses idées », il crée une école normale, encourage les vaccinations antivarioliques, le développement des cultures fourragères et industrielles, veille à l'entretien des chemins vicinaux en rétablissant une « corvée », crée des commissaires cantonaux — bientôt désavoués par Paris — qui sont des notables chargés de parcourir le département pour l'informer de l'état de l'opinion. Réforme, liberté, bonheur : un homme qui a cru trouver sous l'autorité de Napoléon les conditions favorables à la mise en œuvre de la philosophie sociale du XVIIIe siècle.

Le jugement d'ensemble sur l'administration préfectorale et sur le renforcement de la centralisation administrative reste difficile à porter. Napoléon a-t-il été mieux au fait des affaires de son empire, et mieux obéi que n'avait jamais pu l'être un Bourbon au temps de l'absolutisme? Il a personnellement tout fait pour

1. Sur les enquêtes de l'époque napoléonienne, voir Bertrand Gille (114).
2. Charles Eckert (38).

tenir ses fonctionnaires en main, s'informant de leur activité et les déplaçant, les blâmant ou les félicitant même quand une campagne le retenait au fond de l'Europe; comme les préfets eux-mêmes faisaient la tournée des communes, l'empereur faisait celle des départements, et des traversées rapides paraissaient lui suffire pour corriger sur place certaines fausses perspectives édifiées par la prose administrative. Pourtant Montalivet s'inquiétait : « En général les préfets ne disent que ce qu'ils veulent et comme ils veulent. Ce que je vois de plus clair, c'est que nous ne savons rien de ce qui se passe. » A l'inverse, un esprit indépendant comme Joseph Fiévée, lui-même préfet, critiquait la nullité de l'administration préfectorale, ainsi que l'a rappelé G. Thuillier. « La manie de régler de Paris jusqu'aux plus petits détails empêchera les administrateurs de se former; aussi suis-je plus convaincu que jamais qu'il est raisonnablement impossible de dire la différence qu'il y a d'un bon ou d'un mauvais préfet » (1810). « On a pris la force aveugle de tout agent d'une autorité violente pour du pouvoir administratif, et cette erreur sera mortelle pour l'administration... » « J'ai eu l'honneur d'être préfet et je n'ai jamais eu la prétention de diriger l'opinion publique de mon département. J'avais même la certitude alors que je ne dirigeais pas l'opinion publique de mon antichambre. » Ainsi que le souligneront bientôt, au début de la Restauration, Tocqueville et Royer-Collard, la Révolution puis la dictature napoléonienne n'ont rien laissé subsister entre une administration centrale puissante par ses commis et par ses délégués, et la poussière des individus-administrés.

Du moins Napoléon s'était-il fortement préoccupé de substituer, à l'empirisme des premiers choix, une formation systématique des futurs sous-préfets, préfets, magistrats, fonctionnaires de toutes les branches de la haute administration : c'est le sens de la création, en 1803, des auditeurs au Conseil d'État [1], dont il accrut sans cesse le nombre. En 1813, un quart des préfets déjà était passé par là : ainsi se préparait une relève par une génération nouvelle d'hommes formés sous les yeux du maître dans la pratique même des affaires. Filière attrayante pour des jeunes gens

1. Charles Durand (36).

de la bourgeoisie aisée ou de l'ancienne aristocratie, « fils, gendres ou neveux des ministres, sénateurs, conseillers d'État, généraux, préfets », bien faite pour accélérer les ralliements et développer les fidélités personnelles.

2. L'effort de contrôle de la société

La justice.

La réforme judiciaire fait partie du même « train » de grandes mesures d'ordre administratif que la création des préfectures, dans les tout premiers mois du Consulat. Mais on n'y retrouve pas de « nouveauté » d'un intérêt comparable à cette dernière. L'œuvre napoléonienne a été, surtout en ce domaine, de réajuster les institutions révolutionnaires, d'y réintroduire des échelons oubliés et qui rappellent singulièrement l'Ancien Régime, ou de les marquer de certaines préoccupations propres à un régime qui se veut avant tout d'ordre.

A l'exception des juges de paix — qui se trouveront plus tard réduits en nombre — et des juges des tribunaux de commerce, tous les magistrats sont nommés. « Vous êtes nommés à vie », écrit à leur intention Bonaparte en mai 1800; « personne n'a le droit de vous destituer; vous n'êtes responsables de vos jugements qu'à votre conscience; vous serez impassibles comme la loi. » Le Premier Consul évoque ainsi le rôle des tribunaux dans le maintien ou le rétablissement de la paix civile. Mais, ainsi que le souligne Charles Durand, l'indépendance des juges trouve sa limite dans le fait que le gouvernement contrôle leur avancement : c'est lui, en effet, qui nomme les présidents et vice-présidents des tribunaux, pour un temps limité.

Au-dessous du niveau départemental, les tribunaux de justice correctionnelle et de justice civile se trouvent regroupés dans un tribunal de première instance, au chef-lieu de chaque arrondissement. Au-dessus du niveau départemental, se trouve rétablie une instance d'appel : un tribunal pour quatre départements, en moyenne. La localisation reprend celle des Parlements, cours

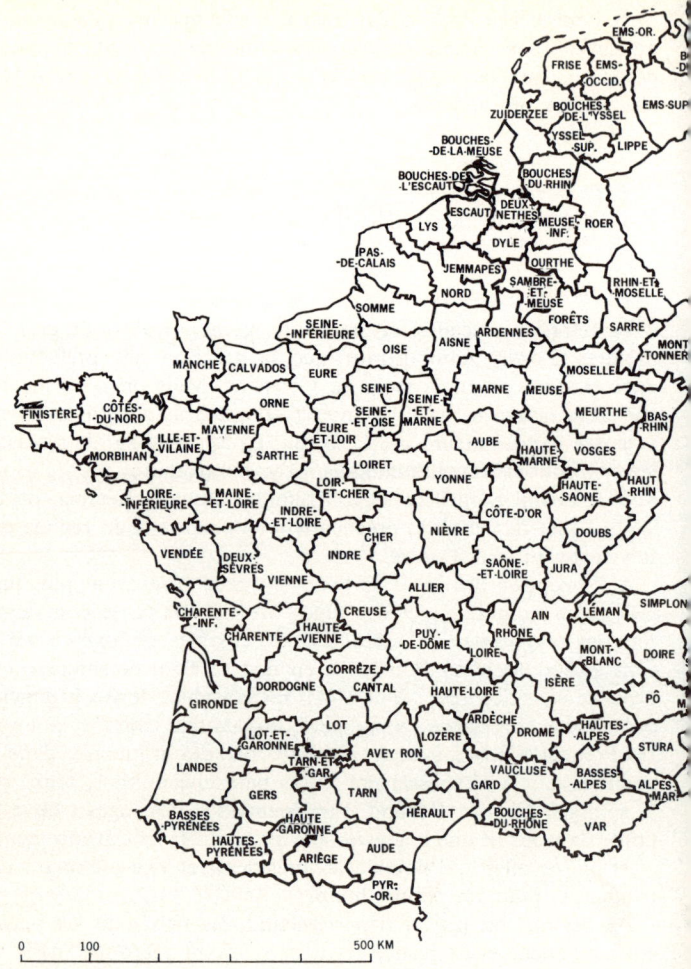

EMS-OR.

FRISE EMS-
OCCID.

B.-
D.

ZUIDERZEE BOUCHES-
DE-L'YSSEL EMS-SUP

BOUCHES-
DE-LA-MEUSE YSSEL-
SUP. LIPPE

BOUCHES-DE-
L'ESCAUT BOUCHES-
DU-RHIN

ESCAUT NETHES MEUSE-
INF. ROER

DEUX MEUSE-
INF.

LYS DYLE RHIN-ET-
MOSELLE

PAS-
DE-CALAIS JEMMAPES SAMBRE-
ET-
MEUSE OURTHE

SOMME NORD FORÊTS SARRE

SEINE-
INFÉRIEURE ARDENNES MONT
TONNER

MANCHE CALVADOS OISE AISNE MOSELLE

EURE MARNE MEUSE

FINISTÈRE CÔTES-
DU-NORD ORNE SEINE SEINE-
ET-
MARNE MEURTHE BAS-
RHIN

EURE-ET-
LOIR AUBE HAUTE-
MARNE VOSGES HAUT-
RHIN

ILLE-ET-
VILAINE MAYENNE SARTHE LOIRET YONNE HAUTE-
SAONE

MORBIHAN LOIRE-
INFÉRIEURE MAINE-
ET-LOIRE LOIR-
ET-CHER CÔTE-D'OR DOUBS

INDRE-
ET-LOIRE CHER NIÈVRE

VENDÉE DEUX-
SÈVRES INDRE SAÔNE-
ET-LOIRE JURA

VIENNE ALLIER SIMPLON

CHARENTE-
INF. CREUSE AIN LÉMAN

CHARENTE HAUTE-
VIENNE PUY-
DE-DÔME RHÔNE MONT-
BLANC DOIRE

CORRÈZE LOIRE ISÈRE PÔ M.

GIRONDE DORDOGNE CANTAL HAUTE-LOIRE HAUTES-
ALPES STURA

LOT-ET-
GARONNE LOT LOZÈRE ARDÈCHE DROME

LANDES AVEY RON VAUCLUSE BASSES-
ALPES ALPES-
MAR.

TARN-ET-
GAR. GARD

GERS TARN BOUCHES-
DU-RHÔNE VAR

BASSES-
PYRÉNÉES HAUTE-
GARONNE HÉRAULT

HAUTES-
PYRÉNÉES AUDE

ARIÈGE

PYR.-
OR.

0 100 500 KM

Carte des départements

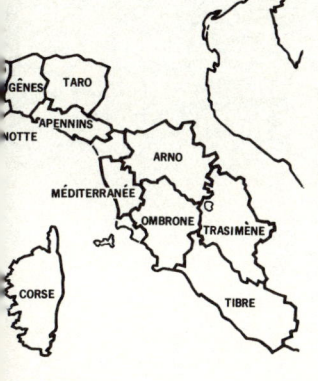

*Non seulement la circonscription adminis-
trative héritée de la Révolution se trouve
reprise et consolidée, mais encore le cadre
départemental, déjà imposé à la Belgique
et à la Rhénanie, s'étend successivement à
une partie de l'Italie du Nord et du Centre,
à la Hollande, à l'Allemagne du Nord-
Ouest. Par rapport à nos limites départementales actuelles, maintes différences
apparaissent : non seulement, et pour cause,
sur les frontières (dessin des Ardennes, ou
des Alpes-Maritimes englobant San-Remo ;
« Léman » incluant Genève), mais aussi à
l'intérieur (le Tarn-et-Garonne n'a été
constitué qu'en 1808, par prélèvements sur
ses voisins ; et la Corse n'a succédé qu'en
1810 aux deux départements du Golo et du
Liamone).*

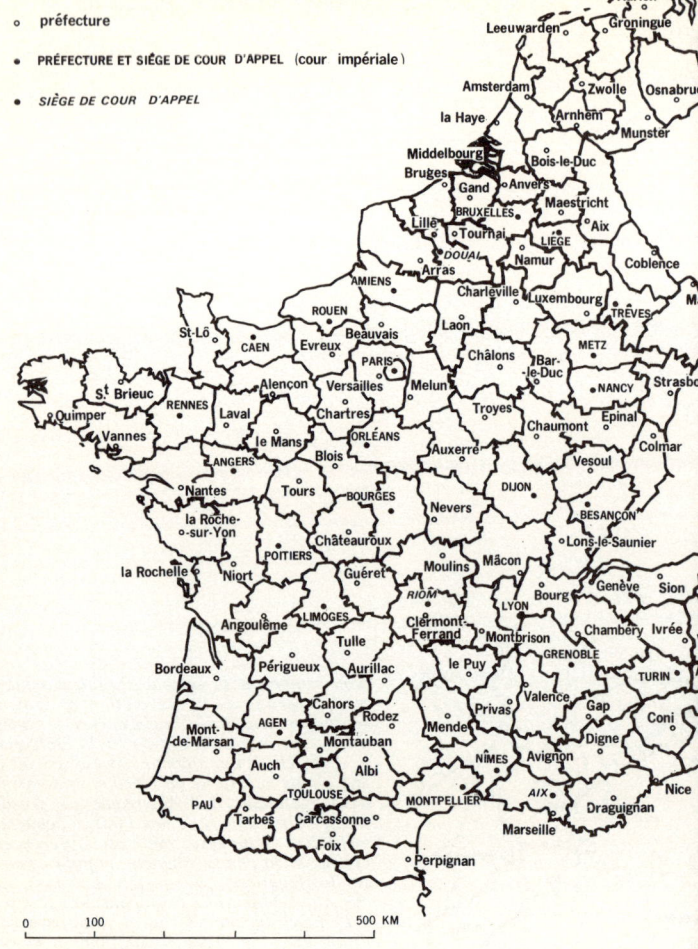

○ préfecture

● **PRÉFECTURE ET SIÈGE DE COUR D'APPEL** (cour impériale)

● *SIÈGE DE COUR D'APPEL*

0   100   500 KM

Carte des sièges administratifs

On reconnaît encore les traces, soit des rivalités urbaines qui se sont avivées à l'occasion des découpages administratifs (si Aurillac a bien détrôné Saint-Flour, Montbrison, l'ancienne capitale du Forez, conservera la préfecture jusqu'en 1856), soit de quelques survivances d'Ancien Régime, qui confirment les antiques sièges judiciaires de Riom, d'Aix ou — celui-là plus récent — de Douai.

souveraines ou conseils supérieurs, cours des comptes, des aides ou présidiaux importants de la monarchie — mais, bien sûr, le prestige en est moindre pour bien des raisons. Ces tribunaux d'appel prendront ultérieurement le nom de « cours », comme le tribunal criminel de département celui de « cour d'assises » : réminiscence d'un ancien vocabulaire royal.

Le gouvernement ajoute d'autre part un caractère nettement répressif à l'appareil judiciaire en créant, en l'an IX, des substituts des commissaires du gouvernement près les tribunaux criminels (des départements) auprès de chaque tribunal de première instance, à l'arrondissement. Ces « magistrats de sûreté » peuvent engager des poursuites. Plus claire encore, la signification des tribunaux spéciaux qui suscitèrent tant de protestations de la part de l'opposition libérale : justice militaire et politique, incontestablement, même si son objet au départ était de rétablir la sécurité sur les routes et dans les campagnes.

L'enseignement.

D'un bout à l'autre de la période consulaire et impériale, ou peu s'en faut, on a pu voir Napoléon Bonaparte s'intéresser avec passion à la reconstitution d'une corporation enseignante. « Mon Université, telle que je l'avais conçue, était un chef-d'œuvre dans ses combinaisons, et devait en être un dans ses résultats nationaux », dira Napoléon en 1815. Il a exprimé ailleurs le lien intime qu'il apercevait entre la définition de l'enseignement et la stabilité de son œuvre politique : « Il n'y aura pas d'état politique fixe s'il n'y a pas un corps enseignant avec des principes fixes. Tant qu'on n'apprendra pas dès l'enfance s'il faut être républicain ou monarchique, catholique ou irréligieux, etc., l'État ne formera point une nation; il reposera sur des bases incertaines et vagues; il sera constamment exposé aux désordres et aux changements » (1805).

Cette enfance, toutefois, est restée à l'écart de la nouvelle organisation de l'enseignement. Souvent distribué par des écoles privées ou confessionnelles, le degré primaire de l'instruction a été laissé, dans le secteur public, à l'initiative et à la charge commune des municipalités et des familles. Aussi bien les « classes inférieures » n'avaient-elles besoin, dans la perspective d'une société fortement hiérarchisée par la propriété et par l'argent, outre des « notions élémentaires », que d'une formation morale et d'application au travail. Le maintien du contrôle de l'Église catholique n'avait, à ce niveau, rien qui pût contredire les vues officielles.

A vrai dire, le régime napoléonien a encouragé — mais dans une bien faible mesure — le développement d'un enseignement technique populaire, dont les écoles de dessin de la fin de l'Ancien Régime avaient donné une première version [1]. Chaptal, la Société d'encouragement pour l'industrie nationale — qui réunissait des administrateurs, des savants et des entrepreneurs — recommandaient la multiplication des écoles professionnelles, comme un facteur à la fois de rentabilité et de maintien de la paix sociale. A Paris, Chaptal ouvre au Conservatoire des arts et métiers une école pratique de filature et de tissage (1804), pépinière de contremaîtres; Champagny y ajoute en 1806 une école gratuite de dessin appliqué. En province, deux écoles d'Arts et Métiers sont ouvertes à Châlons et à Beaupréau (près d'Angers); la première, d'abord installée à Compiègne, hérite pour une part de l'école ouverte en 1786 à Liancourt par le duc de La Rochefoucault — promu en 1806 inspecteur général de ces établissements. « L'insuffisance des mesures prises en matière d'instruction populaire et d'enseignement technique reflète les contradictions d'une société où s'affrontent l'attachement aux valeurs artisanales de l'Ancien Régime et la prise de conscience des exigences du développement industriel » (A. Léon).

L'effort du Consulat et de l'Empire s'est porté principalement sur l'enseignement du second degré. Enseignement destiné à des fils de notables, et dont la finalité est de donner à ceux-ci une formation générale précédant les études spéciales, le complément d'instruction professionnelle grâce à quoi ils entreront dans toutes les carrières administratives ou libérales. Mais du point de vue de l'orientation générale imprimée à la société française, l'essentiel est sans doute moins de constater à quoi servent les « produits » de l'enseignement des quarante-cinq lycées dont l'institution était prévue dès 1802, que d'analyser le contenu de cet enseignement. « De complexion originelle, Napoléon était romantique »,

1. Antoine Léon (40), p. 419-436.

note André Monglond; mais le jeune Bonaparte, lecteur de la *Nouvelle Héloïse*, des *Confessions*, de *Paul et Virginie*, d'*Ossian*, a pris, en même temps que le pouvoir, le masque de l'admiration pour le siècle de Louis XIV : « Il fait distribuer par l'Université impériale la culture la plus classique. » En fait, les initiatives du Consulat en ce domaine sont à replacer dans l'histoire de la controverse qui sévit dès avant 1800 autour des écoles centrales, très vivement critiquées à la fois pour le très grand libéralisme de leur pédagogie et de leur discipline et pour le déséquilibre de leur enseignement au profit des sciences. Cabanis lui-même rappelle au début de l'an VIII que « l'instruction littéraire est le préliminaire indispensable et la base de toutes les autres [1] ». Un rapport du Conseil de l'Instruction publique recommande le retour obligatoire à six années de latin et quatre de grec : mais, paru après le coup d'État, il reste lettre morte. La conjoncture favorise alors une offensive de nature politique contre le système en place : la réaction catholique et royaliste attaque à travers les écoles centrales la République et la philosophie, et réclame le rétablissement des congrégations et des collèges d'humanités. Chaptal pour sa part n'est pas éloigné de lui donner satisfaction, étant lui-même partisan de la liberté de l'enseignement. Ce n'est pas cependant la conception qui convient à Bonaparte, et qui s'affirme dans un projet de Fourcroy et dans la loi du 11 floréal an X : la suppression des écoles centrales n'entraîne pas le rétablissement des collèges, mais l'institution des lycées, établissements civils d'État. Du système d'Ancien Régime, ils retiennent toutefois l'internat, la discipline, et la prédominance des études littéraires sur les sciences, l'histoire, la philosophie. Le recrutement des professeurs est assuré par le rétablissement de l'agrégation (1808). La loi du 10 mai 1806, fondant l'Université de France, la présente comme « un corps chargé exclusivement de l'enseignement et de l'éducation publics dans tout l'Empire », ayant pour fonction de « diriger les opinions politiques et morales ». Napoléon se flatte d'en assurer l'indépendance matérielle grâce à une dotation en rentes de quatre cents mille francs, complétée par les versements des parents. Son grand-maître, placé directement sous les

1. Cité dans J. Kitchin (15).

ordres du ministre c'est-à-dire de l'empereur, est un personnage considérable, administrant à l'aide d'un chancelier et d'un Conseil, au sommet d'une nouvelle hiérarchie aussi nettement définie que celle des préfectures, des ressorts judiciaires ou des diocèses : les académies, à l'intérieur desquelles l'autorité « descend » du recteur aux proviseurs en passant par l'inspecteur. La nomination de Fontanes comme premier grand-maître vient confirmer l'orientation conservatrice de l'esprit de ce nouveau corps.

L'Université napoléonienne englobait un niveau supérieur de l'enseignement, sous la forme de Facultés — médecine, droit, théologie, lettres, sciences. Mais ce niveau ne devait prendre toute sa consistance que d'une manière progressive au cours du XIXe siècle. Dans l'immédiat, seules prospérèrent celles qui, dès avant la constitution de l'Université, avaient existé sous la forme d'écoles spéciales de médecine et de droit. Les facultés des lettres et des sciences, elles, demeuraient, avec des effectifs de professeurs très réduits, de simples prolongements des lycées, et leur enseignement n'était pas beaucoup plus approfondi que celui des grandes classes. Ainsi la Faculté des sciences de Paris empruntait-elle ses huit professeurs à des établissements extérieurs, et le cours général de science (parallèle à un cours général de mathématiques) traitait-il de matières aussi variées que la physique, la chimie, la minéralogie, la géologie, la botanique, la zoologie et la physiologie. Le cours de physique lui-même était fort peu spécialisé ; on y parlait aussi bien d'hydrostatique que d'électricité. En fait, l'enseignement de haut niveau scientifique continuait à se donner hors de l'Université, dans les grands établissements dont la Révolution seule pouvait revendiquer le mérite.

Le plus utile aux vues de Napoléon Bonaparte, parmi ces établissements, fut l'École polytechnique, fondée en 1794. Une réforme, coïncidant avec l'installation du Consulat, avait défini son fonctionnement et ses objectifs : concours d'entrée — auquel n'existait encore aucun système de préparation —, deux ans d'études, donnant accès à des écoles spécialisées — Mines, Ponts-et-Chaussées, Artillerie... — dites écoles d'application, filières aboutissant aux emplois supérieurs du service public, militaire ou civil. Grâce à la petite solde versée par l'État, l'École était ouverte aux fils de familles pauvres : il y eut dans ses premières années jusqu'à près de la moitié de fils de paysans et d'artisans. Mais en 1804-1805 les caractères de l'établissement se modifièrent. Les élèves furent désormais obligés de payer huit cents francs de pension par an. Et surtout, l'École glissa de la fonction de grand établissement scientifique — où l'enseignement d'un Berthollet, notamment, se situait à la pointe des connaissances en chimie théorique et appliquée — vers celle d'école militaire, gouvernée par Lacuée, sous l'autorité du département de la Guerre. En 1811, il fut décidé que les meilleurs élèves sortiraient comme ingénieurs militaires. De 1811 à 1813, deux cents élèves furent dirigés vers l'artillerie. En revanche, le Collège de France et le Muséum d'histoire naturelle, purs établissements d'enseignement et de recherche, accentuèrent leur rôle de foyers intellectuels, voire de controverse scientifique. Leurs professeurs se retrouvaient d'ailleurs au sein de la première classe de l'Institut, regroupés en une constellation prestigieuse : le gouvernement en attendait du reste aussi bien un certain nombre de consultations sur des sujets pratiques qu'une contribution à sa gloire [1].

L'Église.

Le sens politique du Concordat est bien connu : il s'agissait, au plan intérieur, pour Bonaparte de rétablir la cohésion nationale, objectif impossible à atteindre, dix ans de luttes civiles venaient de le prouver, sans l'adhésion du clergé catholique. On ne reviendra pas ici sur les aspects les plus évidents de cette adhésion. Elle atteint son point le plus haut de docilité avec la mise en usage, en 1806, du *Catéchisme impérial*. Les obligations civiques y prennent rang de pair avec celles de la religion. Dieu fait une place à sa droite à l'empereur. En même temps, la célébration de la Saint-Napoléon, le 15 août, détrône celle de l'Assomption de la Vierge Marie, fête nationale et royale sous l'Ancien Régime depuis le « vœu de Louis XIII ». Sur un point essentiel : l'obéissance à la conscription, R. Darquenne a rappelé récemment, à propos des départements belges réunis, l'importance du soutien de l'Église à la politique militaire du « restaurateur de la religion ». Des mande-

1. Maurice Crosland (134).

ments épiscopaux prescrivent un *Te Deum* d'actions de grâces pour la victoire d'Austerlitz, au souvenir de laquelle sera désormais consacré le premier dimanche de décembre : c'est « le Dieu des Puissances et des Armées qui a élevé Napoléon sur le trône et consacré ses triomphes par la victoire ». D'autres mandements, instructions ou lettres pastorales traitent explicitement, dans les années suivantes, de l'impôt du sang : les conscrits doivent « regarder leur appel comme celui de Dieu... La patrie est l'Arche d'alliance entre le Souverain et le peuple ». Ainsi parle l'évêque de Tournai, que Réal n'hésite pas à comparer à un grenadier au service de l'empereur ! Bientôt les réfractaires et les déserteurs se verront refuser l'absolution.

On reviendra sur les limites, dans le temps, de cette bonne volonté du clergé et notamment de l'épiscopat. D'une façon plus discrète mais non moins efficace, le clergé s'est trouvé réinvesti par les institutions napoléoniennes, ou plutôt à la faveur de leurs insuffisances, d'une part du contrôle de l'enseignement, retrouvant ainsi une de ses attributions principales dans la société d'Ancien Régime. A l'abri de la loi du 11 floréal an X, les Frères des écoles chrétiennes reprennent leur activité, se réorganisent avec Lyon pour centre, reçoivent l'approbation du grand-maître à leurs statuts en 1810. Dans l'Université, des prêtres enseignent dans les lycées, sont proviseurs, recteurs, inspecteurs, membres du Conseil. Et surtout, hors d'elle, et en dépit de son monopole de principe, un millier environ d'établissements privés, au nombre desquels les séminaires et les maisons des congrégations féminines, à nouveau autorisés, accueillent toute une clientèle rétive à l'égard des lycées impériaux. Contre quoi, à partir de 1811, essaie de réagir Napoléon par une série de mesures restrictives de la liberté de l'enseignement privé — dont bien des maîtres sont d'anciens ecclésiastiques. Parmi les institutions dont l'empereur a voulu s'assurer le concours pour accomplir son œuvre de subordination des esprits et des consciences, l'Église apparaît ainsi comme une alliée fort équivoque. Consciente de la nécessité des concessions à l'égard d'un pouvoir qui avait rétabli les conditions normales de l'exercice du ministère pastoral, elle n'en a pas moins profité de la restauration juridique et sociologique de ses positions pour tenter d'étendre son influence au-delà d'une simple coopération au maintien de l'ordre public : en direction d'une reconquête spirituelle et idéologique dont s'accommodait mal le régime napoléonien, enraciné, par-delà ses métamorphoses autoritaires, dans la fidélité à 1789.

3. La fiscalité et ses agents

Est-il arbitraire d'étudier l'impôt à l'occasion d'un chapitre consacré aux structures administratives? Non, sans doute, en l'occurrence, c'est-à-dire s'agissant de l'époque napoléonienne. En effet, le Consulat et l'Empire n'ont apporté aucune solution neuve aux problèmes de l'impôt — ses sources, la répartition de sa charge — et du crédit. Le bilan est en ces matières franchement négatif, à la fois parce que Napoléon Bonaparte raisonnait en termes de politique, ou de pratique trésorière, et parce que les circonstances extraordinaires de l'expansion française en Europe dispensaient d'imagination. L'œuvre napoléonienne appartient au domaine de l'administration des finances : elle est l'application d'une plus grande rigueur à l'utilisation de moyens existants ou empruntés à un arsenal tout à fait classique. « L'œuvre financière de l'ère napoléonienne se résume dans la création d'un bon instrument administratif, qui avait fait défaut à l'ancienne monarchie [1]. »

La charge fiscale et sa structure.

Bonaparte a conservé intact l'héritage fiscal des gouvernements de la Révolution, c'est-à-dire le système des contributions directes.

La contribution foncière, d'abord, constituant à elle seule près des trois quarts des ressources fiscales de cette origine. Elle se monte à 240 millions de francs en 1813 [2], soit autant qu'en 1791, à sa création. Stabilité en contradiction, bien sûr, avec l'élargissement des frontières de la France aussi bien qu'avec le mouvement

1. P. Mallez (41).
2. Nous suivons ici les chiffres donnés dans la récente étude de Michel Bruguière (35).

toujours fortement ascendant de la rente foncière. Mais stabilité en accord, non moins sûrement, avec le vœu des notables, hostiles à tout ce qui vient restreindre la libre jouissance des propriétés.

A la même date de 1813, la contribution mobilière et personnelle ne rapporte que 10 % des contributions directes. Composée d'un droit fixe (la contribution personnelle) et de droits variables frappant, au-delà d'une base égale à la valeur de trois journées de travail (et déterminée dans chaque département), les signes extérieurs de la richesse — loyer, domestiques, chevaux, voitures, cheminées (c'est la contribution mobilière et somptuaire), elle est progressivement supprimée, de 1803 à 1808, dans toutes les villes à octroi, ce dernier en suppléant les recettes.

L'impôt sur les portes et fenêtres et la patente ne fournissent l'un et l'autre que moins de 6 % des contributions directes. Il est vrai que celles-ci supportent des centimes additionnels, destinés à couvrir les dépenses départementales, les dépenses des communes, les frais de confection du cadastre, l'entretien et la construction des routes à la charge des conseils généraux.

L'ensemble des contributions directes entrait en 1813 pour 29 % seulement dans le total des recettes. Il est à peine besoin de dire que leur inélasticité les rendait tout à fait inaptes à servir une « grande politique ». Celle-ci n'avait pas tardé à rendre inévitable l'extension du système fiscal. Dans la pensée de Napoléon, écrit Robert Lacour-Gayet, « la seule qualité d'un bon système fiscal était son rendement. Ce qu'il convenait de rechercher, c'étaient des taxes variées, d'une application facile, et d'une productivité automatique. L'impôt indirect devenait, dans ces conditions, l'impôt idéal ». Et pour reprendre les termes mêmes du Premier Consul, il fallait « établir un grand nombre de taxes indirectes, dont le tarif très modéré serait susceptible d'être augmenté à mesure des besoins ». Reculant aussi peu devant l'impopularité éventuelle du rétablissement de ces taxes que devant celle d'une certaine forme de résurrection de la monarchie, Napoléon Bonaparte réintroduit de 1802 à 1810 les droits sur le tabac, les boissons, le sel, enfin le monopole de l'achat, de la fabrication et de la vente du tabac. Les « droits réunis » voient par des augmentations successives quadrupler leur rendement entre 1806 et 1812. L'ensemble de ces taxes sur diverses consommations produit environ le quart des recettes fiscales en 1813. Un troisième grand poste de recettes vient équilibrer le total : droits de timbre et d'enregistrement, droits de douane.

Ainsi se trouve constitué un système fiscal dont l'inspiration n'a guère changé par rapport à l'Ancien Régime, et qui va durer jusqu'à la Première Guerre mondiale, jusqu'à l'institution de l'impôt sur le revenu. Mais dans ce « compromis technique » entre impôts sur les consommations, impôts sur *les* revenus et impôts sur la fortune, on aperçoit déjà, remarque Jean Bouvier, deux constantes : situation abritée du profit industriel et commercial ; aggravation de la fiscalité indirecte. La « radiographie du fait fiscal » tel que le Premier empire le lègue à ses successeurs révèle « une fiscalité fort bien adaptée à la croissance du profit, donc à la croissance tout court », et d'autre part l'orientation antidémocratique de la fiscalité [1].

Tel quel, le système fiscal napoléonien n'était pourtant pas en mesure d'assurer la couverture des dépenses, surtout à partir de 1806. Avoisinant à cette date les 700 millions de francs, elles dépassent largement le milliard en 1812 et 1813. Or les recettes, malgré leur progression sensible, restent à la fin du règne inférieures au milliard. Le déficit vient, on s'en doute, de la part de plus en plus pesante des dépenses militaires, lesquelles passent de 40 à 60 % des dépenses totales. C'est ici qu'intervient l'artifice, ou la facilité. Artifice, déjà, que celui du gonflement des recettes (mais aussi, il est vrai, des dépenses d'administration) résultant de l'extension progressive des limites de l'empire ; ou que l'importance des recettes douanières, liée à l'extension et à l'efficacité du blocus. Facilité, à coup sûr, que le recours au Trésor de l'armée, plus tard rebaptisé Domaine extraordinaire, souverainement contrôlé par l'empereur, et dont les excédents, une fois satisfaits les besoins des armées hors des frontières, permettent d'éponger le déficit et de soutenir une politique de dotations somptueuses au profit des chefs militaires : les centaines de millions — peut-être davantage — ainsi prélevés sur les vaincus se réduiront à zéro avec le repli des armées françaises refluant vers l'ouest de l'Europe.

1. Jean Bouvier (34).

Le refus du crédit public.

Ainsi, dans les circonstances difficiles de la fin de 1813, Napoléon se trouve-t-il acculé à la couverture des dépenses au moyen de majorations énormes des contributions directes : ce ne devait pas être un élément négligeable dans la maturation de la crise politique dénouée par le vote de la déchéance. Car, craignant peut-être de finir par où l'Ancien Régime avait péri, ou plutôt de subir par le recours au crédit une certaine forme de contrôle de l'opinion, Napoléon comme Bonaparte s'était toujours refusé à l'emprunt. Sur les problèmes de crédit, note également Robert Lacour-Gayet, « ses idées étaient élémentaires, pour ne pas dire primitives ». Elles s'inspiraient à la fois d'une morale petite-bourgeoise : l'emprunt, moyen immoral d'anticiper sur les recettes certaines, et source funeste de charges supplémentaires; et d'un sens rigide de la dignité de l'État : la puissance publique, incompatible avec la dépendance à l'égard des banquiers et des marchands.

Toutefois, le Consulat et l'Empire ne pouvaient éviter d'avoir à traiter du problème du crédit dans la mesure où ils héritaient, par l'intermédiaire de la banqueroute et de la consolidation directoriales, de la dette publique de l'Ancien Régime. Soucieux de liquider et de rassurer, le gouvernement accepta en fait le gonflement de la dette publique en rente du « tiers consolidé » bientôt dénommé « cinq pour cent », en chiffres ronds, de 35 à 45 puis à 63 millions de francs : en 1801, après la paix de Lunéville, par la consolidation de l'arriéré des dettes du Directoire; en 1810, par la prise en compte de la dette hollandaise. Mais le respect des engagements était un acte purement politique, destiné à soutenir la confiance; il ne présageait nullement une « réouverture du Grand Livre ». Le soin apporté au paiement des arrérages, on l'a vu, allait dans le même sens. Le marché des rentes lui-même était étroitement surveillé et organisé : la négociation des effets publics était réservée à un nombre limité d'agents de change depuis l'an IX, agents nommés par le Premier Consul et soumis à un cautionnement — soixante et plus tard cent mille francs. A Paris notamment, les quelque soixante agents de change pouvaient se plaindre de ne retirer dans bien des cas que des bénéfices minimes de transactions portant sur un volume réduit d'effets

— d'autant qu'un quart environ des rentes se trouvaient bloquées dans les mains de grands établissements publics.

Le refus de la monnaie fiduciaire.

La leçon de la monnaie révolutionnaire, qui s'était ensevelie sous ses propres ruines, n'a pas été moins bien retenue que celle de l'Ancien Régime, asphyxié par ses dettes. Napoléon Bonaparte s'est toujours refusé à créer du papier-monnaie; il a même rejeté la circulation généralisée du billet de banque, dont l'émission en quantités très limitées par la Banque de France nouvellement créée ne revêtait de signification qu'économique, et non celle de création d'une masse monétaire supplémentaire.

Donc, les finances du Consulat et de l'Empire, se définissant au niveau même du chef de l'État par une sorte de minutieuse rigueur comptable et d'orthodoxie timorée, ont pris appui sur un système monétaire métallique, du reste hérité du Directoire, quant à la nouvelle unité, et de la Monarchie, quant au rapport des métaux. Guy Thuillier a récemment souligné la fortune durable de la réforme monétaire opérée en 1785 par Calonne [1], et dont la loi du 7 germinal an XI conserva les bases : priorité à l'argent dans la circulation monétaire, rapport avec l'or de 1 à 15,5. Mais, comme le même auteur l'avait déjà montré [2], le régime napoléonien n'a que lentement traduit dans les faits le nouveau système. G. Thuillier n'hésite pas à parler, pour les premières années du siècle, d' « anarchie monétaire ». Les pièces rattachées au système de la livre continuaient à circuler en concurrence avec celles, de frappe récente, rattachées au système du franc, et dans le Midi — faut-il y voir une manifestation de royalisme? — les pièces de six et vingt-quatre livres tournois étaient préférées aux pièces de cinq et de vingt francs, en dépit de fortes altérations et de la fréquence des fausses pièces d'origine britannique. Jean Meuvret avait jadis parfaitement mis en évidence l'existence de « circuits sociaux » superposés dans la circulation monétaire de l'Ancien Régime, selon le métal auquel on avait affaire : le même phéno-

1. Biblio. nº 44.
2. Biblio. nº 45.

mène demeure présent dans la France napoléonienne. Les monnaies divisionnaires de cuivre et de billon, elles aussi encombrées d'espèces fausses, servaient au règlement des salaires ouvriers, et donnaient lieu à une double spéculation : en amont, les patrons se les procuraient à bon compte avec des monnaies d'argent; en aval, les commerçants majoraient les prix nominaux des denrées payées en monnaies « faibles ». Une bonne partie du cuivre en circulation passait d'ailleurs dans les caisses de l'État, par le canal des postes, des droits réunis, des contributions directes. Enfin, une multitude d'espèces étrangères circulait dans l'empire, et le phénomène s'accentuait avec l'extension des frontières. Quand en 1810 il fut décidé de tarifer les écus d'argent et de retirer de la circulation la monnaie de cuivre et de billon ou de limiter son pouvoir libératoire, il en résulta une panique monétaire — resserrement des espèces, crise de crédit, fuite d'espèces hors des frontières, faux bruits sur l'émission de papier-monnaie — et des troubles persistants, jusqu'en 1813, en de nombreux points de l'empire.

Il y a, au reste, quelque paradoxe à voir s'instaurer dans la France napoléonienne un système monétaire laissant une place très réduite à toute circulation autre que métallique alors que les circonstances sont particulièrement défavorables à l'alimentation de la circulation en espèces et en métaux monnayables. A l'égard du stock existant à l'intérieur de l'empire, il ne fait pas de doute qu'il soit resté partiellement immobilisé par la thésaurisation, conséquence de cet indéfinissable état de l'opinion dans lequel l'admiration et l'agrément de la sécurité intérieure se trouvent en permanence contrebalancés par l'inquiétude et la défiance à l'égard de la situation militaire et des fins politiques du régime. D'autre part, le déficit de la balance commerciale et de la balance des paiements, résultant de la rupture des circuits extérieurs (J. Bouvier), mettent la France dans l'impossibilité de se brancher à nouveau sur le stock métallique américain. Certes, l'échec d'Ouvrard dans sa grande tentative de 1804-1806 pour diriger sur la France une partie des piastres hispano-américaines s'est trouvé partiellement compensé par les services rendus par la Hollande. Certaines spéculations comme celles qui fleurissaient en 1811 entre Londres, Gravelines et Paris ont pu introduire dans les frappes monétaires françaises des lingots d'or britanniques destinés à régler des transferts de fonds à destination des coalisés. Toutefois, la seule source assurée de métaux précieux, sous une forme monnayée, est pendant les années victorieuses le prélèvement des contributions sur les vaincus, en particulier sur la Prusse : 311 millions infligés en 1807, dont 171 effectivement payés dans les vingt-sept premiers mois. On mesure dans quel cadre monétaire rigide évoluent les finances napoléoniennes : une sorte d'acrobatie permanente.

Quant aux billets de la Banque de France, il importe de bien voir que leur émission et leur circulation étaient entièrement fondées sur l'escompte d'un papier de commerce rigoureusement sélectionné et sur le principe de la libre convertibilité, garantie par la constitution de réserves métalliques. Partie de 23 millions en l'an VIII, leur circulation s'est élevée jusqu'à un maximum de 134 millions en 1812. Circulation essentiellement parisienne, le Comptoir de Lyon n'ayant pas réussi à placer pour plus de 3 millions de billets dans le public, et celui de Lille à peine plus de trois cent mille. Non seulement c'est peu de chose par rapport à la circulation des espèces, qui a peut-être atteint à cette époque de un à deux milliards, mais encore ces billets n'étaient pas entre les mains d'un large public, la moindre coupure étant de cinq cents francs : bien qu'accepté dans les caisses de l'État, un tel signe était par ses dimensions comme par sa nature même lié au cercle étroit des grandes affaires du temps.

La création des trois grandes Caisses.

Toutefois, il serait faux de croire que Napoléon et ses grands commis se soient désintéressés totalement des problèmes du crédit, ou aient pu s'en désintéresser. D'abord, parce que la dette héritée des régimes antérieurs ne pouvait échapper à l'intervention de l'État dans la mesure même où celui-ci était décidé à traiter ce problème du point de vue de la confiance publique, c'est-à-dire de la stabilité politique. Ensuite, parce que, traditionnellement, le problème du crédit ne se pose pas seulement en termes de « rallonge » à des ressources fiscales inadéquates, mais aussi en termes de mise à disposition de l'État, dans les délais exigés par les besoins, des rentrées normalement attendues. A ces difficultés techniques — et peut-être plus que techniques, car elles reflètent pour une part une certaine structure de l'économie, du groupe social des serviteurs de l'État, des mentalités aussi — le Consulat et l'Empire ont apporté des solutions neuves, propres à accroître l'efficacité de la « machine » fiscale comme l'indépendance de l'État à l'égard des intérêts privés.

Dès le 24 brumaire, liant le coup d'État et la restauration du crédit de l'État, Bonaparte avait annoncé la création d'une Caisse d'amortissement[1]. Elle fut effectivement créée par une loi du 6 frimaire, et placée sous la direction de Mollien, ancien commis au Contrôle général des finances où il avait défendu le projet du « Mur » des Fermiers généraux, ancien directeur des domaines dans l'Eure au début de la Révolution. Elle reprenait pour une part le rôle de l'ancienne Caisse de garantie des receveurs généraux : les cautionnements de ces agents y étaient déposés, égaux au dixième de la contribution foncière à percevoir par département; la Caisse intervenait au cas où un receveur se trouvait dans l'impossibilité de faire face à ses obligations. Mais en fait elle fut amenée à remplir toutes sortes d'autres fonctions en rapport avec les intentions et les besoins du gouvernement.

Ainsi, le 27 ventôse, prit-elle une part prépondérante à la souscription du capital d'origine de la Banque de France, en retenant cinq mille actions de mille francs chacune, sur les trente mille premières. Mais à vrai dire la Banque de France, héritière indirecte de la Caisse d'escompte de la fin de l'Ancien Régime, ne joua pas d'une façon principale ou régulière le rôle d'auxiliaire du Trésor. L'opinion du maître était, à juste titre, que l'émission des billets ne devait pas être liée aux besoins de la trésorerie publique, mais faite en proportion de la réalisation d'opérations effectives, de transactions commerciales sûres : base de leur maintien au pair.

D'autre part, au lieu de remplir le rôle qu'annonçait clairement son titre — et qui eût à vrai dire supposé le rachat d'une dette d'un milliard — la Caisse d'amortissement fut employée par le

1. Cf. Roger Priouret (42). La Caisse d'amortissement se vit confier à partir de l'an XIII la gestion des consignations et dépôts volontaires, à 3 %, et des capitaux des fonds de retraite.

gouvernement à soutenir le cours de la rente à 5 %, au moyen
d'achats massifs en cas de fléchissement. Ainsi, en 1808, après les
revers subis par l'armée française dans le sud de la péninsule ibé-
rique, joignit-elle ses efforts à ceux de la Banque de France et de
la Caisse de service pour empêcher la rente de descendre au-dessous
de 83 et l'action de la Banque au-dessous de 1211. Question de
prestige et d'autorité, certes : mais aussi de taux de l'intérêt ;
pour empêcher ce dernier de monter, il fallait que la rente restât
relativement chère (c'est-à-dire son rendement relativement bas) afin
de détourner les capitaux disponibles de rechercher du côté de la
rente un placement spéculatif, au détriment des besoins en escomptes
des entreprises commerciales ou manufacturières de la place.

La Caisse disposait ainsi d'une encaisse métallique, provenant
des versements en numéraire des receveurs généraux, et d'un
portefeuille d'effets publics. C'est ce qui lui permit de participer
au « service du Trésor », et même de combler le déficit budgétaire.
Dès 1806, à un moment où l'arriéré du Trésor atteignait 60 millions, elle émit des bons de 10 000 F, à échéance de un à cinq ans,
et portant intérêt à 6 ou 7 %. Remis à l'État, ils lui servaient à
payer ses créanciers. Ils pouvaient circuler par endossements ou
être utilisés pour acheter des biens domaniaux à la Caisse : celle-ci,
en effet, avait dès 1805-1806 racheté des domaines du Sénat et de
la Légion d'honneur, contre versement de rentes, et venait de
recevoir, pour rembourser ses bons, une dotation de l'État en
biens nationaux non vendus ou en propriétés confisquées sur les
pays conquis. On voit ainsi réapparaître la notion du gage foncier.
En outre, la Caisse d'amortissement reçut la gestion du Domaine
extraordinaire, et devint ainsi le « banquier de la Grande Armée »,
le recours, aussi, le plus commode en cas de déficit budgétaire
— non point par un simple transfert de ressources, mais par de
véritables prêts. Elle se vit aussi confier l'opération de prêts aux
négociants et manufacturiers sur nantissement de marchandises,
lors de la crise de 1807.

Toutefois, le fait dominant de l'histoire de cet établissement
reste que l'État a pu pratiquer par son intermédiaire une véritable
politique déguisée d'émission de papier-monnaie. De 1806 à 1814,
la Caisse d'amortissement émit pour 444 millions de bons, dont
la moitié dans les deux seules dernières années. Quand, en effet,

à la fin de 1812, il s'avéra que le déficit pour 1813 serait de 122 millions, Napoléon suggéra une émission de bons pour 200 millions, gagée sur la mise en vente des biens communaux — une reprise inattendue d'une tradition révolutionnaire. Au milieu de 1813, il en avait été émis 131 millions; mais ils perdaient 15 % à la négociation : « Le public conservait encore vif le souvenir des assignats révolutionnaires, gagés, eux aussi, sur les biens nationaux » (B. Gille). Pour les soutenir, Mollien était obligé de répandre des bruits mensongers sur la rapidité avec laquelle se vendaient les biens communaux. En réalité, les ventes se faisaient lentement et mal : pour 64 millions, dont 22 effectivement versés, au 1er avril 1814. « Les bons de la Caisse d'amortissement étaient devenus du papier-monnaie » (id.).

Plus moderne d'inspiration, sans aucun doute, la Caisse de service, créée dans l'été de 1806 après une dramatique crise financière, bancaire et économique, devenue sous la Restauration la Direction du mouvement des fonds, jusqu'à nos jours un des organes les plus essentiels du ministère des Finances. Création à laquelle s'attache, une fois encore, le nom de Mollien, alors depuis peu ministre du Trésor en remplacement de l'imprudent Barbé-Marbois. Elle entraîne à revenir ici sur l'imperfection du mécanisme sur lequel reposait jusqu'alors la rentrée des impôts.

Les nouveaux receveurs généraux créés dans chaque département en 1800 devaient tous les mois souscrire des traites, ou rescriptions, encore improprement appelées obligations, pour un montant correspondant aux sommes à recevoir des contribuables dans les douze ou dix-huit mois à venir, traites payables quatre mois après la date d'exigibilité des contributions. Le Trésor, pour disposer effectivement des recettes dans les délais les plus brefs, devait faire escompter ces obligations des receveurs généraux par les continuateurs des « financiers » et des « faiseurs de services » de l'Ancien Régime : « Des sociétés de banquiers, généralement très âpres au gain et qui avaient tendance à piller littéralement le Trésor [1]. » Le système fonctionna dès la fin du Directoire, pendant tout le Consulat et jusqu'à la crise de 1805-1806. « Négociants réunis », « banquiers du Trésor public », sous

1. Jacques Arnna (31).

des raisons voisines et dans le cadre de contrats portant sur une année ou parfois seulement sur quelques mois, la douzaine de maisons parisiennes qui constituaient le cercle de la plus haute banque privée, protestante ou catholique, se succédèrent — parfois en s'éliminant les unes les autres — dans le partage d'un « service » dont tout l'intérêt résidait dans la différence du taux consenti par (ou imposé à?) l'État avec le taux de l'argent emprunté à leur tour par les banquiers sur le marché des capitaux. Désormais, les receveurs devraient verser à la Caisse de service les sommes dès leur recouvrement, selon un état décadaire des recettes; pour les encourager à mettre à disposition les sommes recouvrées avant l'échéance, un compte d'intérêts leur était ouvert. Ainsi seraient-ils au moins en partie indemnisés de ne plus pouvoir se servir, pour des opérations commerciales à leur profit, des deniers publics dans l'intervalle qui séparait leur recouvrement de leur remise; il est vrai que la fin d'une aussi vieille pratique devait réduire les facilités d'escompte dans les villes de province. Désormais aussi, c'était la Caisse de service qui émettait elle-même des bons représentatifs dans une proportion très stricte des recettes à venir, sortes de bons du Trésor qu'il n'était plus question de faire escompter.

Cette mesure énergique, avec laquelle disparaît une forme séculaire de symbiose entre l'État et ses grands agents financiers, survenait à l'issue d'une crise qui avait failli emporter la Banque de France et, à travers elle, ébranlé toute la confiance dans les institutions mises en place par le Consulat [1]. Il s'agit de l'affaire dite des « Négociants réunis », c'est-à-dire de la non-exécution d'un traité de 1804 entre le ministre du Trésor et un groupe financier rassemblant cette fois pour le service des finances publiques non plus des représentants de la haute banque, mais des aventuriers de haut vol, de puissants fournisseurs, plus riches d'imagination (au meilleur sens du terme, du reste) que de scrupules. Le personnage central était cette fois celui d'Ouvrard, dont les relations avec Napoléon Bonaparte ont été, de Brumaire à Waterloo, réglées comme une sorte de ballet où les partenaires se retrouveraient et se rejetteraient alternativement — image des contradictions

1. Cf. Jean Bouvier (33).

dans lesquelles un État en voie de modernisation continue à se débattre. Placé après Brumaire en résidence surveillée, ses papiers sous séquestre, Gabriel Julien Ouvrard n'avait pas tardé à retrouver la fourniture générale de la Marine, origine de sa prodigieuse fortune à la fin du Directoire. En proposant à Barbé-Marbois de faire rentrer le subside de six millions par mois que l'Espagne s'était engagée à verser à la France en compensation de sa neutralité à l'égard de l'Angleterre, par un traité de 1803, Ouvrard entreprenait en fait d'entremêler une opération classique d'avances au Trésor, et plusieurs opérations d'intérêt personnel : recouvrement des sommes dues à lui ou à ses associés pour des fournitures antérieures, par le gouvernement de Paris mais aussi par celui de Madrid; plan audacieux de détournement vers la France du flux métallique bloqué en Amérique espagnole; conquête d'une position clé au sein des finances de l'Espagne même. L'impossibilité où se trouva Ouvrard de faire parvenir les piastres de Mexico et de La Havane jusqu'en Europe fut à l'origine immédiate de la crise : en effet, il n'hésita pas à se procurer des fonds par l'intermédiaire de Desprez, l'un des régents de la Banque de France, en faisant escompter par celle-ci à titre extraordinaire, à plusieurs reprises, pour des dizaines de millions de francs de traites — traites de la Caisse de consolidation de Madrid ou traites de complaisance confectionnées entre les Négociants réunis, les unes et les autres ne reposant sur aucune valeur réelle. La Banque fut amenée ainsi à restreindre considérablement ses escomptes proprement commerciaux, et à souffrir d'une brutale crise de confiance des porteurs de billets, se traduisant à la fois par un *run* à ses guichets et par l'apparition d'une prime du métal sur le billet. Des fournisseurs indélicats avaient tenté de reporter le fardeau de leurs obligations sur la Banque de France, qui n'était pas faite pour cela. La crise survenait en pleine période de tension diplomatique et militaire, dénouée il est vrai par Austerlitz. La Banque de France survécut sous un contrôle renforcé de l'État. La liquidation du *debet* des Négociants réunis s'effectua sans trop de peine en deux ou trois ans, grâce à l'importance de leurs fortunes personnelles, mais surtout à l'intervention des banquiers d'Amsterdam, qui assurèrent finalement le transport des piastres par l'intermédiaire de vaisseaux britanniques, à la faveur de leurs liens étroits avec la banque londonienne. Mais la colère et les craintes de l'empereur avaient été trop vives pour que ne fût pas tranché le lien qui l'asservissait encore d'une certaine manière aux « aristocrates des richesses mobiles », selon l'expression de Fiévée.

Cette rupture ne se fit pas, du reste, sans que la Banque de France tentât de prendre la place des anciens « banquiers du Trésor », fonction qui lui eût permis de placer avantageusement ses fonds disponibles une fois retenues les valeurs commerciales les plus sûres à l'escompte. Mais ces disponibilités n'étaient pas à la mesure des besoins éventuels du Trésor, et surtout l'empereur refusait absolument que l'établissement se trouvât ainsi détourné de sa mission, qu'il voulait indépendante et purement économique. Ce qui n'empêcha pas la Banque de France de venir au secours de budget dans un certain nombre d'occasions. Ainsi, lorsqu'à la fin de 1808, il apparut un déficit de 120 millions pour l'exercice suivant, elle en prit à sa charge un tiers sous la forme d'un prêt, le second tiers étant fourni par le Domaine extraordinaire et le troisième par le Comité des receveurs généraux. Dans la crise finale du régime cependant, seules les Caisses de service et d'amortissement devaient intervenir.

Il resterait à signaler, dans l'arsenal des institutions et des procédés mis en œuvre par Napoléon pour financer la guerre sans inflation de papier et dans un climat de déflation métallique, le recours au crédit « indirect », c'est-à-dire au paiement systématiquement différé des dettes. Ce recours est particulièrement éclatant dans la phase ultime : les fournitures militaires précipitamment effectuées dans les deux dernières années donnèrent naissance à un arriéré de 759 millions de francs qui se trouva, heureusement pour les entrepreneurs, garanti en même temps que l'ensemble de la dette publique par Louis XVIII dans sa Déclaration de Saint-Ouen (M. Bruguière). On ne saurait mieux conclure à vingt-cinq années perdues, depuis les états généraux, dans la définition de bases saines du crédit public.

Le triomphe de la rigueur administrative.

On peut contester que le système monétaire et fiscal du Consulat et de l'Empire ait été adapté aux grands desseins politiques du régime. En revanche, il n'est pas douteux que ce dernier soit parvenu à tirer le parti le plus efficace d'un instrument imparfait, grâce à de sérieux progrès dans la gestion des finances.

Rigueur d'abord, introduite dans l'assiette et la collecte de l'impôt. Elles sont définitivement retirées aux collectivités locales. La confection des rôles de contributions directes est confiée à des directeurs et inspecteurs au niveau du département, à des contrôleurs à celui de l'arrondissement. La recette des impôts appartient à des percepteurs nommés, payés au prorata des impositions perçues, donc acharnés à les percevoir — et par suite, d'ailleurs, détestés. Les rentrées sont centralisées par les receveurs particuliers des arrondissements, puis par les receveurs généraux des départements, tous soumis à la règle du cautionnement et aux vérifications d'un corps d'inspecteurs généraux du Trésor.

Rigueur encore, dans la filière parallèle et distincte des fonctions de dépense. Tandis que le budget des recettes appartient au ministre des Finances, le règlement des dépenses appartient aux agents payeurs du Trésor, qui ne l'effectuent que sur le vu d'ordonnances délivrées par les administrations et après avoir constaté la conformité de la dépense avec les prévisions et les limites budgétaires.

Alors que Napoléon semble s'être peu soucié de faire crier en multipliant et en alourdissant les contributions indirectes, il a pris soin de l'opinion des propriétaires en établissant l'impôt foncier sur une base indiscutable : celle du cadastre, mis en route à la fin de 1807, accompli pour une dizaine de milliers de communes à la fin de l'Empire, sur une base parcellaire.

Le rétablissement, en 1807, d'une Cour des Comptes très proche de la Chambre d'Ancien Régime avait pour objet de contrôler la régularité des opérations des agents du Trésor, régularité à laquelle Napoléon tenait personnellement beaucoup. Toutefois ce contrôle n'impliquait naturellement aucune critique de l'usage qui était fait des deniers publics. Leur emploi était décidé en fin de compte par l'empereur lui-même, qui ne s'est jamais plié de surcroît à la règle d'un strict équilibre budgétaire. Sur ce point, comme sur le problème du crédit, le Consulat et l'Empire n'ont pas fait progresser vers des habitudes nouvelles.

Sous l'Ancien Régime, rappelait Mollien, « la finance se croyait en possession d'état, comme la noblesse ou la magistrature ».

Le Consulat et l'Empire ont au contraire confirmé la transformation de l'administration financière en une bureaucratie [1]. Mais
la conception d'ensemble des finances publiques, elle, ne s'est pas
enrichie, Napoléon Bonaparte ayant eu tendance à élargir aux
dimensions de l'État les principes de gestion d'une économie
domestique, familiale — plus attaché à ne pas retomber dans les
errements d'un passé proche qu'à envisager des solutions d'avenir.

1. Cf. sur ce point les conclusions nuancées du livre de J. F. Bosher
(32), p. 303 s.

3

Les bases sociales du régime

L'effort de systématisation des institutions politiques et administratives, si équilibré qu'il fût dans son inspiration, mêlant à d'indéniables innovations les éléments de plusieurs héritages, ne pouvait réussir que dans la mesure où il prendrait vie en s'incarnant dans un personnel à la fois nombreux et d'une qualité suffisante. Ce problème du personnel, les régimes successifs issus de la Révolution de 1789 avaient eu parfois du mal à le résoudre : la France en l'an VIII était sans doute un pays « sous-administré ».

Si Napoléon Bonaparte l'a mieux résolu que ses devanciers, c'est peut-être par une meilleure attention au choix des hommes, encore que ce choix n'ait pas été toujours satisfaisant du premier coup. Mais c'est surtout parce que les conditions politiques et psychologiques du recrutement étaient meilleures. Le passé des candidats aux fonctions publiques ne risquait de constituer pour eux un handicap que dans une minorité de cas : attachement intransigeant aux princes émigrés, ou participation directe et notoire aux excès de la Terreur. Hormis ces extrêmes, le chef de l'État entendait faire bénéficier l'exercice de son autorité aussi bien de la compétence administrative des anciens cadres de l'Ancien Régime que de l'expérience politique et humaine des administrateurs révolutionnaires; ainsi pouvait se réaliser une prospection efficace de tous les talents, d'autant qu'à la faveur d'une consolidation politique prestigieuse, la carrière des emplois civils, aussi bien que militaires, retrouvait tout son attrait, son efficacité aussi comme chemin de l'ascension sociale partiellement indépendant du niveau de la fortune.

1. Le personnel politique et administratif

Les « anciens d'Égypte ».

Ministres et chefs d'État entraînent aujourd'hui dans leur sillage et dans leur carrière des « équipes » dont, jusqu'à un certain point, l'entourage de Bonaparte avant le coup d'État pourrait offrir l'équivalent. Dans les années décisives de son ascension, de 1796 à 1799, il a lié des relations durables à l'occasion des campagnes d'Italie et d'Égypte, dans la fréquentation de l'Institut, avec des compagnons d'armes, des savants, des artistes que l'on retrouve, après le Dix-huit Brumaire, aux tout premiers rangs de l'État, que ce soit dans des fonctions d'exécution importantes ou dans les plus hautes dignités.

Ainsi Duroc, aide de camp de Bonaparte en Italie et en Égypte, bientôt gouverneur du palais des Tuileries; Berthier, chef d'état-major, promu ministre de la Guerre; Menou même, malgré la défaite et la médiocrité, nommé à divers gouvernements militaires en Italie. Denon reçoit la direction générale des musées. Mais les cas les plus intéressants sont peut-être ceux des hommes de science — mathématiciens, chimistes — à qui la considération de Bonaparte, qui ne s'est jamais démentie, a garanti à la fois une familiarité particulière avec le Premier Consul et l'Empereur, une ascension sociale exemplaire consacrant la place des « capacités » dans les nouvelles élites, et un rôle politique discret mais efficace.

Laplace, examinateur de Bonaparte à l'entrée à l'École militaire de Paris en 1785, plus tard son collègue à l'Institut, et qui lui dédicace en 1799 les deux premiers volumes de sa *Mécanique céleste*, devient le premier ministre de l'Intérieur du Consulat : « erreur d'aiguillage » pour un homme qui se perd dans les détails. Mais Bonaparte le nomme parmi les premiers sénateurs et, de 1800 à 1814, il occupe tour à tour dans cette assemblée les postes de secrétaire général, président (annuel) puis vice-président, enfin depuis 1803 chancelier, nommé pour six ans, renouvelé, logé au palais du Luxembourg et recevant un traitement annuel de 72 000 F, l'un des plus élevés de la hiérarchie civile — protégé dans ses enfants puisque quelques jours encore avant la première abdication, Napoléon prend son fils à son état-major personnel.

C'est encore au Sénat que l'on retrouve Berthollet. Savoyard et par suite, comme le Corse Bonaparte, Français par assimilation, il a organisé la commission scientifique de l'expédition d'Égypte, où il a administré le domaine et la monnaie à la satisfaction du général — par ailleurs son élève, à qui il a enseigné des notions de chimie. Nommé sénateur lui aussi dans la première fournée, il bénéficie de la création des premières sénatoreries en 1803 — marque spéciale de faveur puisque ces dignitaires avaient à remplir une fonction d'information politique et d'inspection administrative dans leur ressort, étendu sur plusieurs départements. Vice-président du Sénat à partir de février 1804, il joue un rôle personnel dans la préparation de la proclamation de l'Empire héréditaire. Sénateurs, encore, de l'an VIII : Monge, professeur à l'École militaire et membre de l'expédition d'Égypte, comte de Péluse; Lacépède, plus tard grand chancelier de la Légion d'honneur. Chaptal n'appartient pas à l'origine au même cercle, plus indépendant du reste par sa fortune et sa personnalité; mais après son long passage au ministère de l'Intérieur, Bonaparte lui fait rejoindre ses collègues au Sénat (1804), dont il devient ensuite le trésorier.

Ainsi se dessinent, dès le niveau de l'anecdote ou du cas individuel, deux thèmes dans l'étude du recrutement du personnel napoléonien : celui du patronage — thème permanent que l'on retrouve à tous les étages de l'édifice politico-administratif et qui évoque aussi bien des pratiques anciennes de clientèle que le style des équipes modernes — et celui des « illustrations » nationales, appelées à constituer une constellation sommitale. On les retrouve intimement liés dans une institution telle que le Sénat, conservatoire des gloires impériales.

Les promotions sénatoriales.

Le Sénat, en effet, peut être envisagé sous deux aspects. Celui d'une institution appelée à remplir certains rôles dans l'ordre constitutionnel, judiciaire, et même législatif et administratif[1].

1. Jean Thiry (73).

Mais aussi celui d'une institution sociale, dont le cadre s'est du
reste élargi et assoupli avec les années, d'une sorte de microcosme
où sont appelées à se regrouper un peu plus d'une centaine de
hautes notabilités, dont les désignations successives composent
progressivement l'image de l'élite sociale, dans sa stratification
supérieure, telle que l'époque la conçoit — l'époque, c'est-à-dire
dans quelque mesure les classes dominantes elles-mêmes, intervenant par le biais des candidatures sénatoriales proposées par
les collèges électoraux de département, mais surtout le Premier
Consul puis l'empereur, désireux de modeler la société française
selon des critères partiellement renouvelés.

Une évolution est sensible à cet égard, de 1800 à 1804-1805 et
au-delà. Les premières nominations portent la marque des amitiés
et des complicités, autour du général Bonaparte, avant le coup
d'État. On a déjà cité plusieurs des savants de l'Institut, installés
sur le piédestal du Sénat; il faut y ajouter Garat, Destutt de Tracy,
Daubenton, Darcet, Lagrange. Les nominations de généraux,
d'autre part, témoignent également du souci d'honorer en premier
lieu l'armée, à laquelle la Révolution et la République sont principalement redevables de leur salut : d'où l'entrée de Kellermann,
Sérurier, Lefebvre, Pérignon, d'Harville, Rampon... En 1801-
1802, le conflit de candidatures entre Daunou, l'une des têtes de
de l'opposition libérale, et le général de Lamartillière, conflit résolu
en faveur de ce dernier sous la pression directe de Bonaparte,
met en évidence une orientation générale du recrutement autant
qu'il est un épisode des tentatives d'organisation d'une opposition au nouveau régime. Néanmoins, le « premier Sénat » reçoit
encore sa coloration la plus nette de la désignation de notabilités
politiques modérées ayant appartenu aux Cinq-Cents et aux
Anciens, choix contrôlé par Sieyès, et qui récompensa plus d'un
médiocre et d'un obscur. Parmi eux, se détachent d'anciens ministres : Lenoir-Laroche, Lambrechts, Garat, François de Neufchâteau. Quelques promus sont des survivants de la Constituante,
comme le duc de Choiseul-Praslin ou Lanjuinais. On remarque
en revanche la faible représentation des affaires : Perregaux,
Lecouteulx de Canteleu, quelques négociants de Nantes, Bordeaux
ou Marseille.

Le Sénat du Consulat à vie, porté à cent vingt membres dont

une partie est désormais à la nomination directe du Premier Consul, ne s'enrichit plus guère de membres des assemblées révolutionnaires. Il accueille de préférence de grands serviteurs de l'État napoléonien : généraux, mais aussi ministres (Fouché, Abrial), conseillers d'État (Roederer), préfets et, déjà, ces grands notables se recommandant autant par leur naissance et leur fortune que par leurs fonctions : tel ce premier préfet de la Sesia, l'Italien Saint-Martin de la Motte, grand seigneur piémontais, savant académicien turinois, et riche de 60 000 livres de revenu.

Le Sénat de l'Empire achève à la fois de s'aristocratiser et de définir le niveau supérieur de la notabilité par les hauts échelons du service public. Une vingtaine de généraux, une dizaine de prélats, les princes et les grands dignitaires de la nouvelle noblesse y accompagnent le premier président de la Cour des Comptes, le grand-maître de l'Université, un inspecteur général, des magistrats, des conseillers d'État, cependant qu'un fort contingent italien, hollandais, belge et rhénan vient incorporer à l'élite sociale de l'empire des représentants d'autres aristocraties ou patriciats de l'Europe occidentale.

Le personnel préfectoral.

Sur un autre plan, l'analyse des dossiers personnels des quelque trois cents préfets nommés depuis les premiers mois de 1800 jusqu'aux Cent-Jours [1] permet d'identifier les principaux horizons de recrutement des cadres supérieurs de l'administration locale. Une nette majorité — peut-être 55 % des préfets, et notamment tous ceux des débuts du Consulat — appartient à une génération d'hommes nés vers 1750-1770, dont les critères de sélection reflètent une certaine variété. Bonaparte disait qu'il ne connaissait personne, exprimant par là l'impossibilité de procéder personnellement à la recherche d'un nombre suffisant de candidats pour toutes les places importantes à pourvoir. Il n'empêche qu'une vingtaine de préfets étaient d'anciens camarades ou d'anciennes relations d'études, de garnison; sept avaient fait partie de la

1. Les éléments de ces dossiers ont été publiés, mais sans aucun effort d'exploitation ni de commentaire, par Jean Savant (69).

commission scientifique de l'expédition d'Égypte, deux avaient joué un rôle diplomatique en Italie avant Leoben et Campo-Formio. Le seul vraiment marquant, du reste, est Bachasson de Montalivet, ancien maire de Valence, préfet de la Manche (1801-1804) puis de la Seine-et-Oise (1804-1809) et futur ministre de l'Intérieur. Hyacinthe Arrighi, d'autre part, apparenté aux Buonaparte, fut préfet du Liamone puis de la Corse de 1803 à 1814. Une marge considérable s'offrait encore, on le voit, à l'exercice d'autres patronages. Dans l'entourage familial, celui des Beauharnais paraît s'être exercé avec une particulière efficacité au profit de sept préfets, tels Lezay-Marnésia dont la fille Adrienne avait épousé le comte Claude de Beauharnais, sénateur — union d'où naquit Stéphanie, la future grande-duchesse de Bade. Dans l'entourage politique, en dehors du rôle joué par Lucien lors de son séjour assez bref au ministère de l'Intérieur, on décèle l'influence très cohérente et relativement massive de Cambacérès et de Lebrun. Lors des premières nominations de 1800, ils ont visiblement « poussé » les titulaires de deux groupes de préfectures — dans le Midi pour le montpelliérain Cambacérès, dans l'Ouest, le Bassin parisien, l'Est pour le normand Lebrun. En voici le tableau :

Patronage de Cambacérès
 Alpes-Maritimes : Florens
 Hérault : Nogaret
 Ariège : Brun
 Hautes-Pyrénées : Lannes
 Lozère : Jerphanion
 Loire : Imbert
 Rhône : Verninac Saint-Maur
 Loiret : Maret

Patronage de Lebrun
 Manche : Magnytôt
 Ille-et-Vilaine : Borie
 Finistère : Didelot
 Eure-et-Loir : Delaître
 Oise : de Cambry
 Pas-de-Calais : Poitevin de Maissemy

Aube : Laloi
Yonne : Rougier de la Bergerie de Bléneau
Meurthe : Marquis
Puy-de-Dôme : Ramey-Sugny

A quoi il faut ajouter, en 1805 et 1806, les nominations respectives de ses gendres Godard d'Aucour de Plancy dans la Doire, et Chabrol de Volvic dans le Montenotte; plus tard encore, celle de Busche, parent de Mme Lebrun, dans les Deux-Sèvres (1813).

Plus largement, le système de relations personnelles ou familiales a certainement joué en faveur de deux bonnes douzaines de carrières. Les gens en place n'ont pu que servir celles de leurs fils (les Roederer, les Barante, les Régnier, les Treilhard), de leurs gendres, de leurs frères (les deux Berthier, les deux Maret, les deux Lannes, les deux Soult), de leurs beaux-frères — plusieurs liens de parenté ayant d'ailleurs pu jouer simultanément.

Au-delà de cette réalité sociale, importante et significative, mais qui ne rend bien sûr pas compte de tous les cas, quelles filières de recrutement reconnaître? Les préfets avaient certes des antécédents politiques. Près de soixante-dix d'entre eux avaient appartenu aux assemblées révolutionnaires : une vingtaine à la Constituante, une trentaine à la Législative, aux Anciens ou aux Cinq-Cents, un peu moins à la Convention, près de la moitié ayant siégé dans plusieurs assemblées. Leurs « couleurs » étaient fort variées : Thibaudeau, Jeanbon-Saint-André ou Dumont rappelaient la Montagne; Doulcet de Pontécoulant et Riouffe, la Gironde; Frochot ou Mounier, le monarchisme libéral des débuts de la Constituante. Cet amalgame était bien dans l'esprit d'un régime qui voulait effacer le souvenir des luttes. Toutefois il semble bien que les capacités administratives aient été prises en considération dans une proportion supérieure. Une soixantaine de préfets, tout particulièrement ceux de la première fournée, avaient été membres ou présidents des administrations départementales sous le Directoire, ou commissaires centraux du Directoire auprès de ces administrations, ou maires de grandes villes. Ainsi d'Herbouville, maire de Rouen et président de l'administration de la Seine-Inférieure, nommé préfet des Deux-Nèthes en 1800; Garnier, commissaire central de la Seine, préfet de Jemmapes; Balgue-

rie, président de l'administration de la Gironde, préfet du Gers, etc.
Une vingtaine d'autres avaient exercé des fonctions analogues
dans les pays occupés, plus tard dans les États satellites, pour le
compte de l'administration de la Guerre. Pour d'autres, l'appren-
tissage avait pu se faire depuis Brumaire dans le secrétariat général d'une préfecture, dans un poste de conseiller de préfecture
ou, plus généralement, dans une sous-préfecture. Plus tard,
pour les 37 % de préfets nés entre 1776 et 1787, et qui souvent
recevront leur affectation de préfet avant d'avoir atteint la trentaine, l'antécédent immédiat aura été le stage d'auditeur auprès
du Conseil d'État, l'étape intermédiaire de sous-préfet disparais-
sant alors le plus souvent. Sur 300 cas, on relève dans les dossiers
personnels environ 60 carrières intégrant l'auditorat.

Restent à examiner les antécédents professionnels autres que
ceux de l'administration civile générale, et les appartenances
sociales. 53 préfets sont venus, directement ou lointainement,
de la carrière des armes, dont 20 étaient des généraux et 33 des
officiers supérieurs. Plus de la moitié d'entre eux étaient issus de
la noblesse d'Ancien Régime. Ainsi le général Alexandre de Lameth,
successivement préfet des Hautes-Alpes, de Rhin-et-Moselle et
de la Roër; Descorches de Sainte-Croix, ancien maréchal de camp,
préfet de la Drôme; Goyon de Matignon, ex-major des Gardes
françaises, préfet de la Méditerranée; le général ci-devant marquis
d'Herbouville, déjà cité; un Voyer d'Argenson, un de Castellane,
un de La Rochefoucauld, etc. L'École polytechnique avait vu
passer dans ses rangs Busche et Chabrol de Volvic. Les anciens
conseillers ou avocats auprès des anciens Parlements ne se retrouvent en revanche dans le corps préfectoral qu'au nombre d'une
vingtaine : Pelet de la Lozère ou d'Arbaud-Jouques venant d'Aix-
en-Provence, Defermon de Rennes, Savoye-Rollin et Montalivet
de Grenoble. On constate que les carrières proprement intellectuelles, scientifiques ne débouchent presque jamais sur la carrière
préfectorale. Le journalisme se trouve représenté par Fiévée et
par Trouvé. L'ancien monde de la finance, les milieux du négoce
sont à peu près absents de l'échantillon préfectoral, encore qu'un
Taillepied de Bondy, ancien receveur général des finances, l'un
des administrateurs des Fonderies de Romilly, occupe successivement les préfectures importantes de Lyon et de Paris; tandis

que Legendre de Luçay, marié à une Papillon d'Autroche, à qui Talleyrand acheta en l'an XI les 3 600 ha de Valençay et de Luçay pour 1 600 000 F, apporte dans la préfecture du Cher, qu'il quitte bientôt pour la préfecture du Palais, un écho du monde aboli de la Ferme générale.

Peut-être un bref coup d'œil sur ce qui s'est passé à Paris résumera-t-il assez nettement le glissement qui s'est produit, au fil du « règne », au sein du haut personnel administratif. En 1800, le préfet de la Seine est Frochot, le préfet de police est Dubois. En 1814, ce sont respectivement Chabrol et Pasquier. Indépendamment des circonstances et des caractères, ces mutations de personnel revêtent un sens social. Frochot comme Dubois, nés tous deux autour de 1760, appartenaient à l'ancienne bourgeoisie des magistrats et gens de loi : le premier, prévôt d'Aignay-le-Duc ; le second, avocat à la Grand Chambre du Parlement de Paris, puis procureur au Châtelet. L'un comme l'autre avait été marqué par la Révolution : Frochot, dans l'équipe de Mirabeau, incarcéré au temps de la Terreur, rallié à la préparation du coup d'État de Brumaire ; Dubois, épaulé par le jacobin Réal, passant de la magistrature au Bureau central de la police. Pasquier et Chabrol, nés autour de 1770, plus jeunes de dix à quinze ans que leurs prédécesseurs, sont d'un autre monde. Le premier, issu d'une illustre et ancienne famille parlementaire, est un bon représentant de cette aristocratie restée monarchiste de cœur, qui accepte de servir mais non de soutenir l'Empire, mais que Napoléon en tout cas a tenu expressément à réinsérer dans la haute administration. Le second, tout en appartenant lui aussi à la noblesse provinciale par sa famille comme par celle de sa femme, évoque un type différent et nouveau de haut fonctionnaire, déjà de technocrate, passionné d'économie, de statistique, de construction urbaine, pourvu d'une haute formation scientifique et technique. Le temps d'après la Révolution suggère ainsi, à un certain niveau, à la fois un rétablissement de vieilles positions et de nouveaux profils professionnels.

En attendant les résultats de travaux en cours, comme ceux d'André Thépot sur le corps des Ingénieurs des Mines, ou des élèves de Jean Tulard sur différents personnels administratifs impériaux, peut-on encore utiliser d'autres approches ?

Magistrats de la Cour des comptes et receveurs généraux.

Créée à la fin de 1807 en pleine période d'achèvement des institutions impériales, suivant aussitôt en dignité la Cour de cassation, la Cour des comptes est encore un observatoire commode grâce à l'étude dont son personnel a récemment fait l'objet [1]. Sur 119 nominations faites de la création aux Cent-Jours, il n'est pas étonnant, bien sûr, de constater que 19, soit un sixième, puisent dans le personnel — employés, chefs de bureau, vérificateurs, commissaires — de la Commission de comptabilité nationale créée en l'an VIII pour renforcer les organes de contrôle insuffisants mis en place depuis 1792 par la Révolution. Ainsi Brière de Surgy, président de cette Commission et du reste ancien auditeur à la Chambre des comptes, devient-il l'un des trois présidents de chambre. Il est plus instructif de constater que nombre des nouveaux maîtres des comptes et conseillers référendaires proviennent plus largement des anciens services financiers de la monarchie : Ferme générale, Régie générale des aides, Recette générale, Trésorerie — au moins deux douzaines, auxquelles il faut ajouter quelques receveurs et contrôleurs, un intendant de généralité, un directeur du bureau de la correspondance générale au Contrôle général des finances, le sous-directeur du Bureau de la Balance et du Commerce, Arnould, des clercs ou procureurs de l'ancienne Chambre des comptes. Ou encore, de l'ancienne administration de la Marine et des Colonies — c'est dans une certaine mesure le cas de Barbé-Marbois, le premier président, ancien intendant de Saint-Domingue; de la nouvelle administration de l'enregistrement et des domaines; des tribunaux et administrations départementales de création révolutionnaire. On est peu venu, en revanche, à la Cour des comptes de l'armée (malgré la présence du général, ancien Directeur et préfet, Letourneur) ou des affaires (tout de même représentées par un Perrée, négociant de Granville et l'un des premiers régents de la Banque de France), moins encore des professions libérales. Une quinzaine avaient siégé dans les assemblées révolutionnaires; une quinzaine d'autres furent intégrés à la Cour en compensation de la suppression

1. On analyse ici les notices procurées par Umberto Todisco (74).

préalable du Tribunat, tels Gillet de la Jacqueminière, l'un des rapporteurs du projet de création de la Cour, Perrée, Pinteville-Cernon ou Jard-Panvillier.

Mais quel est le bilan des continuités ou des ruptures sociales, et non pas seulement professionnelles? Les continuités apparaissent, certes, mais limitées. D'abord pour des raisons numériques : la petite centaine de membres de la Cour des comptes ne constituait pas un débouché équivalent à l'ensemble des « postes » qu'offraient dans l'Ancien Régime les douze Chambres des comptes, sans parler des Cours des aides. Ensuite parce que — l'étude du corps des préfets le montrait déjà — la signification essentielle de la constitution des nouvelles administrations, du point de vue de l'histoire sociale, est précisément d'avoir confirmé la promotion, de la monarchie à l'Empire, de toute une bourgeoisie administrative ou politique appartenant à des couches moyennes. Dans notre échantillon de la Cour des Comptes, l'ancienne noblesse n'apparaît qu'avec une vingtaine de noms à peine — moins d'un sixième — évoquant le plus souvent le monde de la robe, des grands commis ou de la finance officière. Relevons par exemple le fils de l'intendant du commerce, de Montaran; ou un de Meulan, fils et petit-fils de receveurs généraux de la généralité de Paris (le père avait en 1781 racheté son nouvel office moyennant une finance de 1 280 000 livres), neveu d'un receveur général des Domaines et Bois, et d'un payeur des rentes. Le père de Barbé-Marbois était le directeur de la Monnaie de Metz. Mais la soixantaine de personnages pour lesquels nous connaissons la profession du père — un sur deux — sont issus du monde des offices non anoblissants de justice et de finances, des avocats, notaires, ou encore de la marchandise, du négoce, de la manufacture, dans la majorité des cas.

Discontinuité, encore, dans le cas des receveurs généraux des départements. Les fermiers généraux, on le sait bien, ont été frappés lourdement par la Terreur. Mais c'est plus largement tout le milieu des grands officiers de finances de la fin de la monarchie qui ne se retrouve pas dans la liste des receveurs des départements. En 1813, par exemple, dans les limites du grand empire, c'est à peine si trois ou quatre noms d'avant la Révolution peuvent être identifiés à coup sûr : un Taillepied de Bondy dans le Maine-

et-Loire, un Bourboulon Saint-Edme dans l'Aisne; le premier
certainement apparenté à la famille des receveurs de la généralité
d'Auch au XVIIIe siècle; le second, à celle des trésoriers du comte
d'Artois. Quelques noms suggèrent un renouvellement à partir
d'autres souches : négociants, manufacturiers, banquiers, agents
de change.

Nous manquons encore d'études concernant d'autres personnels :
ceux, par exemple, des cours impériales de justice — pour suivre
les destins des anciens parlementaires. Les tests qu'on vient
d'esquisser indiqueraient, dans plusieurs grands corps politiques
et administratifs, une intégration très inégale des représentants
des vieilles classes dirigeantes.

2. Les élites selon Napoléon : noblesse, notables

Le personnel administratif tel qu'on vient de l'envisager, le
personnel politique lui-même ne permettent de toute façon de
prendre qu'une vue partielle et particulière des élites de la société
française post-révolutionnaire. D'abord, on n'a pas encore envisagé
ici les cadres de l'armée. Ensuite, politique ou administratif,
le personnel napoléonien n'est que la frange active d'élites dont
l'une des caractéristiques reste de comporter beaucoup de non-
actifs, frange dont la composition, mise à part la question de la
loyauté à l'égard du régime et bientôt du souverain, reste objecti-
vement dominée par un éventail de compétences héritées d'avant
1789 ou acquises dans les circonstances créées par la Révolution.
Enfin, il importe de connaître, tout autant que les choix individuels
des nominations, les principes qui ont inspiré Napoléon Bonaparte dans une œuvre d'organisation volontariste de la société
française. Le Consulat et surtout l'Empire ont voulu plaquer sur
cette dernière une sorte de « Table des Rangs ». Conception
bien hardie si l'on songe, d'une part, que l'ancienne aristocratie,
irrémédiablement atteinte dans ses privilèges par la Révolution,
était encore vivante dans beaucoup de ses membres, de ses familles,
de ses moyens d'existence; et, d'autre part, que cette même Révo-

lution avait été nourrie d'un puissant courant d'égalitarisme juridique : les carrières ouvertes aux talents, c'était bien ce qui lui attachait si fort tant d'hommes de l'ancien Tiers. Et pourtant, qu'il s'agît des nouveaux titres ou de l'organisation des collèges électoraux en fonction de la fortune, conception suffisamment en harmonie avec les tendances profondes pour que la Charte de 1814 ait simultanément consolidé le système censitaire, laissé l'ancienne noblesse reprendre ses titres et autorisé la nouvelle à conserver les siens.

Premiers jalons.

Il ne fait pas de doute que l'entreprise napoléonienne de réorganisation de la nation sur un plan hiérarchique trouve son point de départ dans un modeste article de la Constitution de l'an VIII elle-même, qui instituait des « armes d'honneur », récompenses nationales destinées aux militaires qui se seraient distingués par une action d'éclat. Toutes s'accompagnaient de la remise d'un brevet; la plus haute — le sabre d'honneur — valait à son bénéficiaire une double paie. Il en fut décerné pour les journées de Brumaire, mais surtout à l'occasion de la seconde campagne d'Italie. Quelques « écharpes d'honneur » furent d'autre part distribuées à des maires. Ces distinctions allaient donc à tous les grades, à des civils comme à des militaires. Mais on ne pouvait oublier que toutes les distinctions avaient été abolies par la Révolution, comme liées à l'ancienne société d'ordres, même celles qui comme l'ordre de Saint-Louis récompensaient des militaires sans considération de la naissance [1].

Tous ceux qui avaient reçu des armes d'honneur furent d'ailleurs intégrés dans la Légion d'honneur dans la première promotion, celle du 24 septembre 1803. La Légion avait été créée le 19 mai de l'année précédente, sur l'initiative personnelle de Bonaparte. Les rapports qui l'introduisirent définissent clairement l'esprit de l'institution. Bonaparte entendait jouer de « ce ressort de l'honneur qui tient si puissamment la Nation française ». Entendons plutôt : la vanité. Le régime s'enracinerait d'autant mieux qu'il

1. Biblio. nº 66.

rétablirait la course aux dignités. Il s'agissait d'autre part de rétablir une structure organique de la société, « atomisée » par la
destruction de l'Ancien Régime; c'est un thème sur lequel a bien
insisté Georges Lefebvre. Les légionnaires seraient un corps intermédiaire entre le pouvoir et l'opinion. Enfin, selon Carrion-Nisas,
la Légion d'honneur récompenserait « tous les genres de mérite
et de bons services, toutes les vertus dans tous les grades, dans tous
les rangs ». Mais il était bien sensible qu'elle accueillerait surtout
des militaires, à une écrasante majorité : la Légion d'honneur
venait consacrer la place éminente de l'armée dans la société.
Si l'armée ne joue pas de rôle politique, rappelle René Rémond,
« la société est dominée par les valeurs militaires... La gloire des
armes paraît le bien suprême, la mesure du caractère ». C'est en
sabrant qu'on acquiert de la considération et aussi, on le verra,
de la fortune. A la cérémonie du camp de Boulogne (16 août 1804),
l'empereur décore une douzaine de civils sur 2 000 légionnaires.
En 1814, il y en aura environ 1 500 sur plus de 32 000. Il y a, dans
ces 5 % de légionnaires, 90 sénateurs, 80 députés, les conseillers
d'État, les ministres, les directeurs des grandes administrations,
quelque deux cents préfets, trois cardinaux, 70 évêques et archevêques, une centaine de membres de l'Institut, tous les présidents
de cours de justice; mais très peu de médecins, de membres de
l'Université, de gens d'affaires, de fonctionnaires subordonnés;
150 maires, 40 prêtres. L'organisation même de la Légion d'honneur est de type militaire : le territoire de l'empire est divisé en
seize cohortes, la plupart sous le commandement d'un maréchal.

Dans une troisième étape, qui est celle de la création des sénatoreries, définies en janvier 1803 et pourvues en juin 1804, apparaît
une notion différente et déjà bien proche de celle de la noblesse
impériale. Un certain nombre de sénateurs, promus en quelque
sorte super-préfets ou préfets régionaux (dans l'étendue du ressort
d'un tribunal d'appel), se voient attribuer des sénatoreries définies
par un siège urbain, un palais résidentiel et des revenus de 20 à
25 000 F par an — ce qui double leur traitement sénatorial — tirés
de biens nationaux non aliénés. Par exemple Berthollet, titulaire
de la sénatorerie de Montpellier, reçoit l'usage du palais épiscopal
de Narbonne, et perçoit 22 690 F de revenus annuels. Le titulaire
a le droit de faire une fois son entrée solennelle, au son du canon

et avec les honneurs militaires. Jean Thiry parle à ce propos d'un retour aux gouverneurs de province d'Ancien Régime. Nommés dans leur pays d'origine, distingués par une faveur spéciale parmi leurs collègues du Sénat, les bénéficiaires concentrent sur eux à la fois l'importance de la fonction et le niveau élevé des revenus (auxquels il faudrait dans certains cas ajouter d'importantes ressources personnelles), et de revenus fonciers. L'idée, chère à Napoléon et en accord avec l'esprit du temps, est que l'importance du service public rempli doit être obligatoirement associée à la propriété immobilière, qui reste la forme aristocratique (au sens le plus large du terme) de la richesse. En fait, dès 1800, Sieyès avait déjà, le premier mais alors le seul, reçu une dotation exceptionnelle pour services rendus à la nation; les critiques acerbes et malveillantes qui avaient accompagné cette mesure ne devaient pas survivre à son extension à toute une catégorie.

La noblesse d'Empire.

Légion d'honneur et sénatoreries étaient des dignités viagères, des aristocraties du mérite ou de la fonction créées par l'État. Les décisions de 1804, liées à la proclamation de l'Empire et à l'organisation de la famille et de la cour impériales, sont d'un autre ordre. Autant dans les institutions consulaires pouvaient se reconnaître des idées largement reçues dès le XVIIIe siècle sur la nécessité de conserver une noblesse à titre personnel, sans barrière de caste ni privilège héréditaire, ouverte à toutes les illustrations, autant les institutions impériales pouvaient surprendre par le caractère rétrograde des titres et aussi par d'indéniables tendances à une « reféodalisation ».

La création de dix-huit maréchaux (14 mai 1804), dont quatorze en activité et quatre, honoraires, déjà membres du Sénat, confirme avec éclat l'installation des militaires au sommet de la nouvelle hiérarchie sociale. Leur « collège » réalise une curieuse synthèse [1]. Quatre seulement d'entre eux étaient d'origine populaire : Ney, fils d'un artisan tonnelier; Murat, fils d'un aubergiste; Augereau, né d'un domestique, et Lefebvre d'un bas-officier et commis-

1. Joseph Valynseele (76).

saire de police. Leurs mariages les avaient élevés autant que leurs
carrières : Murat, on le sait, dans la famille Bonaparte ; Augereau,
en secondes noces, avec une Bourlon de Chavange, de noblesse
lorraine ; Ney, avec la fille d'un munitionnaire général et nièce
de Mme Campan. En revanche, trois autres avaient hérité ou acquis
la noblesse dès l'Ancien Régime : d'Avout appartenait à une petite
noblesse de hobereaux et officiers bourguignons, remontant au
XVe siècle ; le père de Berthier, ingénieur géographe en chef et
gouverneur de l'Hôtel de la Guerre, avait été anobli en 1763, et
Alexandre Berthier lui-même, lieutenant-colonel en 1789, avait
épousé une duchesse bavaroise ; Kellermann enfin, chevalier de
Saint-Louis dès 1771, avait acquis comme maréchal de camp la
noblesse héréditaire en 1788. Les autres — les plus nombreux —
sortaient de divers degrés de la bourgeoisie : bourgeoisie de robins
et de légistes le plus souvent. Bernadotte était le fils d'un procureur
de la sénéchaussée de Pau ; Bessières, petit-fils de notaire et gendre
d'un magistrat du président de Cahors ; Brune, fils d'un magistrat
au présidial de Brive, neveu d'un chanoine et d'un médecin ;
Jannot, devenu seigneur de Moncey en 1789, d'un avocat et lieutenant d'une maîtrise des Eaux et Forêts ; Pérignon, d'un prévôt
de la maréchaussée de Saint-Domingue, etc. Masséna, issu d'une
famille de commerçants et gendre d'un maître-chirurgien, et
Jourdan, fils d'un maître-chirurgien et neveu de manufacturiers
et négociants en soie, appartiennent à des filières de bourgeoisies
différentes. Presque tous venaient de l'Est de la France et, plus
encore, du Midi aquitain. Certains éprouvèrent aussi le besoin
de rehausser leur bourgeoisie, tel Lannes, marié une première
fois à la fille d'un banquier de Perpignan, la seconde à celle d'un
noble breton, Guéhéneuc, directeur général des Eaux et Forêts
et plus tard sénateur. Les promotions ultérieures de maréchaux,
qui en créèrent sept de 1807 à 1813, s'analyseraient de façon
semblable : pour un de Marmont, noble, on y trouverait aussi
un Victor, fils d'huissier de bailliage, un Suchet, fils de soyeux,
ou un Oudinot, fils d'un gros cultivateur.

Le sénatus-consulte organique du 18 mai 1804 prévoyait « une
organisation du palais impérial conforme à la dignité du trône
et à la grandeur de la nation ». C'est à quoi répondait, d'autre
part, l'institution des six grands dignitaires de l'Empire, et des

dix grands officiers civils de la Couronne, auxquels s'adjoignaient le grand chancelier et le grand trésorier de la Légion d'honneur. En fait, une première esquisse modeste datait du Consulat [1]. Les Tuileries avaient depuis novembre 1801 leur gouverneur militaire, Duroc, ancien camarade de Brienne, ami proche du Premier Consul, confirmé en juillet 1804 dans ses fonctions comme grand maréchal du palais; son traitement de 24 000 F par an l'assimilait à un sénateur. Elles avaient aussi leur Garde consulaire, que commandait Murat, l'homme de l'assaut donné aux Cinq-Cents à Saint-Cloud, en Brumaire, le beau-frère époux de Caroline, passé au début de 1804 gouverneur de Paris — encore une résurrection d'un titre monarchique —, « premier cavalier de l'Empire ». Une maison civile s'était également ébauchée, avec les préfets : l'ancien ministre Bénézech, sorte de chef du protocole, Didelot, de Luçay, de Rémusat; et avec les dames protégeant la moralité de Joséphine : Mmes de Luçay, de Rémusat, de Talhouët et de Lauriston. A cette occasion, le problème du ralliement de l'ancienne aristocratie avait commencé à se poser : les débuts étaient timides, c'étaient des familles de la haute finance (Didelot, de Luçay, de Lauriston) ou de la robe (de Rémusat, ex-avocat général de la Chambre des comptes d'Aix, allié aux Vergennes) qui faisaient les premiers pas. Les développements pris par la cour étoffèrent les effectifs, multipliant sous l'autorité des grands officiers les gouverneurs, sous-gouverneurs, écuyers, intendants, administrateurs, chambellans..., et accentuèrent les ralliements parmi les vieilles familles de l'ancienne noblesse : cas particulièrement nets dans la Maison de l'impératrice, où apparaissent les noms des Rohan , La Rochefoucault, Colbert, Ségur, Turenne, Bouillé, Chevreuse, Mortemart, Montmorency. Entrée avec la Légion d'honneur dans l'ère des décorations, la société napoléonienne entre avec la cour impériale dans celle des costumes. « Cela impose, il faut de ces choses-là pour le peuple » (Napoléon). Un décret du 13 juillet 1804 règle les préséances et l'étiquette.

La reprise des conquêtes au début de l'Empire et l'organisation des États vassaux suscitèrent de nouvelles initiatives napoléonien-

---

1. Jacqueline Lacassagne (63).

nes, à l'occasion desquelles acheva de se préciser la conception impériale d'une noblesse à la fois irréductible à celle de l'Ancien Régime et pourtant féodale dans certains de ses aspects. Ce fut d'abord la création de fiefs ducaux héréditaires en Italie (30 mars 1806) : douze dans le royaume d'Italie, six dans le royaume de Naples, trois à Parme et Plaisance. Distincts en cela des principautés de Lucques et Piombino, et de Neuchâtel, ces fiefs ne comportaient l'exercice d'aucune forme de souveraineté, et leurs revenus étaient détachés de toute propriété foncière directe ; trente millions prélevés sur les recettes des provinces vénitiennes et sur le produit des biens nationaux de celles-ci, plus 1 200 000 francs de rentes annuelles sur le *Monte Napoleone*, caisse d'amortissement fondée à Milan en 1805, en constituaient la dotation. C'est sur ce même principe que furent fondées les nombreuses donations héréditaires en terres et en rentes, destinées à récompenser des services militaires, auxquelles procéda Napoléon dans les années suivantes à l'aide de biens confisqués dans le grand-duché de Varsovie [1] et dans les pays germaniques. Vingt-sept maréchaux et généraux se partagèrent ainsi vingt millions de revenus polonais en 1807. Il était de première importance que les frais de l'opération ne fussent pas supportés par la France, ce qui eût rendu plus difficilement acceptable ce rétablissement d'une aristocratie dans laquelle le titre s'accompagnait d'un privilège de fortune et d'une dérogation à l'égalité civile : la dotation en effet était attachée au titre et constituait un majorat inaliénable, transmissible par primogéniture masculine. Par la volonté de Napoléon se développaient ainsi de curieuses contradictions juridiques et sociales, limitées certes dans le cadre français à des difficultés de principe, ou d'ordre psychologique — plus sensibles dans les pays qui supportaient la charge, et pour qui l'image d'un Napoléon soldat de la Révolution en Europe s'harmonisait mal avec des pratiques qui consolidaient en fait la rente féodale au profit des vainqueurs.

Les décrets de mars 1808 ne constituent en fin de compte qu'une généralisation et une systématisation des mesures partielles et des notions introduites ou réintroduites dans les années précédentes. Leur premier aspect est le rétablissement d'une hiérarchie complète

1. Monika Senkowska-Gluck (70).

de titres nobiliaires. Les princes existaient depuis 1804, les ducs depuis 1806 ; sont créés de surcroît des comtes, barons et chevaliers. La seule noblesse légale est bien celle des titres d'Empire : ainsi viennent-ils le cas échéant se surimposer aux titres déchus des « ci-devant » ralliés qui remplissent les conditions nécessaires. Leur second aspect est d'être transmissibles héréditairement ; mais ici éclate la marque de la révolution bourgeoise sur l'aristocratie voulue par l'empereur : le titre doit être soutenu par la fortune, noblesse n'existe pas sans richesse. Pour porter et léguer son titre, un duc doit justifier de 200 000 F de revenus, un comte de 30 000, un baron de 15 000, un chevalier de 3 000. Un majorat doit de plus être constitué en biens immobiliers (catégorie dans laquelle entrent les rentes sur l'État et les actions de la Banque de France). Enfin, les principes d'accession se clarifient. La noblesse est de droit en raison de la fonction civile exercée : seront comtes les ministres, sénateurs, archevêques, etc. ; seront barons les maires des grandes villes, les évêques... La continuité de la pensée s'affirme dans le fait que les chevaliers de la Légion d'honneur acquièrent de droit ce même titre dans la noblesse, les chevaliers d'autres origines étant dits « d'Empire ». Mais la noblesse est aussi conférée par décision du souverain à titre personnel, pour services rendus, civils ou militaires : cas notamment des généraux et autres officiers, des préfets et autres fonctionnaires. Rappel, à la fois, de la noblesse d'offices et de la noblesse acquise par lettres patentes [1]. De 1808 à 1814, il fut décerné 3 600 titres personnels par lettres patentes, dont 1 600 de chevaliers, 1 090 de barons, 388 de comtes.

Quels furent les résultats d'une telle politique ? Les effectifs créés auraient été sept fois plus faibles que ceux de la noblesse en 1789. Par ailleurs, il n'apparut que deux cents chefs de famille nobles à titre héréditaire : 37 comtes, 131 barons, plus les ducs et princes. En effet, les majorats ne se constituèrent que lentement, les chevaliers toutefois en étaient dispensés. Ils supposaient la propriété d'un solide bien patrimonial ou acquis par mariage. A l'égard du recrutement, Jean Tulard a récemment donné les pourcentages suivants :

---

1. Nous suivons ici l'excellent exposé de Pierre Durye (56).

Militaires	59 %	Ancienne noblesse	22,5 %
Hauts fonctionnaires	22	Bourgeoisie	58
Autres notables	17	Classes populaires	19,5
« Talents »	1,5		100 [1]
Commerce et industrie	0,5		
	100		

Tout compte fait, les ambiguïtés ne doivent pas dissimuler les différences fondamentales. Entre noblesse d'Ancien Régime et noblesse d'Empire, la féodalité a bel et bien disparu : le titre cesse d'être attaché à une terre et à une famille; il est exclusivement lié au service de l'État et porté par une seule personne. Plus encore, l'une s'oppose stratégiquement à l'autre. Créer une noblesse semblait à Napoléon « le seul moyen de déraciner entièrement l'ancienne », ainsi qu'il le dit à Cambacérès en 1807 — mais en même temps d'en assimiler les revenants; paradoxalement, la noblesse impériale naît d'une hostilité résolue à la société d'Ancien Régime. Et aussi, de la nécessité d'affronter l'adversaire sur son propre terrain, avec ses propres armes : en 1808, elle demeure indispensable pour auréoler un trône fraîchement édifié d'un prestige égal à celui des autres monarchies européennes. Héréditaire comme le titre impérial lui-même, elle doit en garantir la pérennité. Enfin, n'est-elle pas ce que ses membres la font — le panthéon vivant de la gloire bourgeoise? En lui livrant un combat d'arrière-garde dans les salons, les survivants de 1789 sont les premiers à proclamer que leurs rivaux de 1808 sont aussi, en dépit de leurs apparences un peu triviales, les grands vainqueurs d'une substitution des élites.

Listes censitaires et collèges électoraux.

L'étude des institutions politico-sociales de l'époque consulaire et impériale montre donc un certain enchevêtrement de hiérarchies — Légion d'honneur, noblesse impériale — dont les composants appartiennent il est vrai tous aux mêmes milieux, ceux de l'armée et des hauts fonctionnaires de tous ordres, et dont l'unité au surplus

1. Jean Tulard (75), p. 639-663.

semble devoir être cimentée par la participation à toute sorte d'avantages matériels et par la référence commune à la propriété foncière.

C'est bien cette dernière, en fin de compte, qui est donnée officiellement pour assise à la société — une assise dans la composition de laquelle entrent non seulement les élites expressément distinguées par le régime *napoléonien*, mais celles de l'Ancien Régime et, plus généralement, une large fraction des citoyens attachés à l'ordre par leur qualité de propriétaires. Cette assise se trouve définie par les collèges électoraux qu'institua la Constitution de l'an X, après l'abandon de l'éphémère système de notabilités à trois degrés, avec réductions successives au dixième, prévu par la Constitution de l'an VIII. Sous l'autorité d'un président de canton nommé par le Premier Consul — puis par l'empereur — des assemblées de canton, composées de tous les citoyens inscrits sur les registres civiques, désignent de « grands électeurs » qui constituent les collèges électoraux d'arrondissement, en nombre variable selon la population. Les légionnaires en sont membres de droit. Ces collèges désignent à leur tour un collège départemental plus restreint, chargé de présenter des candidatures au Conseil général, au Corps législatif, au Sénat. Tandis que les membres des collèges d'arrondissement peuvent être choisis sans condition de fortune parmi les propriétaires, même fort modestes, ou parmi des non-propriétaires vivant d'une pension, d'un traitement ou du « revenu de leur état », les membres des collèges de département doivent être pris parmi les six cents plus imposés de la circonscription. Ainsi l'établissement et la révision des listes censitaires deviennent-elles les opérations préalables indispensables à la sélection de ces « grands notables » dans lesquels Bonaparte voyait « le véritable peuple de France ».

Aux deux échelons du système, le critère fondamental de la notabilité est donc la propriété foncière : car, dans les contributions, le poids de la foncière est sans commune mesure avec celui de la personnelle et mobilière et de la patente; au surplus, dans la personnelle et mobilière, c'est pour une part le signe immobilier de la fortune mobilière qui est pris en considération. Ces dizaines de milliers d'électeurs n'offrent donc pas, même au niveau des collèges d'arrondissement, où les non-propriétaires ne sont qu'une

faible minorité, une vue synthétique de toutes les catégories bourgeoises et de tous les types de fortunes. Ils émanent des groupes
socio-professionnels dont les revenus sont en totalité ou pour une
part importante assurés par la rente foncière : la catégorie toujours nombreuse des « propriétaires », « cultivateurs » qui sont
de riches rentiers oisifs; mais aussi les membres des professions
libérales, et les marchands, manufacturiers, négociants, banquiers,
pour qui le revenu des terres et propriétés bâties peut fort bien
entrer pour une part appréciable et, en tout cas, particulièrement
stable, dans un ensemble complexe de ressources. Les listes des
collèges électoraux proposent une certaine image d'une certaine
société : société d'après la Révolution de 1789, dans laquelle
la rente seigneuriale a été abolie sans que la propriété foncière
ait perdu, tout au contraire, de sa force d'attraction, ni rompu
en s'embourgeoisant avec son rôle traditionnel dans l'ascension
et, pourquoi pas, dans l'aristocratisation de la bourgeoisie; société
d'avant l'épanouissement de la révolution industrielle, dans
laquelle il n'est pas encore de grandes fortunes purement mobilières, et où une hiérarchie des fortunes ne tenant compte que des
revenus fonciers n'est que très partiellement infidèle à la réalité
économique. Dans la France des années 1800, tout concourt, avant
le grand essor industriel, à une pause sinon à un repli. Satisfaction
de vieilles convoitises paysannes et bourgeoises, réinvestissements
prudents en période de perturbation des relations commerciales
maritimes ou même continentales, ralliement général à une valeur
sociale qui, plus encore que le mérite personnel, paraît seule apte
à fonder des distinctions, tout vraiment concourt à réassurer et à
redéfinir les positions en fonction de la propriété de la terre et des
maisons. Mais le sens de ce triomphe n'est absolument clair que
du point de vue de l'organisation sociale. Du point de vue de l'évolution économique à long terme, il n'agit pas nécessairement et
toujours comme un frein. La mobilisation d'importantes richesses
foncières par la Révolution, rendue irréversible par l'Empire, a
permis le renforcement d'une nouvelle classe de capitalistes dans
les ressources desquels l'industrialisation à venir trouvera ses
moyens d'accomplissement.

Les ministres de Napoléon.

INTÉRIEUR.

Jean-Antoine Chaptal, né en 1756. Fils de paysans de la Lozère, neveu d'un médecin montpelliérain. Avant la Révolution : médecin; inspecteur des mines du Gévaudan; professeur de chimie et fabricant de produits chimiques à Montpellier; lettres de noblesse, 1788. Pendant la Révolution : président du club des Amis de la Constitution et de l'Égalité de Montpellier; membre de l'administration de l'Hérault; directeur de l'Agence nationale des poudres à Grenelle. Conseiller d'État. Ministre (12 novembre 1800-juillet 1804). Sénateur et trésorier du Sénat. Comte de Chanteloup (Indre-et-Loire).

Jean-Baptiste Nompère de Champagny, né en 1756. Officier de marine. Député de la noblesse du Forez aux états généraux. Retiré de la vie politique pendant la suite de la Révolution. Conseiller d'État, ambassadeur à Vienne. Ministre de l'Intérieur (1804-1807) puis des Relations extérieures (1807-1811).

Emmanuel Cretet, né en 1747. Fils de commerçants de Pont-de-Beauvoisin (Isère). Commis chez un armateur bordelais. Directeur de la Caisse d'assurances contre l'incendie. Acquéreur de la chartreuse de Champmol. Député de la Côte-d'Or aux Anciens. Sénateur et Conseiller d'État. Directeur général des Ponts et Chaussées au ministère de l'Intérieur, il réorganise l'École et le corps des ingénieurs. Gouverneur de la Banque de France (1806). Ministre de 1807 à 1809. Comte de Champmol.

Jean-Pierre Bachasson de Montalivet, né en 1766. Lieutenant de dragons, puis avocat à Valence, conseiller au Parlement de Grenoble. Campagne en Italie (1794). Maire de Valence. Préfet (1801-1804). Conseiller d'État. Successeur de Cretet à la direction des Ponts et Chaussées. Ministre de 1809 à 1814.

POLICE.

Joseph Fouché, né en 1759 près de Paimbœuf. Préfet du collège de l'Oratoire à Nantes. Député de la Loire-Inférieure à la Convention. Représentant en mission. Ministre de la Police générale sous le Directoire. Maintenu de 1800 à 1802 et de 1804 à 1810. Sénateur.

René Savary, né en 1774 dans les Ardennes. Fils d'un major du château de Sedan. Aide de camp de Bonaparte après Marengo. Chef de sa police particulière. Marié à une créole, d'une famille noble de Guyenne. Chargé de l'exécution du duc d'Enghien et de la « souricière de Bayonne ». Ministre de 1810 à 1814.

FINANCES.

Charles Gaudin, né en 1756. Fils d'un avocat au Parlement de Paris. Employé dans l'administration des vingtièmes. Commis à la Trésorerie. Ministre des Finances pendant tout le Consulat et l'Empire.

TRÉSOR.

Barbé-Marbois : voir dans le texte, *passim*. — Jacques Mollien, né en 1758, fils d'un passementier de Rouen, manufacturier en siamoises. Premier commis au Contrôle général pendant dix-sept ans. Mêlé à la révision du dernier bail des Fermes, au mouvement de libéralisation des échanges, à la construction du Mur des Fermiers. Filateur de coton à Saint-Rémy-sur-Avre depuis 1791. Emprisonné en 1794. Directeur de la Caisse d'amortissement. Conseiller d'État. Ministre, il prend pour collaborateur et forme comme son successeur le baron Louis.

Le receveur général des contributions de la Grande Armée et trésorier général du domaine de l'extraordinaire est François Roullet de La Bouillerie, ancien trésorier des dépenses militaires de Louis XVI, payeur des armées sous la Révolution.

JUSTICE.

Abrial, né en 1750. Avocat au Parlement. Magistrat sous la Révolution. Ministre de la Justice, 1800-1802.

Claude Ambroise Régnier, né en 1746 à Blamont. Avocat au Parlement de Nancy. Député de la Meurthe aux Anciens. Conseiller d'État. Ministre de 1802 à 1813.

GUERRE.

Berthier : voir dans le texte, *passim*. — Clarke, né en 1765. De famille irlandaise, officier d'Ancien Régime. Secrétaire intime de Napoléon, 1802-1806. Ministre de 1807 à 1814.

ADMINISTRATION DE LA GUERRE.

Dejean, né en 1749. Ingénieur des fortifications. Général à l'armée de Sambre-et-Meuse. Conseiller d'État. Ministre de 1802 à 1809.

Lacuée de Cessac, né en 1752. Officier d'Ancien Régime. Législateur. Député aux Anciens. Conseiller d'État. Directeur général des revues et de la conscription au ministère de la Guerre. Ministre de 1809 à 1813.

CULTES.

Joseph Marie Étienne Portalis, né en 1745. Avocat au Parlement d'Aix-en-Provence, Député aux Anciens, fructidorisé. Collaborateur des Articles organiques et du Code civil. Ministre de 1804 à 1807.

Bigot de Préameneu, né en 1747. Avocat aux Parlements de Rennes puis de Paris. Législateur. Conseiller d'État. Ministre de 1807 à 1814.

MARINE ET COLONIES.

Decrès, né en 1761 à Chaumont-en-Bassigny. Officier de marine d'Ancien Régime. Opérations navales de l'expédition d'Égypte. Préfet maritime de Lorient. Commandant de l'escadre de Rochefort. Ministre de 1801 à 1814.

RELATIONS EXTÉRIEURES.

Charles Maurice de Talleyrand-Périgord, né en 1754. Ministre de 1800 à 1807.

Nompère de Champagny, ministre de 1807 à 1811.

Hugues Bernard Maret, né en 1763, à Dijon. Avocat au Parlement. Député aux États-généraux. Rédacteur du « Bulletin de l'Assemblée ». Secrétaire général des Consuls, puis Ministre secrétaire d'État jusqu'en 1811. Ministre des Relations extérieures de 1811 à 1813.

Caulaincourt, né en 1772. Officier d'Ancien Régime. Aide de camp de Bonaparte. Ambassadeur en Russie. Sénateur. Ministre en 1813-1814.

SECRÉTAIRERIE D'ÉTAT.

Maret. — Pierre Daru, né en 1767 à Montpellier. Commissaire des guerres sous l'Ancien Régime. Directeur au ministère de la Guerre. Commissaire aux armées sous le Directoire. Chef de la 1re division au ministère de la Guerre sous le Consulat. Intendant général de la Maison de l'empereur et de la Grande Armée. Ministre de 1811 à 1814.

Grands dignitaires, grands officiers et maisons impériales (1813).

Grand électeur	: Joseph (roi des Espagnes)
Connétable	: Louis (roi de Hollande jusqu'en 1810)
Archichancelier de l'Empire	: Cambacérès (duc de Parme)
Architrésorier	: Lebrun (duc de Plaisance, gouverneur général des départements hollandais)
Grand amiral	: Murat (roi des Deux-Siciles)
Archichancelier d'État	: Eugène de Beauharnais (vice-roi d'Italie)
Vice-connétable	: Berthier (prince de Neuchâtel et de Wagram, maréchal)
Vice-grand électeur	: Talleyrand (prince de Bénévent)
Grand juge	: Régnier (duc de Massa, ministre de la Justice)
Gouverneur général des départements au-delà des Alpes	: Borghèse (prince, duc de Guastalla) Pauline (princesse et duchesse de Guastalla) Bacciochi (prince de Lucques et de Piombino) Elisa (grande-duchesse de Lucques et de Piombino)
Ministres	: Gaudin (duc de Gaëte) Decrès (duc, inspecteur général des côtes de la Méditerranée) Maret (duc de Bassano) Clarke (duc de Feltre) Savary (duc de Rovigo)

	Moncey (duc de Conegliano)
	Masséna (duc de Rivoli, Prince d'Essling)
	Augereau (duc de Castiglione)
	Soult (duc de Dalmatie)
	Mortier (duc de Trévise)
	Ney (duc d'Elchingen, prince de la Moskowa)
	Davout (duc d'Auerstaedt, prince d'Eckmühl)
Maréchaux	Bessières (duc d'Istrie)
	Victor (duc de Bellune)
	Oudinot (duc de Reggio)
	Marmont (duc de Raguse)
	Macdonald (duc de Tarente)
	Suchet (duc d'Albufera)
	Kellermann (duc de Valmy)
	Lefebvre (duc de Dantzig)
	Junot (duc d'Abrantès, colonel général des Hussards

Grands officiers civils : Maison de l'empereur.

Grand aumônier	: Fesch (cardinal, archevêque de Lyon)
Grand maréchal du Palais	: Duroc (duc de Frioul)
Premier préfet du Palais	: de Luçay (comte)
Grand chambellan	: de Montesquiou-Fezensac (comte)
Premier chambellan	: de Rémusat (comte)
Cabinet. Secrétaires	: Fain (baron)
	: Mounier (baron)
Cabinet topographique	: Bacler d'Albe (baron, adjudant-commandant)
Grand écuyer	: de Caulaincourt (duc de Vicence)
Premier écuyer	: Champion de Nansouty (comte, colonel général des dragons)
Grand veneur	: Berthier
Grand maître des cérémonies	: de Ségur (comte)
Intendance générale de la Couronne	: de Nompère de Champagny (duc de Cadore)
Premier médecin	: Corvisart (baron)
Premier chirurgien	: Boyer (baron)
Premier peintre	: David (chevalier)
Trésorier g[1] de la Couronne et du Domaine extraordinaire	: de la Bouillerie (baron)

Intendant g[l] du Domaine privé   : Daru (comte)

Maison de l'impératrice.

Premier aumônier : de Rohan (comte, ex-archevêque de Cambrai)
Dame d'honneur   : Mme de Montbello (duchesse)
Dame d'atour   : Mme de Luçay (comtesse)

2

La France
des années 1800-1815

4

L'envers du régime : les éléments d'une opposition

« Comment meurt dans une société moderne la vie politique? » se demande René Rémond à propos de l'établissement du régime consulaire qui, selon lui, « consacre et institutionnalise l'extinction spontanée de la vie politique ». La question est riche d'intentions, même si la réponse suppose le concours d'études rétrospectives de sociologie et de psychologie sur lesquelles l'histoire des institutions et des styles de vie politique s'est jusqu'ici rarement appuyée. L'affirmation, en revanche, est peut-être trop catégorique. Bien sûr, Albert Vandal dénonçait déjà l'impuissance des intellectuels du parti brumairien, qui avaient laissé « les violents ou les médiocres occuper le devant de la scène ». Certes, encore, c'est devenu un lieu commun que de dénoncer « le vœu général d'un répit » — et d'expliquer ainsi, d'une part, la passivité des masses populaires, l'indifférence des classes moyennes; d'autre part, la rareté des « voix » dans la « classe politique » à s'être élevées contre la réalisation des projets politiques de Bonaparte. En fait, la vie politique est paralysée, tout autant que détruite, par l'ambiguïté même du régime consulaire. Son inexistence, en outre, est peut-être plus une affaire de vocabulaire ou d'historiographie qu'une réalité. Première question : cette vie politique disparaît-elle aussi spontanément qu'on le dit en simplifiant, dans le cadre même des institutions nouvelles? Seconde question : l'effacement des formes classiques de la vie politique exclut-il que celle-ci s'exprime sous d'autres formes?

L'opposition au cœur des institutions.

La principale ambiguïté provient ici des plébiscites, dont les résultats demeurent difficiles à interpréter, surtout ceux du pre-

mier. Quelques milliers de « non » en face de trois millions de
« oui » : en apparence, un consensus proche de l'unanimité. Mais
l'apparence est démentie, d'abord, par le nombre des abstentions :
le corps électoral comprenait environ cinq millions de personnes.
Si les nombreux abstentionnistes n'étaient pas nécessairement des
adversaires du nouveau régime, si une participation faible aux
élections pouvait s'expliquer par les violences électorales de
l'époque du Directoire, l'hypothèse n'en reste pas moins valable
d'un attentisme très répandu à l'égard d'un gouvernement qui,
après tout, n'avait encore pris aucune grande mesure. D'autre
part, Claude Langlois a récemment montré [1] que le chiffre de
trois millions de « oui » résultait d'une falsification effectuée
avec beaucoup de zèle par les bureaux du ministère de l'Intérieur
sur les ordres de Lucien Bonaparte. Décidée et exécutée à la hâte,
la consultation, en dépit des efforts de certains propagandistes
officiels — tel le futur tribun Jard-Panvillier, chargé d'une mission dans les départements du Languedoc et du sud du Massif
central [2] — avait en fait donné des résultats fort médiocres : en
réalité, guère plus d'un million et demi de « oui », que l'on doubla en
comptant d'autorité un demi-million de voix des soldats et des
marins, et en ajoutant purement et simplement neuf cent mille
autres. Ainsi atteignait-on une majorité substantielle du corps
électoral... C'était, pour Lucien, sauver son frère une seconde fois.
Dans le détail, on peut constater la très faible participation des
départements belges, la réserve totale des Marseillais (1 200 « oui »),
celle, très marquée également, des Parisiens (28 000 « oui », contre
68 000 à la Constitution de l'an III). A l'inverse, la manipulation
de l'an VIII dissimule le réel progrès de l'adhésion populaire de
l'an VIII à l'an X : au second plébiscite, il y aura effectivement
plus de trois millions et demi de « oui ». Au total, les résultats du
plébiscite sur la Constitution de l'an VIII démontrent tout au
plus la négativité des réactions de l'opinion à l'égard d'un coup
d'État encore mal distingué de ceux qui l'avaient précédé : « plus
d'antipathie pour le gouvernement déchu que de sympathie pour
le nouveau régime », note J. Tulard [3].

1. Biblio. nº 16.
2. Dr Louis Merle (19).
3. Biblio. nº 26.

Les votes des Assemblées et leurs débats, en revanche, situent beaucoup plus clairement l'existence, limitée mais incontestable, d'une opposition libérale. Celle-ci a connu ses seuls succès marquants au Tribunat, dont les résistances connaissent comme un écho très affaibli au Corps législatif, tandis qu'au Sénat elles ne se manifestent que d'une manière très feutrée. Aussi bien le Tribunat était-il l'assemblée la plus brillamment composée, tandis que le Corps législatif se recrutait parmi des notabilités de second rang. Au Tribunat, il y avait avec Benjamin Constant, Chénier, Daunou, Ginguené, Andrieux, J. B. Say, Ganilh, l'état-major d'une opposition, que Constant lui-même devait organiser en un « comité des Lumières » au sein duquel se préparaient les séances et se distribuaient les rôles. En présentant la Constitution de l'an VIII, Cabanis n'avait-il pas d'ailleurs défini le rôle du Tribunat : appel à l'opinion, censure des actes du gouvernement et de ses agents exécutifs? Son existence, avait-il dit, « jointe à la liberté de la presse qui, sous un régime vigoureux, doit toujours être complète, forme l'une des principales garanties de la liberté publique ». C'est bien dans cet esprit que le Tribunat « utilisa au mieux la faible marge d'action qui lui était laissée [1] ». A de nombreuses reprises, le Tribunat opposa aux projets que lui soumettait le gouvernement une forte minorité de « non » qui, dans quelques cas, se transforma en une majorité. Tous les terrains de lutte furent bons : règles de fonctionnement de l'Assemblée, réforme administrative, réforme judiciaire (le gouvernement se réservait l'avancement et la promotion des juges, le choix des présidents), organisation des tribunaux criminels spéciaux (où cinq des huit juges étaient désignés par le Premier Consul), dette publique, traité de paix avec la Russie, Code civil... A chaque fois, l'audace des Tribuns se retrouvait, dans une proportion plus modeste, chez les Législateurs, qui n'allèrent qu'exceptionnellement jusqu'au vote négatif. Le résultat fut d'ailleurs d'obliger le gouvernement à modifier, parfois à retirer les projets les plus critiqués. Tribunat et Corps législatif ont donc tout de même constitué des freins à l'exercice d'un pouvoir « monarchique ».

1. Biblio. n° 30.

Le renouvellement autoritaire de 1802 remplaça certes vingt Tribuns particulièrement déplaisants à Bonaparte par des personnages sûrs ou discrets jusqu'à l'effacement, tels Lucien Bonaparte, Daru, ou quelques représentants des départements annexés comme le Gantois Van Hulthem et le Genevois Pictet; mais l'opposition se manifesta encore à propos de la loi sur l'instruction publique, du Concordat, de la création de la Légion d'honneur, du rétablissement de l'esclavage. Ce ne fut vraiment que la réduction à cinquante membres (au lieu de cent) et l'obligation de délibérer par sections, calquées sur celles du Conseil d'État, qui ôtèrent au Tribunat toute agressivité — et par suite au Corps législatif, assez heureux pour échapper à la vengeance du Premier Consul.

Il y avait d'autres raisons pour que le Tribunat fût l'objet des rigueurs de ce dernier. Le danger venait au fond moins de certains de ses votes, ni même de la forte personnalité de certains de ses membres — le talentueux Constant, ou Daunou, redoutable par ses compétences en matière de droit et d'administration — que du fait qu'il pouvait constituer le point d'articulation d'un ensemble d'oppositions de nature, cette fois, à mettre en péril le régime consulaire. Les « idéologues » du Tribunat étaient en effet étroitement liés aux intellectuels républicains de la classe des sciences morales et politiques de l'Institut, aux rédacteurs de la *Décade philosophique*, à certains sénateurs enfin : Cabanis, Destutt de Tracy, Garat; peut-être Volney, retiré malgré son amitié ancienne pour Bonaparte dans une abstention déçue et désapprobatrice; sûrement Sieyès, réfugié lui aussi dans l'abstention mais « leader plus ou moins occulte de tous les parlementaires mécontents [1] ». Tout cela pouvait déboucher sur une conspiration, pour peu qu'un exécutant fût trouvé. Au début de 1803, la seconde classe de l'Institut fut supprimée et ses membres répartis entre une 2e, une 3e et une 4e classe réorganisées. Quant au Sénat, la Constitution de l'an X donnait à Bonaparte la possibilité d'en porter les effectifs de soixante à cent vingt membres par de nouvelles nominations, et la création de « sénatoreries » allait bientôt y renforcer les servilités.

Derrière les oppositions « parlementaires », on trouve bien

1. Biblio. n° 30.

sûr autre chose que des rivalités ou des ressentiments de caractère personnel, ou que des conflits d'ordre technique ou juridique. Il s'agit d'un ensemble, plus complexe que la communauté des attitudes politiques ne pourrait le laisser supposer, de courants de pensée philosophique et politique qui, paralysés dans leur diffusion ou leur efficacité pratique par la conjoncture napoléonienne, n'en préparent pas moins la doctrine du libéralisme conservateur du siècle à venir.

Les familles de pensée.

On est amené tout d'abord à se demander ce qu'il reste, dans l'opposition à Bonaparte, de l'héritage de la philosophie du XVIIIe siècle, et jusqu'à quel point les « Idéologues » sont les continuateurs des « Lumières ».

Selon P. Alatri, peu de choses seraient restées vivantes de cet héritage chez de bien pâles épigones, en dépit d'une apparence de continuité, voulue et affirmée. A l'opposé, S. Moravia [1] voit bien dans les Idéologues les héritiers directs des philosophes, et dans l'Idéologie non point le reflet attardé d'une pensée révolue, mais « l'exigence d'une médiation permanente entre culture et politique ». Une pensée, donc, insérée dans l'histoire de son temps. A notre sens, la filiation est vivante et incontestable. Pas davantage ne peut être mise en doute la volonté militante d'une élite qui a été autant politique qu'intellectuelle, et a tenté d'assumer une sorte d'hégémonie dans les années qui séparent les lendemains de Thermidor des lendemains de Brumaire. Mais les hommes du groupe des Idéologues n'ont pas eu de « tête » politique : sans quoi ils n'eussent pas eu besoin de rechercher Bonaparte. Ils ont brillé seulement dans ce que Moravia appelle « l'organisation de la culture », pour organiser l'instruction publique et la vie scientifique à tous les niveaux, ce qui revenait d'ailleurs à préparer, mais à très long terme, de nouveaux accomplissements politiques. Dans la pratique politique courante, en revanche, ils ont multiplié les erreurs de calcul, et essuyé deux revers irréparables. Avec Daunou, « père » de la Constitution de l'an III, ils ont cru — jus-

1. Biblio. nº 20.

qu'en Fructidor — qu'un édifice politico-constitutionnel élégamment agencé pouvait suffire à résoudre les profondes contradictions nationales nées des premières années de la Révolution. Avec Sieyès, Cabanis et bien d'autres « brumairiens », ils ont cru — ou feint de croire, par découragement, par défaut d'une autre issue — que Bonaparte accepterait de voir réglementer l'exercice du pouvoir exécutif renforcé, ou du moins se plierait à la coexistence d'un pouvoir personnel clairement affirmé, en fin de compte, par la Constitution de l'an VIII, et d'un système représentatif garant de l'exercice des libertés publiques. Mais l'échec politique, au bénéfice du pragmatisme napoléonien, signifie-t-il la nullité des Idéologues et de l'idéologie ? ou seulement que les idées, cette fois, n'ont pas été en avance sur la réalité, capables d'élaborer une solution de rechange adaptée à un état de crise ?

La filiation : elle est à la fois claire, et illustre. C'est celle de Condillac, dont on se bornera à rappeler ici l'importance comme inspirateur de la méthode scientifique chez les idéologues, bien que le philosophe sensualiste ait été, aussi, un économiste, et contribué à renouveler la définition de la propriété (« Tous les citoyens sont, chacun en raison de son travail, co-propriétaires des richesses de la société. ») Engagés dans les transformations de la France révolutionnaire, les Idéologues sont, tout autant, tributaires de ceux de leurs prédécesseurs qui ont le plus fortement insisté sur les principes d'un bon gouvernement, sur le « perfectionnement de l'état social » : Mably, Helvétius, Condorcet — les classiques des écoles centrales, surtout le dernier, dont les Idéologues vénèrent l'*Esquisse d'un tableau historique des progrès de l'esprit humain* — « dernier monument de l'esprit et du caractère d'un grand homme », a écrit Roederer dans le *Journal de Paris* en l'an III.

Mais le cours même de la Révolution a infléchi et durci chez les Idéologues les lignes de la philosophie des Lumières. Chez les philosophes, l'établissement du gouvernement le plus propre à faire le bonheur public est envisagé en deux étapes. Dans un premier temps, il n'est pas question d'abandonner à tous « le droit si effrayant de réformer » (Mably, *Entretiens de Phocion sur le rapport de la morale avec la politique*) ; la loi ne peut être élaborée par les hommes sans fortune, sans éducation, d'occupation servile ou salariée. Mais cette incapacité politique n'est pas conçue comme définitive. « Dans les hommes les plus humiliés par la fortune, je crois voir des princes détrônés qu'on retient dans les fers », continue Mably. Helvétius et Condorcet aperçoivent l'émancipation politique des classes populaires au terme d'un processus de diffusion de la propriété, ce « Dieu moral des Empires » (Helvétius), et de l'instruction, qui permettra au peuple de choisir et de surveiller ses mandataires. L'égalité devient, dans la dixième époque de l'*Esquisse* de Condorcet, le « dernier but de l'art social ». Les Idéologues en sont, évidemment, à la première étape. Après avoir vécu, de 1789 à 1791, le temps de « la philosophie laborieuse et bienfaisante », ils ont connu la « tyrannie éphémère » de la Terreur, le déchaînement de « tous les vices des esclaves » (Daunou). Robespierre leur paraît ainsi incarner à proprement parler la Contre-Révolution. Marie-Joseph Chénier parle d'une République « dominée par d'ambitieux ignorants ». Cabanis, après Brumaire, condamne rétrospectivement la « démocratie pure », « odieuse à tous les hommes sages et à tous les gens de bien » par « l'état continuel d'agitation et d'inquiétude où elle tient tous les citoyens ; les persécutions contre les talents et les vertus, qui semblent être de son essence ». La république souhaitée est donc désormais d'un caractère nettement « aristocratique ». On sent bien là que la bourgeoisie n'est plus qu'elle-même, qu'elle n'est plus capable de s'identifier comme en 1789 à toute la nation. L'évolution intérieure de la France sous le Directoire aidant, l'idée de la république se fait de plus en plus « défensive », le « juste milieu » ressemble de plus en plus à la conservation, la notion d'ordre devient centrale. « L'ordre ! l'ordre ! voilà l'objet de toute constitution, la tâche de tout gouvernement, le principe de toute prospérité publique. L'ordre est la sagesse de la nature » (Roederer). « Dans ce motif », note S. Moravia, « s'exprime aussi bien l'exigence philosophique de fournir à la réalité un cadre conceptuel déterminé, que le souci de défendre l'État contre les menaces des factions extrémistes ». A quoi, dès Fructidor, fait écho la *Décade philosophique* : « Lorsque le calme n'est pas encore rétabli dans un État longtemps agité, il faut laisser au pouvoir exécutif une grande force pour qu'il puisse comprimer toutes les factions. » Nous voici au cœur du malentendu ou de la duperie réciproque.

On comprend que Bonaparte, ce « philosophe qui aurait paru un temps à la tête des armées », ait souhaité l'appui, avant le coup d'État et, ultérieurement, la coopération des Idéologues, personnages compétents et non dépourvus de prestige. On conçoit également que, chez des hommes du XVIIIᵉ siècle ayant foi dans la puissance des idées, et flattés des égards que Bonaparte témoignait à l'Institut, on se soit insuffisamment interrogé sur les suites politiques du coup d'État projeté — encore que plusieurs aient manifesté inquiétude ou perplexité. Aucune garantie n'existait que le résultat serait bien de porter au pouvoir ceux qui se jugeaient les meilleurs parce que les plus éclairés.

L'équivoque subsista jusqu'à ce que Bonaparte ait pris en main la nouvelle constitution, et même jusqu'à ce que les nouvelles institutions aient commencé à fonctionner et le nouveau pouvoir exécutif à façonner le régime. Alors éclata l'opposition des conceptions entre le général et les penseurs du groupe brumairien. Pour Bonaparte, « gouverner par un parti, c'est se mettre tôt ou tard dans sa dépendance ; on ne m'y prendra jamais : je suis national ». « Les Français ne peuvent plus être gouvernés que par moi. » Le mépris est absolu de toute médiation politique, de tout régime représentatif impliquant par sa nature même un libre rapport avec l'opinion publique. Dans cet affrontement, Bonaparte partait nécessairement gagnant. C'était en lui, en effet, que devaient se reconnaître les Français, et non point dans les Idéologues, dont les malheurs politiques n'émurent jamais la sensibilité publique : on savait bien qu'ils voulaient enfermer dans l'oubliette des mauvais souvenirs les années de la République « populaire », et clore l'ère de la démocratie politique et sociale.

Tant qu'ils en eurent les moyens, les Idéologues choisirent l'opposition ouverte — à l'exception de Roederer, le seul à être entré au Conseil d'État et à avoir senti le caractère irrémédiablement négatif de leur opposition. Malgré leur isolement, les Idéologues ne furent d'ailleurs pas facilement éliminés par Bonaparte. Ils constituèrent jusqu'à la fin, pour Napoléon, « une sorte d'obsession récurrente », note S. Moravia : « intellectuels faibles en tant que parti politique, hors d'état de capter l'opinion publique, tentés de se retirer de la politique active, et pourtant obstinément non alignés, réfractaires à toute intégration dans le système ».

Les Idéologues, contraints à la retraite politique, réussirent à conserver leur influence intellectuelle [1]. Ainsi Destutt de Tracy échelonne-t-il jusqu'en 1815 la publication de son grand traité d'*Idéologie*, montrant une remarquable perméabilité aux courants du libéralisme économique puisque le troisième volume (1805) et le quatrième (1815), postérieurs à la traduction française d'Adam Smith (1800, par Germain Garnier) et de Malthus (1809), élèvent leur auteur au rang d'émule de J. B. Say et de Saint-Simon. D'autres, plus discrètement, animent certains salons libéraux comme celui que tient depuis 1809, au faubourg Saint-Germain, la princesse de Salm-Dyck.

Des luttes communes ont associé à nos yeux le groupe des Idéologues et les noms de Benjamin Constant et de Mme de Staël. De fait, Constant s'est trouvé à la faveur de son talent personnel d'orateur parlementaire et de polémiste politique porté à la tête du groupe des opposants au sein du Tribunat. Quant à Germaine Necker, son salon — quand elle put séjourner à Paris — fut un véritable club politique fréquenté aussi bien par les adversaires du régime que par des modérés aussi proches de celui-ci que les propres frères du Premier Consul; et la surveillance policière dont il fut l'objet prouve qu'entre Bonaparte et Mme de Staël il y avait beaucoup plus qu'un conflit de personnalités.

Toutefois, Constant et Mme de Staël ont été sans doute des « compagnons de route » des Idéologues plus que des esprits apparentés totalement à ces derniers. Sur le plan théorique, ils ont eu en commun avec eux certains idéaux de la philosophie des Lumières, mais se sont aussi trouvés en opposition sur des points majeurs, en sorte qu'ils s'apparentent aussi bien à certains égards au courant de la réaction antiphilosophique. Roland Mortier insiste, pour l'une comme pour l'autre, sur les origines : les pays du Refuge calviniste français, où religion et Lumières, à l'inverse de ce qui se passait dans les États catholiques, n'étaient pas considérées comme incompatibles, mais plutôt comme complémentaires [2], où tout un protestantisme libéral et rationaliste respecte

1. Fernand Rude (24).
2. Roland Mortier (21) et (22).

les valeurs humaines, adhère aux idées de tolérance et de liberté
— mais, inversement, maintient la religion comme fondement
de la morale et de la politique. De là, chez Constant, la condamnation de l'athéisme matérialiste; et chez Mme de Staël, la fidélité
simultanée à la foi et aux Lumières, récusant comme « vrais »
philosophes ceux qui font profession d'athéisme. « Vous ne me
suivez pas », disait-elle à Destutt de Tracy, « dans le ciel ni dans
les tombeaux. Il me semble qu'un esprit aussi supérieur que le
vôtre et détaché de tout ce qui est matériel par la nature de ses
travaux, doit se plaire dans les idées religieuses, car elles complètent
tout ce qui est grand, elles apaisent tout ce qui est sensible et,
sans cet espoir, il me prendrait je ne sais quelle invincible terreur
de la vie et de la mort. »

De Benjamin Constant, disons avec Sismondi, et pour ne point
tomber dans les ornières d'une histoire « à la Guillemin » : « Je
sais bien qu'il est resté fort au-dessous de ce qu'il pouvait être,
mais il me paraît, en même temps, s'être élevé fort au-dessus de
ses contemporains. » Ses interventions au Tribunat ont en tout
cas, par la rigueur de leurs analyses critiques, fait progresser la
jeune science politique, et admirablement défini les conditions
juridiques nécessaires à la sauvegarde de l'exercice des libertés;
la nécessité d'établir des rapports plus étroits entre le gouvernement et la nation, de réduire la distance entre pays réel et pays
légal en laissant se développer librement la presse et en accordant
toute l'importance possible au système des pétitions; l'opportunité
d'encourager la formation d'une classe politique de plus en plus
large, s'initiant notamment à la vie publique dans le cadre des
administrations locales. En somme, les points de vue de Napoléon et de Constant étaient inverses. L'opinion publique était en
effet au cœur des deux systèmes, le système parlementaire libéral
objet des vœux de Constant, le système du pouvoir personnel
imaginé par Napoléon. Mais tandis que celui-ci n'a jamais conçu
d'autre tactique que de séduire ou d'orienter l'opinion, Constant,
en intellectuel et en homme des Lumières, a concentré sa réflexion
sur les moyens de l'éduquer et de l'amener au jour, à sa propre
conscience et à son efficacité. « Puissance indomptable que la
force n'asservit pas, auquel les phrases n'en imposent plus, qui se
reproduit après qu'on a tué ses organes, qui, par sa résistance,

renverse les institutions, qui les dissout par son inertie » : cet avertissement, donné par Constant en l'an VIII à l'occasion d'un débat sur la prise en considération des pétitions, prend après coup toute sa valeur si on l'applique à l'histoire intérieure du Consulat et de l'Empire, qui terminèrent leur carrière dans l'indifférence sans avoir jamais cessé d'avoir à se garder contre leurs adversaires. « L'esprit public décide en dernier ressort des destinées nationales. »

Quant à Mme de Staël, si elle s'est toujours écartée — et de plus en plus — des Idéologues sur le plan de la psychologie individuelle, parce qu'elle ne trouvait pas dans le sensualisme et dans le scepticisme la satisfaction d'un tempérament très imaginatif et sensible, elle est à l'époque du Consulat entièrement alignée sur leurs positions en matière de philosophie politique et sociale [1], et c'est à elle qu'ils doivent la défense la plus brillante de leurs thèses sous le couvert de deux œuvres littéraires dans leur forme, parues l'une en avril 1800 *(De la littérature considérée dans ses rapports avec les institutions sociales [2])*, l'autre en décembre 1802 *(Delphine)*. *De la littérature* nous montre une Germaine Necker en profond accord avec la pensée du XVIIIe siècle, moins encore dans la reprise du thème de la perfectibilité des civilisations que dans la définition d'une littérature « engagée », non point l'un des beaux-arts, mais instrument « d'analyse de l'homme et de transmission des Lumières » (S. Moravia), mais philosophie éducatrice. Et aussi, dans la conviction que l'ordre civil et politique doit obéir à des lois rationnelles et scientifiques : « C'est une science à créer que la politique. » Quant à *Delphine*, ouvrage postérieur à l'élimination de l'opposition politique des Idéologues, il s'attaque plutôt au nouvel ordre napoléonien dans ses aspects moraux et sociaux. Dédié à « la France silencieuse et éclairée », il exalte la liberté hors du domaine politique où la partie vient d'être perdue, critiquant une société qui se réorganise en conformité avec la morale chrétienne traditionnelle et selon un modèle d'autorité renforcée de l'homme sur la femme. Ouvrage aussi insupportable à Bonaparte que son auteur elle-même, et dénoncé par le *Journal*

1. Cf. les analyses de G. E. Gwynne (14).
2. Édition critique par Paul Van Tieghem, 1959.

des Débats comme « très anti-social » et « très dangereux ».
« Dépourvus de tout contact avec les milieux populaires qu'ils méprisaient », écrit J. Tulard des libéraux, ils « se trouvaient sans possibilité d'action. » Nul parmi les tribuns épurés « n'est populaire dans la capitale ». Les Idéologues et leurs amis se trouvent réduits à n'accepter que des fonctions administratives, tel Daunou aux Archives impériales, à s'exiler comme Mme de Staël, ou à devenir des « émigrés de l'intérieur » — rejoignant paradoxalement l'attitude de certains opposants royalistes : celle de ces anciens nobles qui refusent de prendre des mairies ou d'entrer dans les conseils généraux des départements; celle de ces patriciens genevois signalés par A. Palluel, vivant « retirés, entre eux, fréquentant le cercle très aristocratique et très fermé de la Maison de Rive — rendez-vous des irréductibles — non hostiles, mais réservés, marquant seulement leur opposition par une anglomanie qui a l'art d'énerver l'empereur »; ou encore celle de ces grands négociants rémois étudiés par G. Clause, qui mettaient leurs enfants en pension en Angleterre en pleine période du blocus continental [1]!

Le temps des complots et des conspirateurs.

Les minorités d'opposition active ont, sous le Consulat et l'Empire, chacune leur méthode de combat. A la plume ou à la parole, utilisées avec courage mais sans grande efficacité par un groupe d'intellectuels qui persistait à croire à une version bourgeoise de la République platonicienne des philosophes, répond chez d'autres la préparation clandestine de l'attentat au poignard, de l'enlèvement ou de la machine infernale. Sans plus de succès, au demeurant. Ce sont les royalistes qui s'y sont principalement essayés, bien que les jacobins ou les derniers des babouvistes y aient également pensé.

Levons tout de suite une équivoque. En théorie, seul un complot militaire eût présenté à la fois un réel danger et, s'il eût été solidement préparé en liaison avec des opposants civils, une signification

---

1. André Palluel-Guillard (67), p. 751-752; Georges Clause (107), p. 593.

politique claire. En apparence, le danger existait : dans certaines armées, comme celle de l'Ouest, bientôt désœuvrée et indisciplinée, ou du Rhin, où le sentiment républicain demeurait vif; chez certains chefs militaires : réellement jaloux et ambitieux, comme Bernadotte; de grand prestige militaire et moral, comme Moreau : irresponsables et impulsifs, comme Malet. Mais les armées ont été éloignées ou dispersées, notamment à l'occasion de l'expédition de Saint-Domingue. Les grands chefs militaires ont surtout manifesté de l'irrésolution, exhalé de la mauvaise humeur plutôt que fomenté effectivement la sédition. Leurs contacts très réels avec les Idéologues, Mme de Staël, les opposants du Tribunat et plus tard du Sénat, ont-ils dépassé le stade de l'opposition de salon? Ménagés dans leurs personnes tout en se trouvant réduits à l'impuissance, ces opposants ont toujours été paralysés, en fin de compte, par l'admiration qu'ils conservaient malgré tout au « tyran », aux aspects positifs d'une administration éclairée; gagnés, aussi, par la conscience du décalage inévitable entre les institutions idéales — qu'un Destutt de Tracy, par exemple, continue de définir dans son *Commentaire sur l'Esprit des Lois*, écrit en 1806-1807 — et les possibilités d'insertion de l'idéal dans la pratique politique. Il est vrai que, la haine commune pour Napoléon Bonaparte aidant, un front provisoire pouvait se constituer derrière un général entre Idéologues ou républicains, et royalistes. Tout de même, la rivalité des polices aidant, et compte tenu de la part de comédie ou de calcul que pouvait recéler l'attitude de Bonaparte, prompt à grossir les menaces pour les exploiter dans le sens d'un renforcement de son autorité, on persiste, à propos du « complot des généraux » du printemps de 1802 ou de la participation de Moreau à celui de Cadoudal en 1804, à mal démêler le vrai de l'imaginaire, la conspiration de la provocation. L'éloignement ou le bannissement pour les principaux protagonistes, la disgrâce de Fouché en 1802-1804 sont des mesures apparemment destinées à décourager les opposants d'aller plus loin, plutôt que des sanctions majeures. Cependant un épisode de l'opposition militaire semble avoir eu une signification beaucoup plus grave : il s'agit de l'affaire Malet. Une première fois, en 1808, ce général républicain avait projeté de renverser l'Empire, peut-être avec la complicité de Fouché et de Talleyrand, fait qui donne à l'entreprise toute sa dimension intérieure et internationale. Emprisonné, puis interné, il s'échappe en 1812 et il s'en faut de peu qu'il ne réussisse à neutraliser toutes les autorités civiles et militaires de Paris, ridiculisant notamment les préfets Pasquier et Frochot. Cette fois, les connivences paraissent avoir été du côté de l'opposition catholique ultramontaine; mais surtout, le climat général était à la fin de 1812 beaucoup plus favorable à une réussite du coup de force : éloignement de l'empereur, pressentiment des revers militaires, crise économique. J. Tulard pense qu'en cette occasion s'est véritablement révélée la précarité du pouvoir impérial. Fragilité des institutions, absence d'enracinement de la dynastie, manque de loyauté de la « classe militaire » — tout a failli favoriser l'audace d'un officier dont les mobiles, au reste, étaient probablement d'ordre psychologique et individuel.

Revenons à l'attentat proprement dit. Cette forme d'opposition a principalement sévi sous le Consulat. Bien que les conspirateurs jacobins ou babouvistes puissent sans doute revendiquer la responsabilité d'avoir entrepris les premiers la fabrication d'engins explosifs, ils ne sont jamais arrivés jusqu'à l'exécution de leurs projets. La conjuration de Ceracchi et Arena, notamment, a été éventée et exploitée par la police d'une façon qui a facilité l'élimination des opposants républicains extrémistes. En revanche c'est aux royalistes que revient le demi-succès de l'attentat de la rue Saint-Nicaise, exécuté, mais sans que l'objectif fût atteint. En 1804, le projet d'enlèvement du Premier Consul et de restauration des Bourbons, conduit par Cadoudal et ses complices, n'est pas arrivé à son accomplissement et, d'ailleurs, a sans doute été partiellement suscité par une provocation policière. En tout cas, l'action des royalistes repose sur l'expérience, les moyens, les réseaux accumulés ou mis en place au cours de dix ans de luttes contre-révolutionnaires. Les conspirateurs peuvent compter, hors de France, sur les princes émigrés et sur l'Angleterre; en France, sur des « planques » parisiennes, sur des hommes de main recrutés dans les provinces royalistes de l'Ouest et du Midi, dont les soulèvements doivent se déclencher en cas de succès. Un Hyde de Neuville, agent du comte d'Artois, a en 1800 sa police à Paris. Les recherches de la police, le procès de « Georges » et de ses complices, les lourdes condamnations qui l'ont clôturé (vingt condamnations à mort) ont, de l'automne de 1803 au printemps de 1804, efficacement contribué à démanteler les organisations royalistes, à Paris au moins, cependant que la férocité exercée sur le duc d'Enghien, chef supposé d'une insurrection à venir, était conçue pour inspirer la terreur. Mais, note J. Tulard, « l'Ouest, notamment la Sarthe, la Mayenne, le Maine-et-Loire et la Loire-Inférieure, demeure assez peu sûr », au moins jusqu'en 1808-1809. Au-delà, on observe le passage à un autre type d'action : sociétés secrètes, sous le couvert d'associations de piété ou de charité.

Il ne faut qu'un instant pour trancher le fil d'une vie, quand bien même cette vie paraît devoir se prolonger dans celle d'un héritier légitime. Toutes les polices, d'autre part, peuvent avoir leurs complaisances, leurs trahisons ou leurs erreurs. C'est pourquoi l'écume des actes de violence, venue si souvent troubler la sérénité apparente des « eaux » politiques, doit être prise en considération même si l'ampleur de ce qu'elle recouvre reste difficile à apprécier. Toutefois, les précautions dont le régime napoléonien a dû constamment s'entourer ne doivent pas dissimuler qu'il a trouvé un atout d'une immense valeur dans l'absence de mouvements révolutionnaires de masses. Il faut rendre compte de cette absence, sans oublier qu'elle n'exclut pas les mécontentements, et le développement de ripostes populaires spontanément adaptées aux motifs de ces mécontentements. Le tout pouvant aboutir à une instabilité à la fois sporadique et endémique, des régions rurales en particulier.

La désorganisation politique des masses populaires.

Sous le Consulat et l'Empire, note J. Tulard, « l'atrophie de la vie politique (est) due à l'éloignement du forum des masses populaires ». Cela est vrai, bien sûr, et c'est bien pour cela que la Révolution est pleinement terminée. Mais cela n'est pas neuf en Brumaire, puisque la violence populaire sous sa forme d'organisation politique a cessé d'agir bien avant Thermidor, et que sous sa forme insurrectionnelle elle a disparu de la rue parisienne depuis Prairial. Cela n'est pas étonnant non plus, compte tenu de ce que le mouvement sans-culotte et la brève tentative d'exercice direct de la démocratie qui lui fut associée, avaient été principalement le fait de minorités militantes, et que ces minorités ont été victimes d'une destruction systématique depuis la chute de Robespierre. Dans un livre récent, R. Cobb [1], excellent analyste de la vie politique locale pendant les années révolutionnaires et de la sensibilité politique des masses rurales et urbaines, a ramené l'attention sur les modalités multiples de cette destruction : désarmement en l'an III, effectif jusque dans les villages; emprisonnement temporaire de nombreux militants désarmés (5 000 à Paris, peut-être 90 000 pour toute la France) que leur séjour en prison accule au chômage ou à la ruine; perfectionnement des méthodes de répression policière; dispersion par l'exil, sous les formes de l'envoi aux armées ou en résidence surveillée. Mais aussi, huit années de Terreur blanche (1795-1803), de véritable « anarchie sanguinaire » dans des régions telles que le Sud-Est et la vallée du Rhône, où se donnent libre cours tous les raffinements de la cruauté : la Terreur blanche, *a deterrent to popular militancy*, une guerre de classes autant que l'expression d'une vengeance politique, soutenue par la complicité des autorités judiciaires. Le mouvement populaire se trouve réduit à une *conspiratorial élite*, au sein de laquelle l'influence de réfugiés politiques italiens fait prévaloir la tactique de l'attentat individuel, différente par nature des modes d'action propre aux masses.

Mais, souligne R. Cobb, il peut y avoir des formes négatives du militantisme populaire : ainsi de la non-participation des sans-culottes aux événements des 9 et 10 thermidor. Ajoutons : ainsi de l'indifférence profonde des Parisiens, au-delà de quelques remous de surface, aux différents complots antinapoléoniens et aux procès qui leur furent associés. Et surtout, la protestation populaire en revient à des formes classiques dont l'examen permet seul de reconstituer la trame quotidienne d'une vie politique dans laquelle la dispersion des incidents bien localisés n'enlève rien à l'authenticité et à la vigueur des réactions.

Les conséquences politiques des crises économiques.

Napoléon a toujours considéré qu'avec la victoire militaire, l'abondance et le bas prix du pain constituaient les bases indis-

1. Biblio. no 8.

pensables de sa popularité. C'est bien ce qui fit son inquiétude en 1812, quand la défaite militaire vint malencontreusement prendre le relais de la disette auprès d'une opinion déjà lasse. Certes, le Consulat et l'Empire ont bénéficié d'une nette récession des mauvaises récoltes, entre 1802 et 1810. Ce n'est pas à dire que, ni en 1801-1802, ni en 1811-1812, il n'ait eu à surmonter de sérieuses difficultés, du fait de la résurgence de troubles de subsistances du type habituel sous l'Ancien Régime, troubles dont la coloration politique ne laissait pas d'être aussi inquiétante que le désordre immédiat ou les affrontements sociaux qui en résultaient.

Il faut distinguer, en fait, entre les événements urbains et les perturbations rurales. Dans les villes, la concentration des moyens de répression policière, judiciaire, militaire atteignait son maximum d'efficacité. Le recours aux approvisionnements extraordinaires était facilité, par rapport aux crises de l'Ancien Régime, par l'extension de la domination française en Europe : R. Cobb note qu'en 1812 Paris, la Normandie, la Somme, le Nord connurent une détente alimentaire assez rapide grâce à des importations massives en provenance des pays rhénans et de Hollande, tandis que Lyon se trouvait de même soulagée par des importations venues de Souabe et du Palatinat. Déjà, en 1801-1802, le gouvernement avait prévenu toute agitation à Paris en confiant à des compagnies de fournisseurs le soin de mobiliser rapidement les excédents des départements réunis ou de l'Europe septentrionale. Au cours des années agricoles euphoriques qui suivirent, il avait constitué, toujours par le recours à l'initiative privée, des magasins de réserve parisiens — 300 000 qx de blé, 30 000 sacs de farine — qui toutefois ne remplirent pas parfaitement leur rôle dans la crise de 1811-1812. Au paroxysme des difficultés, les pouvoirs publics eurent l'habileté de reprendre à l'an II sa politique du maximum et de la réquisition des stocks, et la taxation du pain à 18 sous en mars 1812 causa autant de satisfaction chez les pauvres que de scandale chez les « honnêtes gens ». D'autre part, beaucoup de préfets et de sous-préfets eurent l'habileté de préférer, au lieu du recours systématique et immédiat à la gendarmerie, l'incitation à un effort de charité de la part des notables : l'organisation de nombreuses soupes populaires a contribué à réduire les tensions, et les ventres affamés y trouvèrent leur compte autant que les amateurs de décorations et de félicitations officielles.

Malgré tout, un nombre appréciable de moyennes et petites villes connurent des incidents graves, notamment Issoudun à la fin d'avril 1812, et surtout Caen, de mars à mai en particulier. L'émeute du lundi 2 mars, qui prit les autorités au dépourvu, était une émeute du marché aux grains, déclenchée par la population misérable du faubourg de Vaucelles — ouvriers du textile, journaliers, blanchisseuses. La crise commerciale et industrielle étant venue se greffer sur la crise de subsistances, la revendication de l'emploi vient se mêler dans les cris à celle de la taxation des grains. En dehors même des réminiscences directes d'une période abhorrée par un régime d'ordre, le pouvoir se trouve mis en cause dans la personne du préfet, des magistrats, insultés par les émeutiers, et la participation de conscrits, à la veille de la grande entreprise militaire contre la Russie, est particulièrement inquiétante. Les autorités ne redoutent pas moins les circulations de nouvelles fausses et alarmantes, concernant des émeutes sur d'autres points de l'empire, le sort des armes, celui de Napoléon lui-même. Aussi la riposte est-elle très dure : dès le 14 mars, une cour martiale prononce huit condamnations à mort, neuf à huit ans de travaux forcés, neuf à cinq ans de prison.

Dans les campagnes, la réaction du gouvernement ne peut en aucune façon être aussi efficace. Les diverses formes de la crise économique de 1811-1812 mettent en mouvement de véritables armées de mendiants vagabonds. Cette mobilité de gens sans emploi et sans ressources avait dès longtemps été l'objet des préoccupations officielles. La gendarmerie pouvait arrêter tout attroupement mobile, fût-il de deux personnes! si elles n'appartenaient pas à la même famille. Mais en période de crise l'ampleur du mouvement déborde la surveillance et les efforts de refoulement. R. Cobb indique comme particulièrement touchées les marges septentrionales et occidentales du Bassin parisien, ainsi que l'ensemble de la Normandie, où les bandes sont parfois de plus d'un millier d'hommes qui, selon l'expression du préfet de l'Oise, « lèvent l'impôt de leur subsistance sur le travail d'autrui ». Chômeurs ruraux et chômeurs urbains se mêlent, faisant peser une égale menace sur le gros fermier ou sur le manufacturier.

Le banditisme.

C'est le mot qui vient à l'esprit pour qualifier ces désordres qui, du reste, existaient à l'état endémique dans certaines régions, apparaissant régulièrement pendant les mois d'hiver ou pendant ceux de la soudure — ou à l'état chronique, en liaison avec toutes les manifestations de crise économique, sectorielles ou locales [1].

Mais à vrai dire le banditisme, autre forme classique de la protestation populaire spontanée, recouvre bien des réalités différentes. Sous le Directoire et pendant les premières années du Consulat, c'est au royalisme contre-révolutionnaire qu'on le trouve associé, à la chouannerie ou à la Terreur blanche. Mais dès la fin du Directoire aussi, et de plus en plus souvent en allant dans le cours de l'époque napoléonienne, c'est la résistance à la conscription qu'il exprime. Étudiant la société varoise au lendemain de la Révolution, M. Agulhon discerne parfaitement tout cela dans la poussée « d'insécurité endémique des zones mal accessibles » qui se développe après le 18 fructidor [2]. L'héritage, c'est celui de la Terreur blanche, qui, « de moins en moins urbaine... prend de plus en plus le caractère de lutte clandestine et rurale ». Les renforts, ce sont ceux suscités par le décret du 19 fructidor qui condamne à mort les émigrés rentrés : les plus pauvres d'entre eux « entrent dans la clandestinité sur place, ou plutôt dans les refuges commodes que sont les petits villages et les bois ». Suscités, aussi, par la conjoncture économique : la déflation monétaire, agissant sur le cours des produits agricoles, « transporta des villes vers les campagnes le malaise social ». Et enfin, par un fait nouveau : la reprise de la guerre en Italie et le vote de la loi sur la conscription, qui provoquent la fuite des jeunes gens. Alors « le brigandage est constitué dans tous ses éléments ». Appuyé sur les massifs forestiers, il ne cesse d'augmenter en intensité et en extension, jusqu'en l'an IX. « La République consulaire... tenait dans l'ouest du Var un archipel de villes et de bourgs, battus par le brigandage comme par les vagues d'une mer. » Par peur, mais aussi par solidarité contre l'armée, par royalisme, les villageois

1. Jean Tulard (28).
2. Biblio. n° 47.

se font complices. Le phénomène atteint presque « les proportions d'une révolte régionale », qu'il faut deux ans au préfet Fauchet, aux troupes du général Guillot et à la Commission militaire extraordinaire pour juguler. Bien entendu, le départ est difficile à faire, dans le détail, entre brigandage de « blancs » ou de réfractaires, et actes de criminalité pure, exaltation par la conjoncture révolutionnaire de la violence habituelle des mœurs du temps. C'est ce qui, en fin de compte, facilite son élimination : quelque brutale qu'elle soit, elle suscite le soulagement et contribue à la popularité du bonapartisme.

La désobéissance militaire.

Elle est en fin de compte la forme la plus caractéristique de la période et la plus clairement interprétable à la fois de la protestation ou de la désaffection populaires à l'égard du régime. R. Darquenne y voit « la plaie du système conscriptionnel et le thermomètre de l'opposition des populations [1] ». R. Cobb n'hésite pas à y voir une sorte de référendum permanent, une grandiose manifestation de défiance populaire.

La désobéissance militaire est née en l'an III-an IV, atteignant un premier paroxysme en l'an V. Une deuxième poussée correspond bien sûr aux ans VII et VIII : 37 % de réfractaires sur l'effectif de ces deux classes et pour l'ensemble de la France, le déficit atteignant 63 % dans les départements belges et même bien davantage dans les deux départements de la Meuse-Inférieure et des Deux-Nèthes, où sévit particulièrement la « guerre des paysans ». Par la suite, la situation s'améliore nettement : 27 % en moyenne de l'an IX à l'an XIII; 13 % de 1806 à 1810. En 1811, l'insoumission paraît liquidée, mais c'est l'effet de sa répression au moyen des colonnes mobiles. Recrudescence au début de 1813, à cause des appels massifs : mais le pourcentage ne dépasse guère 10 % — ce qui n'empêche, compte tenu des gros effectifs sur lesquels joue ce pourcentage, que les troupes fassent cruellement défaut à l'empereur, par exemple au moment de la bataille de Leipzig,

1. Biblio. nº 10. Cf. encore, p. 180 : « Les variations de l'élan conscriptionnel sont... le seul élément objectif qui permette de sonder l'opinion souvent inaccessible des couches populaires. »

quand certains contingents étrangers font également défection.

Comme à l'égard des troubles d'origine économique, le pouvoir use tour à tour d'indulgence — il y a cinq amnisties, de 1800 à 1810, la dernière à l'occasion du remariage de l'empereur — et d'extrême rigueur. Les déserteurs risquent la fusillade, ou dix ans de bagne — celui de Toulon, celui aussi d'Anvers, créé en l'an XII — avec le boulet, ou les chantiers des Ponts-et-Chaussées ou de constructions navales. Les insoumis et leurs complices s'exposent à des amendes — peu efficaces si les coupables sont insolvables — ou à cinq ans de travaux forcés avec les fers, ou encore l'incorporation dans des unités disciplinaires spéciales : régiments de Walcheren, de Belle-Isle, de l'île de Ré, de Méditerranée. Mais le plus terrible — et les préfets eux-mêmes souhaitent généralement en éviter l'expérience à leur département — ce sont les colonnes mobiles, efficaces dans la chasse à l'homme mais qui, en contrepartie, immobilisent des effectifs inutilisables pour la guerre.

Bilan : Napoléon populaire et impopulaire.

La conscription n'est pas le seul point de la politique et de l'administration napoléoniennes à avoir sensibilisé l'opinion en défaveur du régime. Le bonapartisme, écrit M. Agulhon, finit par s'incarner « dans le couple odieux de la conscription et des droits réunis ». Pourtant la fiscalité indirecte, en dépit de son immense impopularité, n'a guère suscité d'émotions populaires en dehors des troubles de subsistances, auxquels l'attaque des bureaux de recette des droits est souvent associée. De même qu'il n'a pas hésité à encourir un des griefs les plus clairement inscrits au passif de l'Ancien Régime en ressuscitant les aides, de même Napoléon Bonaparte n'a pas craint, comme l'avait fait la Révolution, de heurter le sentiment catholique en rouvrant le conflit avec le pape ; mais la réaction s'est dessinée ici sous la forme d'une infiltration clandestine des « Chevaliers de la Foi », dont l'organisation militaire et hiérarchisée ébauche aux dernières années de l'Empire, par le noyautage des administrations et des grands corps, une sorte d'État de substitution.

Bénéficiaire d'un attentisme très largement partagé à ses origines, le régime consulaire n'avait pas tardé à gagner le ralliement des classes possédantes, qui voyaient en lui « ce régime pratique, ce régime empirique, grâce à qui le drapeau de l'ordre social écartait les deux principes opposés et symétriquement radicaux du royalisme et de la République » (M. Agulhon). Avec Barère, un terroriste rallié dès les premières semaines, ces classes espéraient que Bonaparte serait l'homme de la paix extérieure et de la réconciliation intérieure, celui qui rendrait la Révolution périmée tout en écartant fermement la réaction. Telle était bien l'image que Bonaparte souhaitait populariser de lui-même et sa propagande, tout autant qu'à orchestrer les succès militaires, s'appliquait à faire croire qu'il avait la nation entière derrière lui.

« S'il passe une année, il ira loin », avait dit Talleyrand du général de Brumaire. Le régime, effectivement, a tenu, et s'est bardé de fer, les années passant. Mais il n'a pas tenu les promesses que les Français croyaient y déceler et c'est pourquoi on peut avancer qu'il ne s'est jamais enraciné, sa solidité revêtant un caractère négatif au lieu de relever d'adhésions profondes et de fidélités inébranlables. Hors des complots unissant autour de généraux des ultra-royalistes et des républicains, hors des mouvements populaires qui ont troublé le silence d'une opinion empêchée de s'exprimer, les notes dominantes du régime à son déclin sont l'indifférence ou la résignation à une guerre dont les conséquences économiques et humaines lassent tout le monde et dont les bulletins ou les uniformes ne suffisent plus à ramener la joie dans les cœurs. Dans le haut personnel administratif, c'est la tiédeur, la fidélité du bout des lèvres. Chez les notables, la réticence à tous les gestes qui signifieraient le soutien d'une sincérité personnelle. On sert aussi longtemps que le maître de l'heure est en place, avec la conviction que cela changera bientôt et qu'on passera avec soulagement au service d'une monarchie modérée. Il faudra, note J. Vidalenc, toutes les maladresses de la première Restauration pour ramener les esprits vers Napoléon. L'ancien préfet Beugnot, devenu l'administrateur du grand-duché de Berg, a laissé le témoignage de sa surprise quand, à l'occasion d'un séjour à Paris peu avant l'invasion de la Russie, il constate combien l'Empire s'est glacé. La crainte du maître engendre à son profit un « dogme de l'infaillibilité pontificale », une « hallucination » collective. Observateur resté hors de France et lié à des milieux rhénans libéraux, Beugnot se rencontre avec des esprits restés lucides, tel Regnault de Saint-Jean-d'Angély, l'un de ces « cinquante Français les moins bêtes », comme Stendhal appelait les conseillers d'État — inquiet du total secret de la politique étrangère, de la démence dans l'entassement des conquêtes.

Ainsi donc le pouvoir napoléonien n'a jamais réussi à être un pouvoir sûr. Non pas que la France ait « dansé sur un volcan » : le pouvoir, en effet, était bien trop armé, et les oppositions trop disparates et morcelées. Mais dès qu'il cessa d'être victorieux, Napoléon détruisit par là même le seul ciment d'une certaine unité nationale.

La fin de l'Empire, en 1814, est bien l'histoire d'une décomposition interne. Décomposition dont Paris, reprenant ainsi une initiative perdue depuis vingt ans, est largement responsable. J. Tulard en a récemment repris les éléments et dessiné les phases. Éléments sociaux : l'impossibilité de susciter un grand élan patriotique dans les différentes couches de la population de la capitale, sous la forme d'une remise en activité de la Garde nationale. Quant aux officiers, nommés parmi les notables, la difficulté, soulignait Savary, était « de la composer d'hommes... qui fussent disposés à la fois à défendre leurs murailles et à faire respecter leurs domiciles »; « en la peuplant de propriétaires et de boutiquiers ruinés, on y faisait entrer », commente J. Tulard, « sous prétexte de maintenir l'ordre social, les éléments les plus hostiles au régime et les moins aptes au combat. » Quant aux troupes, il aurait fallu les prendre parmi les sans-travail — les autres, on devait bien le voir à l'arrivée des Alliés et au retour des Bourbons, assistaient surtout passifs et curieux au changement d'un décor. Éléments politiques : le préfet de police Pasquier « paralysa, dans le courant du mois de mars, toute tentative pour armer les ouvriers sans travail. Peur de l'émeute, ou complicité avec des éléments royalistes de la capitale? ». Quant à Joseph, président du Conseil de régence, il quitte la capitale précédé de l'impératrice, pour Blois, où Talleyrand évite de le rejoindre : cet abandon signifie la volonté de ne pas défendre Paris, soit pour préserver la ville, soit pour ne pas entrer dans le jeu stratégique de l'empereur qui aurait eu alors le temps de prendre les Alliés à revers en se rabattant sur Paris — hypothèse d'une prolongation de la guerre. Le 1er avril

1814, ce sont à la fois le Conseil général de Paris — en fait, son Conseil municipal — et le Sénat qui votent la déchéance de l'empereur et appellent de leurs vœux le rétablissement de la monarchie. Paris, décidément, a-t-il jamais accepté Napoléon? Déjà, au moment du procès de Moreau, des manifestations frondeuses à l'égard du Tribunal lui avaient suggéré l'idée d'un transfert à Lyon de la capitale.

La première abdication elle-même offre un saisissant raccourci social de l'histoire consulaire et impériale. Les maréchaux veulent abandonner la lutte : ils reprochent en somme au régime de compromettre par ses imprudences les situations qu'ils avaient acquises grâce à lui. Les derniers fidèles, ce sont les officiers subalternes, bientôt « demi-solde » traités avec rigueur par les Bourbons; et aussi les sous-officiers, les soldats — qui avaient fait une petite carrière ou oublié les dures réalités de l'existence civile dans la gloire militaire partagée avec le « petit caporal ».

Tout, après Napoléon, peut-il pour autant « recommencer comme avant »? Certainement pas. « L'épisode » a eu son épaisseur, qui protège l'organisme politique et social contre un retour à l'Ancien Régime et contre les prochains efforts d'un ultracisme minoritaire et démodé. Cela pour l'immédiat : mais, à moyen terme, il lègue aussi à l' « après-1815 » tout le potentiel affectif de la légende napoléonienne en formation continue; à long terme enfin, il fonde en France la troisième référence majeure de la vie politique nationale : à côté de la nostalgie des lys ou des rêves ardents de la démocratie, celle du pouvoir personnel plébiscitaire, brodant sur les thèmes de la grandeur et de la réconciliation.

5

*Une population
en perte de vitesse*

« Mon gouvernement », déclarait Bonaparte peu après le coup d'État au général d'Andigné, « sera celui de la jeunesse et de l'esprit. » Laissons de côté l'esprit, qu'il vaudrait mieux sans doute appeler réalisme : comme Bonaparte le disait encore lui-même : « Nous avons fini le roman de la Révolution ; il faut en commencer l'histoire et voir ce qu'il y a de réel et de possible dans l'application des principes. » Quant à la jeunesse, quoi de plus fugitif ! Sous le Consulat et l'Empire, elle se périme rapidement, car le personnel du nouveau régime appartient aux mêmes générations que les hommes de la Révolution, et les jeunes gens qui avaient vingt ans à la réunion des états généraux en auront plus de quarante à l'apogée de l'Empire.

Mais peut-être, en interprétant plus largement cette déclaration, faut-il en conclure que Bonaparte se sentait fort des réserves de jeunesse de toute une population française qui, dans la deuxième moitié du XVIIIe siècle, avait, grâce à un taux de croissance fortement accru, étoffé ses classes d'âge inférieures. On connaît son sentiment, parfois crûment exprimé, d'avoir derrière lui des réserves inépuisables d'hommes, une « profusion de soldats gratuits que l'on pouvait dépenser sans compter » (Gaston Bouthoul). A vrai dire, ce sentiment correspond à un état de la démographie française avant la Révolution, et ne tient pas compte de l'importance des bouleversements introduits par celle-ci dans le comportement démographique des Français et par suite dans la structure de la population. Dans la ligne des philosophes et des révolutionnaires, Napoléon Bonaparte identifiait abondance des hommes et grandeur, prospérité, bonheur de la nation. Or, à ce populationnisme officiel, les réalités correspondent de moins en moins dans la France du XIXᵉ siècle commençant, où pénètrent avec J. B. Say les idées de Malthus : « Il convient d'encourager les hommes à faire des épargnes plutôt que des enfants. » « Quelle est la femme que vous aimeriez le plus », questionnait Mᵐᵉ de Staël; et Bonaparte de lui répondre : « Celle qui aurait le plus d'enfants. » Or, précisément, derrière la façade rassurante d'une population qui continue d'augmenter, sur sa lancée, se dessine un nouvel agencement du mouvement naturel de la population, précurseur d'une stabilisation.

Une nuptialité toujours active.

C'est le seul indice en hausse. On se marie beaucoup depuis la Révolution, qui a changé à la fois les conditions de la vie et l'attitude à l'égard de celle-ci. La législation révolutionnaire a facilité le mariage en abaissant à la majorité l'âge jusqu'auquel le consentement des parents était nécessaire, en autorisant le divorce, en laïcisant le mariage, contrat civil sur lequel ne pèsent plus d'interdits religieux (pas de mariages pendant l'Avent ou le Carême). Ainsi l'âge au mariage s'abaisse-t-il, tandis que la multiplication des propriétés et des exploitations rurales encourage la création des foyers. Plus tard, la conscription intervient à son tour comme stimulant de la nuptialité, la loi Jourdan-Delbreil laissant dans le mariage une issue à ceux qui veulent échapper à la conscription.

La courbe, néanmoins, offre de grandes irrégularités. Elle est nettement déprimée au début du Consulat : 205 000 mariages par an en moyenne de 1801 à 1805, contre 230 000 pour la période 1781-1784. Effet des difficultés économiques? En tout cas, 1809 et 1813 sont marquées par une très forte recrudescence de la nuptialité — 268 000, puis 387 000 mariages — et, malgré un tassement « compensatoire » en 1814 — 193 000 —, la moyenne des années 1811-1815 s'établit à 250 000, soit, même compte tenu de l'augmentation de la population totale survenue entre-temps, un niveau nettement supérieur à celui des meilleures années de la fin de l'Ancien Régime [1].

1. André Armengaud (79).

La distorsion entre nuptialité et natalité.

Or l'accroissement du nombre des naissances ne suit pas celui du nombre des mariages, tout au contraire. La moyenne des années 1781-1784 avait été de 965 000 naissances ; celle des années 1811-1815 est de 931 000. En taux, cela signifie un recul de plus de 35 à moins de 32 %. Donc, « diminution de la natalité, ...mais non de la nuptialité, ce qui signifie une certaine pratique du contrôle des naissances [1] » ; « indice d'une transformation des mœurs dont les progrès de la natalité illégitime sont une autre manifestation » (A. Armengaud).

Les taux et les attitudes ont certainement beaucoup varié à l'intérieur d'une France dont le comportement démographique n'était pas un. En tout cas, l'exemple de l'Hérault, étudié par E. Le Roy-Ladurie [2], ne fait pas exception. La natalité y recule d'autour de 37 % avant la Révolution, à moins de 34 en 1799, à 32 ou 33 pour 1813-1820. Dans le haut Languedoc on passe de 38 à la veille de la Révolution, à moins de 27 % pour 1830-1840. « En un peu plus d'une génération, il y a eu modification radicale du comportement d'un grand nombre de couples ; rupture déjà massive avec la conception traditionnelle de la morale conjugale ; introduction statistiquement significative de la contraception... La décennie révolutionnaire paraît bien marquer le tournant décisif à partir duquel s'accélère progressivement le déniaisement des populations, seulement amorcé sous l'Ancien Régime. » Progression « inséparable, semble-t-il, d'une rupture, avant tout masculine, avec l'Église catholique » ; mais aussi du nouveau régime juridique de la propriété. On a dès longtemps insisté sur les conséquences démographiques autant qu'économiques du morcellement successoral, cette « machine à hacher le sol », comme dit G. Dupeux. Pour J. Marczewski, « la règle du partage égal de la succession entre descendants, retenue par le code de Napoléon, fut une des causes principales de la diminution de la natalité en France. Appliquée à la petite propriété paysanne, la règle du partage obligeait l'exploitant agricole, désireux d'éviter

1. Marcel Reinhard (94).
2. Biblio. n° 92.

un morcellement excessif de la propriété, à limiter le nombre de ses enfants selon ses possibilités de réunir un fonds liquide suffisant pour le dédommagement des héritiers prêts à renoncer à l'exploitation paternelle ».

Pourtant, la population totale continue à augmenter, passant entre 1789 et 1815 de près de 27 à près de 30 millions d'habitants. Le taux de reproduction net se maintient un peu au-dessous de 1,1.

Le recul de la mortalité.

En effet, si l'on tend vers une certaine stabilisation démographique, c'est dans un recul grossièrement parallèle de la natalité et de la mortalité qu'il faut en chercher la cause. Cette dernière régresserait de 32 à 27 o/oo entre la fin de l'Ancien Régime et la fin de l'Empire. Sur ce point, la France participe au régime commun de l'Europe occidentale depuis le milieu du XVIIIe siècle, alors que d'autre part elle entre avec une particulière précocité dans l'ère malthusienne.

De cette régression, rend compte d'abord la prolongation jusqu'au début du XIXe siècle d'une phase de préservation des « grandes agressions microbiennes [1] ». Absence de la peste; peu de variole, bien que la vaccination jennérienne soit très inégalement répandue selon les départements et que la protection des enfants demeure insuffisante. Les crises de subsistances, du moins celle de 1810-1812 — la seule à avoir eu des répercussions sensibles sur le plan démographique — n'engendrent plus d'effets mortels directs, mais agissent par le relais d'épidémies, ou réagissent sur la natalité cette fois par le biais d'un contrôle de la nuptialité et des conceptions différées : ripostes temporaires à la crise [2].

Toutefois, l'effacement de certaines surmortalités classiques, d'origine virale ou liées à un déficit grave des récoltes, ramène sans doute l'attention sur d'autres phénomènes, sur d'autres fléaux, de type plutôt endémique. C'est le cas, notamment, de la dysenterie ou du typhus, parfois confondus, à la fois d'ailleurs endémiques et épidémiques dans de nombreuses régions de l'empire.

1. Jacques Dupâquier (87).
2. C. Rollet (96).

Les dégâts sont particulièrement graves dans les régions que traversent les grandes routes « militaires », de Paris vers l'Est de la France et l'Allemagne. R. Cobb signale la présence permanente de ces maladies dans toute une série de villages de la périphérie est de Paris et du département de la Seine-et-Marne entre 1806 et 1815, avec des recrudescences au moment des mouvements massifs de troupes : 1811-1812, 1814-1815. Ce sont surtout les indigents qui sont frappés.

C'est là une notation qui conduit à souligner les connexions sociales des maladies les plus fréquentes de l'époque. Le Dr R. Darquenne évoque « l'extrême dénuement des classes laborieuses... et leur fragilité aux infections ». Les indigents ont une nourriture à la fois insuffisante et mal équilibrée, dans les campagnes comme dans les villes. L'alcoolisme est très répandu : « Le mineur de Jemappes buvait son litre et demi de genièvre de grain par jour. » De plus, un « précaire équilibre nutritionnel » se trouvait aussi compromis par « les multiples falsifications alimentaires », qui « achevaient de donner à la pathologie toxi-infectieuse des voies digestives une importance capitale dans la morbidité et la mortalité de cette époque, particulièrement chez les enfants [1] ». « Le pain des villes contenait de la sciure, de la fécule, des sels toxiques ; le sel de cuisine était mélangé de plâtre, de terre, de salpêtre et même d'oxyde d'arsenic. L'absinthe était colorée à l'oxyde de cuivre. Les « vases culinaires » en cuivre, mal soignés... entretenaient une intoxication permanente... Le vinaigre de vin était l'objet de fréquentes manipulations. » Il faudrait évoquer, aussi, l'endémie tuberculeuse, les retards de croissance des adolescents — multipliant les cas de réforme pour phtisie et pour défaut de taille.

La nouvelle famille française du XIXᵉ siècle.

Les grandes lignes qu'on vient d'esquisser dessinent « cette allure spécifiquement française de la révolution démographique » que les recherches actuelles ou récentes permettent désormais d'identifier sans hésitation. « L'une des données fondamentales

1. Biblio. nº 86.

de l'histoire contemporaine de la France est la baisse précoce de la natalité au XIXe siècle, suivant de près celle de la mortalité, la précédant même, parfois, alors qu'ailleurs le décalage entre les deux phénomènes a permis un substantiel accroissement démographique [1]. » En ce siècle qui commence avec le Consulat, la part de la France dans la population de l'Europe va régresser de 15 % à moins de 10.

D'une façon plus concrète, cette allure particulière de la révolution démographique se reconnaît dans la nouvelle figure de la famille française d'après la césure révolutionnaire. Du milieu du XVIIIe siècle aux années du Premier empire, le nombre moyen d'enfants par famille tombe, en chiffres ronds, de six à quatre. A la première date, c'étaient les familles de plus de douze enfants qui constituaient des exceptions; à la seconde, celle de plus de six. Le type de famille à un ou deux enfants se généralise rapidement, même s'il reste minoritaire. A Meulan, de 1740 à 1789, 21 % seulement des familles connaissaient des naissances éloignées de quatre ans ou davantage; de 1790 à 1839, c'est le cas de 52 % : c'est dans ce lot que se reconnaît une brusque adhésion au malthusianisme. Dans les mêmes périodes, le pourcentage des familles où les naissances ont lieu selon un rythme de dix-huit mois ou moins tombe de 14 à 2,5 %.

Un temps faible dans l'urbanisation.

Ce qui ne bouge guère dans la démographie française à l'époque napoléonienne, c'est la répartition géographique de la population, et particulièrement l'équilibre entre population rurale et population urbaine. Les agglomérations de plus de 2 000 habitants ne constituent toujours que moins d'un cinquième de la population totale : c'est la proportion de la fin de l'Ancien Régime. En fait, la Révolution a été l'occasion de sérieuses perturbations dans les populations urbaines, que les difficultés économiques ou politiques ont amené à perdre certains éléments, au moins de façon temporaire. Le Consulat et l'Empire apparaissent alors moins

---

1. M. Lachiver (91); J. Dupâquier et M. Lachiver (88); P. Rivier e S. Allegret (95).

comme une période de reprise de la poussée urbaine du XVIIIᵉ siècle, que comme une période de compensation et de rattrapage.

Toutes les catégories de villes ont été atteintes, et pas seulement les plus grandes. Beaucoup parmi les petites ne semblent pas avoir trouvé encore de nouvelles sources de vitalité au lendemain des réformes de la Constituante, qui ont bouleversé les institutions d'Ancien Régime [1]. Voici, par exemple, ce que disent dans l'Yonne les observations accompagnant la statistique préfectorale de 1809-1813 sur la population des villes françaises : à Sens, on assiste à une véritable déchéance. « Cette ville avant la Révolution avait un bailliage, un présidial et une maîtrise dont le ressort était très étendu; son clergé séculier et régulier était nombreux et riche; son commerce et ses manufactures avaient de l'activité. Depuis la Révolution elle n'est plus remarquable que par ses tanneries considérables, et quelques manufactures et filatures de coton. Sa population a toujours été en décroissant depuis vingt-deux ans, malgré les avantages de sa position sur une rivière navigable et qu'elle soit traversée par plusieurs grandes routes. » A Saint-Florentin, il y avait « un bailliage, une élection, une subdélégation, un grenier à sel, un haras, un nombre de propriétaires riches et une population de 2 500 individus. Aujourd'hui cette ville n'a plus qu'un juge de paix. Sa population est réduite à 2 061 individus ». Noyers possédait un bailliage, un grenier à sel, un subdélégué, un bureau de poste, un collège, un poste de maréchaussée. Elle « n'a conservé que ces trois derniers établissements », quelques avocats consultants, une vingtaine de bourgeois, huit foires par an [2]. On saisit à travers ces constatations mélancoliques les éléments, à la fois, des querelles et rivalités qui avaient affronté les villes les unes aux autres lors du remodelage administratif de la France et, sans doute, d'une opposition des bourgeoisies officières locales à une Révolution qui venait ôter à certaines d'entre elles les possibilités escomptées d'animation de la vie politique.

Les grandes villes ont évidemment subi les fluctuations les plus sensibles, dues aux émigrations, aux départs à l'armée, aux interruptions du travail manufacturier, à la crise du commerce mari-

1. Marcel Reinhard (93).
2. Archives nationales, F²⁰ 430.

time et de l'armement. Nancy perd 8 à 9 % de sa population sous la Révolution, et l'effectif reste ensuite stationnaire jusqu'en 1815, et bien au-delà. Toulouse présente un recul de sa population « municipale », fixée, de 53 à 51 000 habitants. Strasbourg reconstitue ses pertes, et reste en fin de compte légèrement au-dessus de 50 000 habitants : mais c'est qu'elle a bénéficié de l'afflux de 1 500 à 2 000 Juifs des campagnes alsaciennes et d'Allemagne [1]. Caen perd 10 % de sa population entre 1793 et 1801, les regagne à partir de 1806 [2]. Paris n'atteint plus 550 000 habitants en 1801 — mais peut-être le recensement pèche-t-il par sous-évaluation ; on remonte à 580 000 en 1806, on dépasse largement 600 000 dans le début de la seconde décennie, les 700 000 seront dépassés à leur tour en 1817 — et c'est seulement alors que le niveau de population de 1789 — peut-être 650 000 — sera franchement surmonté. Mais ces 150 000 habitants gagnés ou simplement regagnés en une quinzaine d'années sont à porter au crédit d'une immigration multiforme — saisonnière, temporaire, définitive — dont Paris est la seule à bénéficier sur une telle échelle ; dans l'ensemble, la mobilité géographique de la population française est encore faible. On n'est pas encore arrivé à ce point de surcharge humaine du sol qui déclenchera progressivement, sur tout le XIXe siècle, un flux migratoire en provenance des régions surpeuplées — Normandie, Alpes ou Bretagne. Les migrations les plus régulières demeurent encore liées aux seules variations saisonnières de l'emploi — main-d'œuvre du bâtiment pour les villes, appoints de bras au moment des grands travaux, petits métiers et commerces itinérants. Mouvements bien connus, et limités dans leur ampleur.

Démographie et statistique.

Sur l'ensemble des mouvements démographiques de la France napoléonienne, si les schémas explicatifs semblent se mettre bien en place désormais, c'est néanmoins, malheureusement, à partir de données imparfaites et insuffisantes. Pour la population — n'en

---

1. Pierre Clémendot (82), Jean Coppolani (83), Yves Le Moigne (84). Ces trois études *in* (81).
2. Jean-Claude Perrot (85).

était-il pas de même, dans une large mesure, pour les activités .économiques — Jacques Dupâquier n'hésite pas à parler d'une légende de l'excellence statistique de l'époque napoléonienne.

L'incertitude et la confusion régnèrent, tout d'abord, sur l'administration centrale, en l'occurrence le ministère de l'Intérieur [1]. Certes, de 1798 à 1804, François de Neufchâteau, Lucien Bonaparte et Chaptal se préoccupèrent-ils de reprendre la tradition, inaugurée par l'Ancien Régime, de la centralisation des données de l'état-civil qui permettaient de suivre le mouvement de la population. Un Bureau de statistique organisa la collecte d'informations de toute sorte et leur analyse, cependant qu'un autre bureau restait spécialisé dans l'état-civil et les recensements. Alexandre de Ferrière, Ballois, Duquesnoy furent alors les conseillers du ministère dans ces matières d'une grande technicité. Mais au-delà de 1804, de Champagny à Montalivet, la désorganisation s'installa, les rivalités de personnes et de conceptions s'affrontèrent, et le Bureau de statistique fut finalement supprimé en 1812. Il s'écoulera encore plus de vingt ans avant que ne soient organisés les services de la Statistique générale de la France (1835).

D'autre part, la technique des recensements demeure trop peu rigoureuse, et la population globale n'est par suite connue qu'avec une certaine marge d'erreur, et sans que toutes les précisions nécessaires à son analyse aient été recueillies. Le recensement n'étant pas nominatif, c'est à vrai dire plutôt de dénombrements qu'il s'agit. Les âges ne sont enregistrés que d'une façon très vague : on distingue les garçons et les filles (jusqu'à vingt ans), les hommes et les femmes (célibataires au-dessus de vingt ans), les hommes et les femmes mariés ou veufs. La domesticité logée sur place est souvent confondue avec la famille, rendant impossible de connaître la dimension et la composition réelles de celle-ci. Les opérations s'étalent sur des périodes interminables : de décembre 1799 à novembre 1802 pour le recensement dit de 1801! A cet égard, le recensement de 1806 est le plus pertinent, mené en six mois seulement. Inversement celui de 1811 est fort suspect, truffé de reprises du recensement précédent ou de simples évaluations arithmétiques dans la ligne de celles où se complaisait la statis-

---

1. Jean-Noël Biraben (80).

tique démographique de la seconde moitié du XVIIIe siècle. Ne parlons pas des simples erreurs d'addition.

Quant à l'état-civil, de Dr Biraben en indique toutes les faiblesses, provenant « de la sous-administration de certaines régions troublées par les guerres et où les cadres municipaux ne sont pas rétablis avant l'an IX ou même l'an X; du grand nombre de personnes qui, du fait des événements politiques, se cachent et ne font pas enregistrer les actes d'état-civil les concernant (beaucoup de naissances de l'époque Révolution-Empire seront rétablies par acte de notoriété sous la Restauration); du grand nombre de militaires absents, dont on est sans nouvelles et dont très peu d'actes sont transcrits ».

Ainsi l'histoire de la statistique s'introduit-elle, on le voit, au cœur de la vie politique et sociale du temps — et, aussi, de son histoire militaire. C'est à dessein qu'on a laissé de côté, jusqu'à ce point de l'analyse, le problème des pertes humaines résultant de la guerre, l'un des plus controversés. D'Albert Meynier à Jacques Houdaille, trente ans ont permis finalement d'aller du même au même : le premier avait chiffré les pertes à un million; le second les situe un peu au-dessus de 900 000, se répartissant grossièrement par moitiés entre les tués et les morts par blessures et à l'hôpital, et les prisonniers non revenus et rayés des contrôles — le plus gros des pertes étant imputable aux seules trois dernières années de l'Empire [1]. Bien que la science médicale ait été justement en train de faire des progrès dans le domaine de la prophylaxie, Napoléon a donc perdu un nombre considérable d'hommes dans les hôpitaux militaires, malpropres et encombrés, desservis par un personnel de médecins et de chirurgiens tout à fait insuffisant. Rapportées à l'ensemble de la mortalité, les pertes de guerre n'ont pas été massives, sans doute : sur quinze années, elles représentent à peu près une année supplémentaire de prélèvement sur la population. Mais évidemment, c'est à long terme qu'elles exercent leur effet le plus certain, qui est de diminuer la vitalité démographique du pays en amputant les classes d'âge masculines à l'âge de la fécondité des foyers.

1. Jacques Houdaille (89) (90).

MARIAGES ET NAISSANCES SOUS LE CONSULAT ET L'EMPIRE

	Population évaluée au milieu de l'année	Mariages [1]	Naissances d'enfants vivants [1]	Nuptialité [2] (nouveaux mariés)	Natalité [2]	Naissances pour un mariage
An IX	27 500 000	198,5	903,7	14,5	32,9	4,55
An X	27 880 000	202,9	918,7	14,6	33,0	4,52
An XI	28 270 000	206,1	919,0	14,6	32,5	4,45
An XII	28 980 000	207,0	907,3	14,3	31,3	4,38
An XIII	28 920 000	214,6	212,6	14,9	31,6	4,25
1806	29 170 000	209,9	916,2	14,4	31,4	4,36
1807	29 130 000	213,2	925,1	14,6	31,8	4,33
1808	29 150 000	220,9	912,8	15,2	31,3	4,13
1809	29 200 000	268,0	933,4	18,4	32,0	3,48
1810	29 280 000	232,9	931,8	15,9	31,8	4,00
1811	29 350 000	203,7	926,9	13,9	31,6	4,55
1812	29 370 000	222,6	883,9	15,1	30,1	3,97
1813	29 330 000	387,2	895,6	26,4	30,5	2,31
1814	29 340 000	193,0	994,1	13,2	33,9	5,15
1815	29 380 000	246,0	953,1	16,7	32,5	3,87
1816	29 480 000	249,2	968,9	16,9	32,9	3,88
1817	29 700 000	205,9	944,5	13,9	31,8	4,58
1818	30 940 000	213,3	914,6	14,3	30,6	4,28
1819	31 190 000	215,3	987,6	14,3	32,9	4,58
1820	31 410 000	209,0	960,0	13,8	31,7	4,59
1821	31 600 000	222,7	965,4	14,6	31,7	—
1822	31 800 000	235,8	972,6	15,4	31,7	—
1823	32 000 000	261,8	963,3	16,9	31,2	—
1824	32 280 000	237,8	984,2	15,3	31,6	—
1825	32 370 000	243,4	973,5	15,5	31,0	—

1. En milliers, chiffres arrondis à la centaine la plus proche. — 2. Taux pour 1000.
SOURCE : *Revue d'Histoire Moderne et Contemporaine*, juillet-septembre 1970, p. 390.

6

Les classes sociales

L'étude de la société française dans ses différentes stratifications à l'époque napoléonienne accuse fortement le contraste des ombres et des lumières. L'histoire des classes populaires des villes et des campagnes n'est pas suffisamment connue pour qu'on puisse en dresser un tableau précis ou en dessiner l'évolution : font défaut, en effet, ces études massives des informations de l'enregistrement, du cadastre, ou des sources salariales qui seules pourraient éclairer ces sujets d'un jour plus certain. L'histoire des élites sociales, à l'inverse, est privilégiée par l'abondance des informations aisément saisissables : intégrées aux institutions, fréquentant les notaires, constamment appréhendées par les formes multiples de l'enquête administrative, elles pourront dans un temps assez rapproché livrer tous les secrets de leur puissance économique, de leur morphologie familiale, sociale, politique. Mais sans doute cette inégalité dans la connaissance des différents étages de la société recouvre-t-elle une autre inégalité, celle des rythmes de transformation. La structure de la société paysanne, du monde des métiers et des manufactures n'évolue que lentement, en fonction de transformations économiques qui s'amorcent à peine. Les revenus, les salaires, le niveau de vie, même s'ils paraissent s'orienter à la hausse, n'ont pu le faire que selon une pente faible. En revanche, des brassages, des bouleversements sont sensibles du côté des classes dominantes. La Révolution, même si elle a moins rompu qu'on ne l'imaginerait les continuités professionnelles et sociales, a ruiné d'anciennes positions, promu de nouvelles oligarchies, accentué la mobilité ascendante au sein des couches bourgeoises.

1. Les nouveaux privilégiés

Le milieu social et familial.

La noblesse impériale a réalisé un amalgame à la fois autoritaire et spontané d'éléments d'origines sociales diverses, que B. Gille voit très fermé sur lui-même, aboutissant à constituer « une coterie de courtisans et de fonctionnaires ». Ce n'est pourtant pas tout à fait l'impression que donnent les familles nouvellement titrées qui, plongeant leurs racines dans la vieille noblesse comme dans la petite ou moyenne bourgeoisie, ont su par leurs alliances dans des milieux divers donner naissance à une nouvelle « haute société », d'un style plus moderne, quand bien même elle reprend à son compte la « structure en réseaux » propre à toutes les aristocraties.

La famille impériale elle-même donne le premier exemple d'une intégration réussie des « parvenus » à la société européenne des souverains. Consolidation politique et succès militaire permettent en 1810 le mariage autrichien. Les frères et sœurs de Napoléon, il est vrai, se plient mal à la règle du mariage princier : si Pauline épouse un prince Borghèse et Jérôme, Catherine de Wurtemberg, d'autres alliances restent platement bourgeoises. Mais les Beauharnais, de vieille noblesse, multiplient les alliances flatteuses : Eugène, fils d'Alexandre et de Joséphine, épouse Augusta de Bavière ; Stéphanie, fille de Claude de Beauharnais c'était la branche aînée — épouse le grand-duc de Bade. A la génération suivante, les enfants d'Eugène feront leur entrée dans cinq autres maisons royales et impériales. Ainsi Joséphine, qui n'avait pas rompu avec son monde — celui de la noblesse d'Ancien Régime — établit-elle entre cette dernière et « l'usurpateur » un lien extrêmement précieux.

Parmi les grands dignitaires et grands officiers de l'Empire, seul Berthier ira presque aussi haut par son mariage avec la duchesse Elisabeth, nièce de Maximilien-Joseph, roi de Bavière. D'autres s'adjoignent de grands noms de la noblesse ralliée, tel Arrighi de Casanova, duc de Padoue, petit cousin par sa mère de Letizia, épousant une de Montesquiou-Fezensac. Rémusat et Nansouty, respectivement premiers chambellans de l'empereur et de l'impératrice, ont épousé deux filles de Vergennes. Par un mouvement symétrique, ce sont aussi des familles de la haute banque ou même de grands fournisseurs et spéculateurs qui se trouvent élevées par leur entrée dans le cercle des grands notables impériaux : tandis que Marmont, duc de Raguse, épouse Hortense Perregaux, la fille de Macdonald, duc de Tarente, épouse Alphonse — ce sont les enfants du fondateur de la banque à Paris. Ainsi encore la fille d'Oudinot, duc de Reggio, épouse-t-elle le fils d'Hainguerlot, et le général Rapp, comte de l'Empire, la fille de Vanlerberghe. Duroc, duc de Frioul, issu d'une famille de noblesse de robe, épouse la fille de Martinez de Hervas, banquier de la cour d'Espagne à Paris. Un fils du second mariage de Lannes, duc de Montebello, épouse une Perier — et fonde une maison de vins de Champagne. Carrefour social, donc, qu'un tel milieu. Mais aussi, ensemble de solidarités nouvelles qui en renforcent l'homogénéité [1].

Ainsi, autour de Barbé-Marbois et de Lebrun. Kellermann avait épousé la sœur du premier, bien avant 1789. Une fille du ministre du Trésor a d'autre part épousé le deuxième duc de Plaisance, fils aîné de Lebrun. Mais le second fils s'est marié avec une fille de Bérard, ancien administrateur de la Compagnie des Indes et banquier à Paris, associé à Cordier. Kellermann, Lebrun, Barbé-Marbois : un officier du roi anobli de fraîche date, deux administrateurs — Lebrun lui-même, avant de devenir avocat et censeur royal, avait été payeur des rentes et inspecteur des domaines de la Couronne, et son père avait acquis la noblesse en 1777 en même temps qu'une charge de secrétaire du roi. Du mariage d'Alexandre Lebrun, baron de Plaisance, fils cadet de l'architrésorier, avec Adèle Bérard, naquit le troisième et dernier duc de Plaisance, Jules Lebrun; la branche s'éteint après lui, mais sa fille, issue de son mariage avec une Berthier, entrera dans l'aristocratie d'Ancien Régime en devenant la comtesse de Maillé et, bien avant la fin du XIXe siècle, ses cinq enfants auront épousé des La Rochefoucauld, Polignac, Montesquiou-Fezensac, La Force, Grammont, etc. Ainsi, en moins d'un siècle, une famille parvenue aux portes de la noblesse avant la Révolution, intégrée aux plus hauts échelons

1. Joseph Valynseele (76) et (77).

de la noblesse napoléonienne, se fondra-t-elle finalement dans les plus vieilles familles de l'Ancien Régime [1].

On peut observer une concentration d'un autre type autour de la famille marseillaise des Clary, où trois sœurs — Rose, Julie, Désirée — contribuent à tisser un extraordinaire réseau de liens familiaux au sein de la noblesse d'Empire. Rose, pour sa part, épouse le négociant-armateur et futur maire de Marseille, Anthoine, mais ses filles épousent respectivement le maréchal Suchet, duc d'Albufera, et le duc Decrès — ministre de la Marine. On connaît mieux, bien sûr, le destin de Julie, devenue la femme de Joseph Bonaparte, et de Désirée, devenue celle de Bernadotte, cette dernière fondatrice d'une dynastie.

Les comptes fantastiques des maréchaux.

D'emblée, la position matérielle des grands dignitaires et des grands officiers, principalement militaires, s'est trouvée si puissamment soutenue par Napoléon qu'ils se sont classés en tête des fortunes françaises, bouleversant ainsi une situation antérieure dans laquelle la compétition, dans le groupe supérieur, s'exerçait entre grandes familles de la noblesse rentières du sol, et éléments les plus riches d'une bourgeoisie de finance, de banque ou de négoce. Dès 1809, la « statistique morale et personnelle » des habitants de Paris [2] fait bien ressortir cette nouvelle hiérarchie de la richesse, par exemple dans les quartiers du faubourg Saint-Germain où les plus hauts fonctionnaires et les membres du personnel politique impérial voisinaient désormais, dans une communauté de site urbain et de type d'habitat, avec les nombreux survivants, restés à demeure ou revenus d'émigration, de l'ancienne bonne société du noble faubourg. Sur 193 chefs de familles d'ancienne noblesse dont les revenus (d'origine foncière) sont connus, 76 % ont une fortune comprise entre 11 000 et 50 000 F. Quelques-uns dépassent certes largement ce niveau, tels le duc de Chevreuse de Luynes, la duchesse d'Albert de Luynes, la duchesse d'Aumont, auxquels sont attribués 150 000 F; ou encore le duc d'Aubusson-

1. Maurice Berard (49).
2. Arch. nat. F⁷* 2532.

Lafeuillade, le comte Mercy d'Argental, chambellan, ou le marquis
Lepelletier d'Aunay, avec 100 000 F. Mais le moindre des officiers
généraux passe pour en avoir autant, et bon nombre d'entre eux
se situent très au-dessus. Augereau est à 200 000 F, Ney et Kellermann à 300 000, Masséna à 1 200 000. Encore ces chiffres ne sont-
ils que des approximations, et ne datent-ils que d'un temps où
certaines fortunes n'avaient pas fait leur plein.

Pour l'essentiel, en dehors même de traitements élevés, et parfois
cumulés, ces ressources véritablement énormes (il faut constamment avoir présent à l'esprit qu'il s'agit de revenus réguliers)
proviennent des dotations annuelles que, sans préjudice d'autres
gratifications exceptionnelles, l'empereur a attribuées aux chefs
militaires et civils, sans aucune règle d'ailleurs autre que la faveur
personnelle ; système des dotations qu'il a du reste étendu bien
au-delà du cercle restreint des princes et ducs. A la fin de l'Empire,
près de 6 000 personnes en avaient bénéficié [1]. La famille Bonaparte elle-même y prit peu de part : Pauline, duchesse de Guas-
talla, reçut une dotation de 1 490 000 F, plus le château de Neuilly ;
Elisa, de 150 000 F seulement. Parmi les grands dignitaires civils,
Cambacérès fut le mieux traité avec 450 000 F, suivi de Fesch
(400 000 F) et de Lebrun (200 000 F). Les militaires furent, comme
de juste, princièrement traités — mais aussi, c'était une contrepartie, invités à dépenser non moins princièrement, pour tenir leur
rang et servir le prestige du souverain :

	dotation	achat d'un hôtel
Berthier	1 114 945 F	500 000 F
Masséna	933 375	
Davout	920 848	300 000
Ney	728 973	300 000
Duroc	370 882	100 000
Lannes	327 820	
Bernadotte	291 631	200 000
Bessières	262 769	
Bertrand	226 230	
Augereau	196 764	200 000
Marmont	120 882	100 000
Junot	80 882	100 000

1. Ch. Emmanuel-Brousse (57).

D'autres largesses, plus modestes, pouvaient aussi récompenser de vieux amis de la famille. Ainsi le comte de Marbeuf, lieutenant général et gouverneur de la Corse, avait-il protégé jadis la famille Bonaparte; sa veuve vivait médiocrement de 15 000 F de revenus dans un hôtel de la rue de Grenelle; Napoléon dota le fils, jeune sous-lieutenant de dragons sortant de l'École de Fontainebleau, d'une pension à vie de 6 000 F et d'une indemnité d'équipement de 12 000 F; en 1807 il en fit son officier d'ordonnance; quand, colonel du 6e chevau-léger, il épousa Mlle d'Eglat, l'empereur lui fit cadeau d'un hôtel sur la Chaussée-d'Antin, qu'il avait acheté du banquier et receveur général de l'Aube, Pierlot.

Parmi les emplois que les privilégiés du régime pouvaient faire de leurs capitaux, et mise à part une consommation de luxe rivalisant avec celle des princes de sang royal ou des magnats de la finance d'Ancien Régime, le placement foncier tenait évidemment un rang éminent, pour mainte raison dont la plus forte était sans doute de faciliter par là l'assimilation aux vieilles familles, toujours parées du prestige aristocratique. Les almanachs de la fin de l'Empire énumèrent les châteaux et maisons de plaisance de la « couronne » parisienne qui, sans avoir, loin de là, tous changé de mains, se trouvent néanmoins en bien des cas dans celles du haut personnel impérial : le duc de Rovigo à Nainville, le général Hulin à Ozouer-la-Ferrière, le duc de Massa au Plessis-Piquet, le duc d'Otrante à Pontcarré, Locré à Sannois, le duc d'Auerstaedt à Savigny, etc. Mais il y a aussi les placements de sécurité et de rapport. Lebrun achète pour 345 000 F, dès l'an XI, la terre de Chiffrevast, dans l'arrondissement de Valognes, où son frère le sénateur Lebrun de Rochemont possédait déjà un château [1]. Caulaincourt multiplie les achats à proximité de son ex-marquisat de l'Aisne : 190 000 F de bois dépendant de la succession de Mailly de Nesle, dans les arrondissements de Péronne et Montdidier; 81 000 F de biens ecclésiastiques dans les environs de Saint-Quentin [2]. Murat acquiert la terre et le domaine de La Mothe Saint-Héraye, dans les Deux-Sèvres, dès l'an X, pour

1. Minutier central des notaires, étude LIII, 724.
2. *Ibid.*, XVIII, 1058 et 1059.

470 000 F [1]. Le grand-juge Régnier, fait duc de Massa-Carrare
en 1809, et qui a reçu la même année 91 000 F de revenus annuels
sur des domaines impériaux au Hanovre et dans le pays de Munster,
achète en deux fois pour 182 000 F de biens dans le Puy-de-Dôme :
on ne saurait mieux voir comment le maintien de la rente féodale
en pays conquis contribue à édifier dans l'intérieur de l'empire
une nouvelle classe de grands propriétaires [2]. Le maréchal Brune
achète successivement les deux moitiés d'une ferme de 154 ha
entre Choisy et Thiais [3]. Le général Rapp rachète en 1812 au sénateur comte de Viry, ancien préfet, chambellan de S. M., pour
700 000 F d'herbages dans le Calvados, provenant de la succession de Turgot [4].

On doit à R. Marquand d'avoir étudié, d'après les riches papiers
privés du fonds Cambacérès [5], un cas particulièrement spectaculaire d'ascension rapide jusqu'aux échelons les plus élevés de
la fortune. Nulle en 1789, celle-ci atteindra à sa mort en 1824
près de 7 300 000 F. Très modérée jusqu'à la fin du Directoire,
elle s'accroît brusquement grâce au traitement de consul (270 000 F
par an), d'archichancelier (365 000 F) et à la dotation qui, inférieure à 100 000 F en 1808, monte en 1813 jusqu'à plus de 400 000.
Une gestion soigneuse et équilibrée répartit les placements
entre l'immobilier (hôtel à Paris, biens ruraux compacts dans
divers départements, et notamment dans la zone des excellents
plateaux entre Dammartin-en-Goële et Nanteuil-le-Haudoin),
un solide portefeuille d'actions, des rentes et obligations sur l'État,
des fonds placés chez des banquiers pour être employés à l'escompte,
sans oublier les bijoux, l'argenterie, le mobilier de luxe. La plupart
des placements mobiliers rapportent entre 10 et 20 % : d'où
une croissance assurée du capital malgré les exigences du train
de vie. Cambacérès, ancien conseiller à la Cour des aides de
Montpellier, ancien conventionnel, ancien ministre, chargé
sous le Consulat et l'Empire des plus hautes fonctions politiques

1. Minutier central des notaires, LXVIII, 696.
2. *Ibid.*, XVIII, 1037, 1038, 1040.
3. *Ibid.*, XVIII, 1031.
4. *Ibid.*, XVIII, 1054.
5. Arch. nat. 286 AP. — Robert Marquand (64).

et administratives, couvert de titres, ayant un frère dans l'épiscopat, un demi-frère dans l'armée, habile à faire fructifier des revenus qui n'étaient pas tout à fait les plus hauts, sachant jouir de l'existence, incarne certes avec bonheur la réussite d'un officier des anciennes cours souveraines dont tous les régimes ont eu à utiliser les compétences.

2. Destin de l'ancienne noblesse

« *Fluctuat nec mergitur* ».

La vérité profonde de la société française d'après la Révolution, cependant, est ailleurs. Cette Révolution, bien sûr, a fondé une société de propriétaires soumis aux mêmes règles du Code civil, fixant avec beaucoup de précision les conditions d'exercice du droit de propriété. Elle a trouvé, d'autre part, l'une de ses conclusions essentielles dans les dispositions de la législation consulaire qui ont rendu intangibles les transferts de propriété résultant des confiscations : si les personnes des émigrés échappent à toute persécution, l'amnistie consacrant le retour et les fonctions publiques leur étant rouvertes, la propriété des biens nationaux se trouve garantie au même titre que celle des biens patrimoniaux, et l'extinction des rentes seigneuriales sans indemnité est confirmée. Toutefois, les émigrés radiés peuvent rentrer en possession de leurs biens séquestrés non vendus. Dans les régions où les ventes de biens d'émigrés avaient été faibles — Ouest, Centre, Midi — « la noblesse récupéra facilement son ancienne puissance foncière » (J. Tulard). Des restitutions par des prête-noms, des rétrocessions à l'amiable portèrent dans certains départements jusque sur des millions de francs. Bien sûr, ces opérations, de même que les indispensables remises en état de biens dont l'entretien avait généralement été négligé, surtout lorsqu'un spéculateur immobilier s'était contenté d'encaisser les revenus, représentèrent autant de lourdes dépenses à prélever sur des fortunes amoindries. En sens inverse, il arriva même que d'anciens nobles soient amenés à se défaire d'une partie des biens qu'ils avaient conservés ou retrouvés[1]. En 1809 encore, la « statistique morale et personnelle » de Paris montre mainte vieille et grande famille du faubourg Saint-Germain « uniquement appliquée à rétablir une grande fortune », ou « à restaurer une fortune autrefois considérable », ou encore « s'occupant essentiellement de l'amélioration de son bien ».

Une chose est de constater, d'un point de vue quantitatif global, la place et la part prépondérantes de la bourgeoisie dans les achats de biens nationaux et, le cas échéant, dans la propriété foncière elle-même. Une autre est la nécessité d'admettre que l'ancienne noblesse restait très puissante dans la tranche supérieure des fortunes foncières et, de ce fait, non seulement conservait dans plus d'un cas une richesse considérable, mais aussi une large influence sociale et politique. C'est ce qui ressort, au moins dans une première approche, de l'analyse d'un document tel que la liste par départements des douze plus forts cotisants à la contribution foncière[2]. Dans la plupart des cas, les anciens nobles sont en majorité, et parfois les seuls présents dans l'échantillon ; mieux encore, ils apparaissent parfois parmi les plus imposés au titre de la propriété de biens nationaux. La carte vaut la peine d'en être analysée, comme esquisse d'une géographie sociale de la France. Quelques départements offrent des exemples de prédominance absolue. Dans l'Isère, les nobles sont douze sur douze. André Palluel ajoute : 26 sur les 30 plus forts contribuables. La vente des biens nobles avait été ici assez limitée, puisque lors de l'attribution du « milliard des émigrés » il n'y eut que 128 indemnités, pour une moyenne départementale de 240[3]. On y retrouve quatre parlementaires dauphinois (de Barral-Montferrat, ancien président à mortier ; Moidieu, ancien procureur ; de Meffrey et de Chaléon, anciens conseillers), deux ex-lieutenants généraux des armées, trois autres anciens militaires... Dans la Sarthe le duc de Choiseul-Praslin vient en tête avec plus de 27 000 F de contributions, suivi du duc d'Albert de Luynes, avec près de 16 000 F, tous deux par

1. Sur ces problèmes, voir Pierre Massé (65) ; Robert Forster (58). Il arriva même que des acquéreurs de biens d'émigrés versent des indemnités aux anciens propriétaires.
2. Arch. nat., AF IV 1076.
3. André Palluel-Guillard (67).

Carte chiffrée de répartition de la charge fiscale

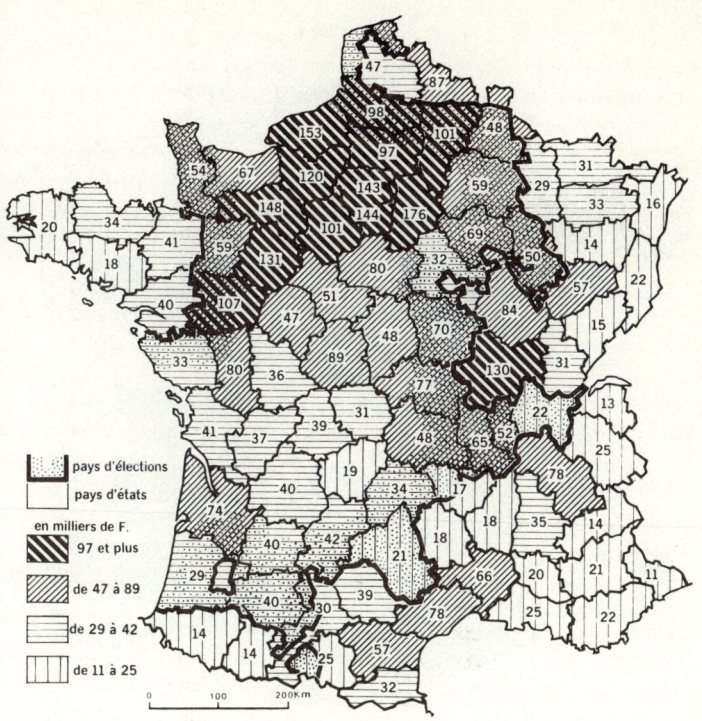

« Il est universellement reconnu, Messieurs, que les contributions directes sont mal réparties », pourra déclarer un député de l'Hérault à la Chambre des Députés sous la Première Restauration. Effet d'une répartition de la charge fiscale par la Constituante sur des bases qui perpétuaient des injustices héritées de l'ancien régime fiscal, et la laissaient varier du simple au double par rapport au produit imposable. En particulier, se lit sur cette carte — même dressée à partir de données très fragmentaires — l'inégalité entre les anciens pays d'États, où les impôts se payaient par abonnement, et les anciens pays d'Elections où la surcharge ne correspondait pas néces- sairement à une population plus dense ni à une richesse naturelle plus élevée.

Carte de la propriété aristocratique

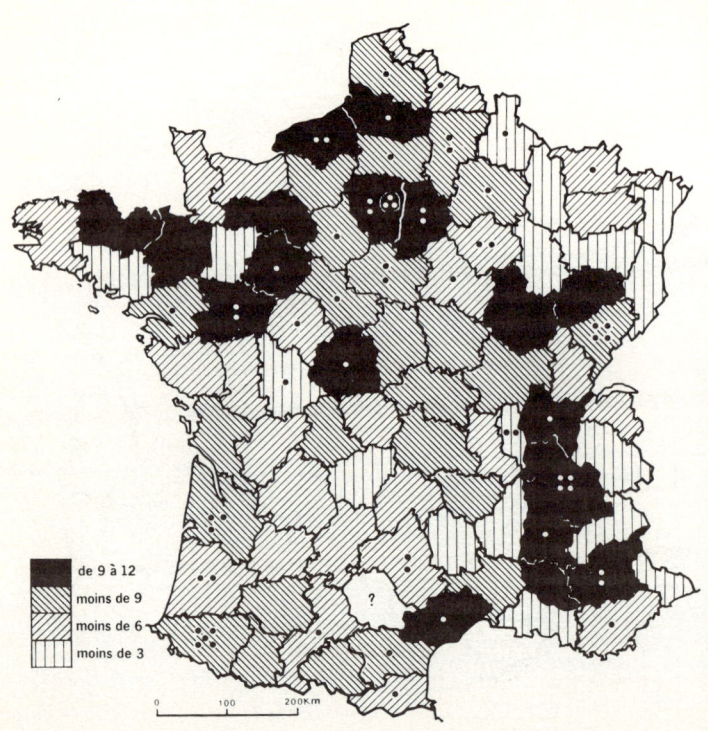

On aperçoit, non seulement, la persistance très générale de l'identité grande propriété = propriété aristocratique, mais aussi le groupement par grands blocs géographiques de cette propriété d'anciens privilégiés : région parisienne, Normandie, Ouest, Alpes...

Carte de la propriété des ex-Parlementaires

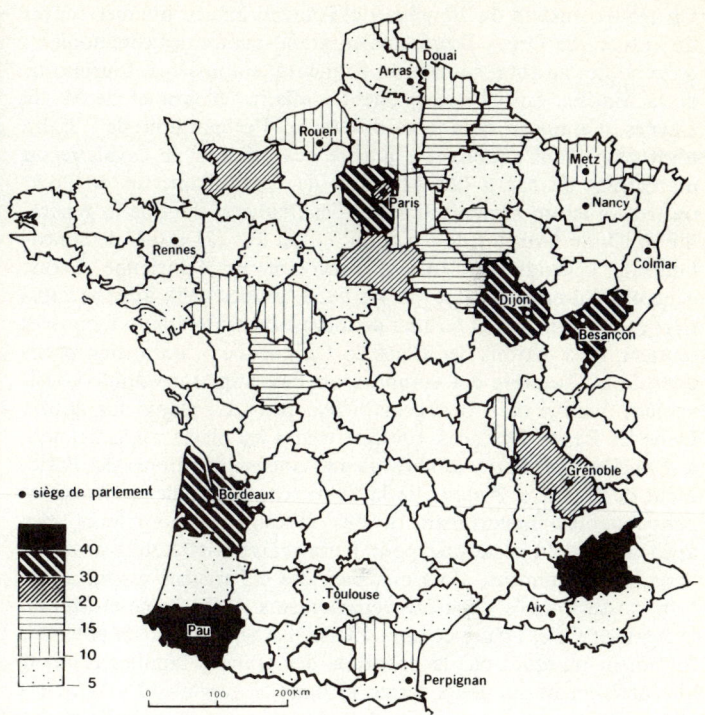

Malgré les vides creusés dans leurs rangs par la guillotine ou l'émigration, les anciens membres des cours souveraines restent présents soit dans les hauts postes de la magistrature, soit dans la catégorie des grands propriétaires retirés sur leurs terres — et sont même souvent parmi les plus riches propriétaires de l'ancienne aristocratie.

ailleurs imposés respectivement pour plus de 30 000 F en Seine-et-Marne (où c'est la première cote) et plus de 15 000 en Seine-et-Oise (où c'est la troisième, pesant sur la terre de Dampierre). On trouve ensuite du Bouchet de Tourzel, ancien premier écuyer de France; de Dreux-Brézé, ancien grand-maître des cérémonies... onze nobles au total sur douze, et encore le douzième, fournisseur de la Marine, est-il l'ancien agent d'affaires et fermier de M. de Luynes. Composé de façon différente, l'échantillon de l'Indre n'est pas moins signifiant : à côté des officiers de cavalerie ou maréchaux de camp (un Moreton de Chabrillant, un de Poix) on trouve ici un ancien intendant des finances, celui de la généralité de Dijon (Amelot de Chaillou) et, en tête (21 600 F de contribution), Legendre de Luçay, survivant de l'ancienne Ferme générale, lui-même préfet, on l'a vu. L'un des deux anciens roturiers est un régisseur et fermier de forges. Dans l'Hérault, les nobles rentiers, les « barons des États de Languedoc », un ancien président de la Chambre des comptes, un Faventine sans doute abusivement qualifié de « bourgeois » occupent dix places sur douze. Dans les Basses-Pyrénées, presque toutes les places appartiennent à d'anciens militaires et surtout aux anciens membres du Parlement de Navarre. Autour de la Seine, cas particulier puisque ses contribuables, appartenant à des élites assez complexes, n'y apparaissent du reste que pour leurs maisons et hôtels possédés dans le département, alors que bien des « Parisiens » sont avant tout possessionnés dans *les* départements — la Seine-et-Marne, la Seine-et-Oise, l'Eure-et-Loir, l'Oise, l'Aisne sont, bien entendu, fortement marqués par la propriété des grandes familles résidant alternativement sur leurs terres et dans la capitale. La Seine-et-Oise reste souvent aux mains des grands noms de la robe et des fonctions ministérielles : les Molé à Champlâtreux, les Machault à Arnouville, les Lefèvre à Ormesson, Morel de Vindé à Magnanville. Le vieux duc de Noailles, premier imposé dans l'Eure-et-Loir, à 14 600 F, l'est aussi dans l'Aisne à 7 000 F. La liste de l'Oise accueille un Crillon ou un La Rochefoucauld-Liancourt à côté d'un Delahante.

Le rang tenu par les anciens privilégiés n'est pas moins étonnant dans les départements où l'on s'attendrait à trouver la marque d'un capitalisme d'affaires bien en mesure d'affirmer sa puissance

foncière. Ainsi en Gironde : le premier rang est certes pris par
Bonaffé père, porté d'ailleurs comme rentier et non plus comme
négociant; mais Cabarrus ne vient qu'en huitième position, et
Mareilhac, qui a façade sur les Chartrons, en dixième; en revanche,
deux anciens présidents et un ancien conseiller au Parlement de
Bordeaux occupent les 2e, 3e et 4e places; les autres noms sont
ceux d'anciens officiers. Dans la Seine-Inférieure, situation encore
plus nette : le duc de Luxembourg, le duc de Tancarville et un
ancien secrétaire du roi se détachent loin en tête; deux anciens
parlementaires sont en 5e et 7e places; deux fois moins imposé
que les ducs, le grand négociant et armateur havrais Begouën-
Demeaux n'apparaît qu'à la dixième, et il est le seul dans son genre.
En Loire-Inférieure, le négoce nantais n'est représenté que par
les noms de Geslin, Lamaignière, Tatin; il est vrai que deux
autres — Leroux, Bertrand — appartiennent vraisemblablement
à ces familles marchandes qui avaient pénétré dans la noblesse,
comme l'a souligné Jean Meyer. D'autre part, la maison Schweig-
haüser et Dobrée, l'une des rares à avoir non point consommé
son déclin, mais bien commencé son ascension à l'époque des
guerres franco-anglaises, figure au second rang des imposés au
titre des biens nationaux et, dans le Maine-et-Loire limitrophe,
le grand indienneur nantais Petitpierre en est le plus fort propriétaire. Ce n'est qu'à Marseille que le grand commerce — dont
certains représentants sont du reste des anoblis de la fin de l'Ancien
Régime — s'impose sur toute la ligne; le premier contribuable
est ici aussi le premier savonnier de la ville.

Les plus grosses fortunes foncières ne sont en définitive entre
les mains de la bourgeoisie que dans un nombre de cas assez limité.
Le commerce rural peut offrir une base assez puissante; ainsi
voit-on dans le Calvados deux marchands de bœufs se glisser en
bonne place dans un échantillon d'anciens officiers de justice et
de brillants militaires; quelques-uns d'entre eux comme Olry,
de Vézelise, ou les frères Delannoy, dans le Nord, sont en réalité
devenus des fournisseurs militaires. Très liés encore à la société
rurale et, somme toute, proches des anciens seigneurs dont ils
ont pu être les régisseurs ou les fermiers, les maîtres de forges sont
eux aussi des roturiers gros propriétaires : dans les Ardennes,
les Raux, les Gendarme sont parmi les rares électeurs à dépasser,

vers 1810, les 10 000 F de revenus, encore éclipsés il est vrai par les manufacturiers en draps de Sedan — Jean Antoine Poupart de Neuflize, au second rang des douze contribuables de 1802, aura, en 1810, 100 000 F de revenus. Dans la Haute-Marne encore, quatre maîtres de forges aux 2e, 6e, 8e et 9e rangs. Par exception, de gros négociants ou manufacturiers peuvent s'arroger la première place dans des départements par ailleurs dominés par une grande propriété très aristocratique et parisienne : ainsi dans la Somme où Dottin, d'Amiens, le plus gros acquéreur de biens nationaux du département, devance le duc d'Albert de Luynes et le comte de Choiseul-Gouffier; ou dans l'Aube, où Duchâtel-Berthelin, de Troyes, dépasse largement un lot de parlementaires parisiens et de nobles de cour — où l'on rencontre aussi, il est vrai, le banquier et manufacturier Worms (de Romilly). Dans le Bas-Rhin, dominent très nettement les banquiers et commissionnaires de Strasbourg (Mesnet, Turckheim, Reichshoffer, Saum), le meunier Ulrich, le maître de forges De Dietrich.

Noblesse ancienne et société nouvelle.

Il est un autre point sur lequel l'anecdote ou quelques exemples illustres dissimuleraient trop facilement la réalité sociale la plus courante; c'est celui de savoir comment l'ancienne noblesse s'est refait sa place dans la société sans ordres. Là encore, il est bien probable qu'il convient de souligner, par-delà la rupture des barrières de caste imposée par la Révolution, la continuité des structures sociales en France, plutôt que d'opposer globalement deux sociétés, l'une féodale et l'autre bourgeoise — séparées par le fossé infranchissable, en apparence, des inimitiés et des rancunes, creusé depuis le Quatre-Août jusqu'aux condamnations à la guillotine.

On ne saurait trop insister sur le fait que le repli sur leurs terres ou dans l'intimité de leurs hôtels, auquel se sont volontairement et assidûment tenus un certain nombre d'émigrés rentrés ou de nobles qui n'étaient jamais partis, ne constitue pas autre chose qu'un phénomène marginal lié du reste à une génération. On ne saurait valablement extrapoler de l'attitude d'une partie de la population aristocratique du faubourg Saint-Germain au comportement de tout un groupe social à travers l'ensemble de la France, ni non plus confondre la résolution d'une minorité d'irréconciliables ou les nostalgies secrètes d'un plus grand nombre, sans doute, avec le pragmatisme et aussi — pourquoi ne pas le dire? — le sens national qui finirent par triompher dans une majorité de cas.

Certes, il existait sur la rive gauche de Paris quelques dizaines de grandes familles qui, tout en souhaitant jouir de la tranquillité retrouvée, végétaient dans les préjugés de l'ancien temps et dans un silence malveillant. La duchesse de Châtillon, que la *Statistique personnelle* décrit comme « dévote et très fière de son antique noblesse », et dont les filles étaient duchesses de la Trémoille et d'Uzès, vivait, nous dit Mme de Boigne, en son magnifique hôtel de la rue du Bac, au milieu d'une collection de pendules, de cages à oiseaux et des portraits de ses nombreux amants, souvenirs d'une jeunesse galante. D'autres s'enfermaient dans une retraite des plus austères, qui pouvait correspondre aussi bien à une résurgence de la ferveur religieuse dans une classe marquée par ses malheurs qu'à la modestie des ressources, et n'en sortaient que pour les exercices de la piété et la pratique de la charité; ainsi chez les Juigné, chez les Forbin-Janson, les Laval-Montmorency — où l'un des fils n'hésitait pas, à ce qu'il paraît, à user de la formule : « Nous autres saints. » Entre le pouvoir et la société qu'il promouvait d'une part, les vieilles familles du faubourg de l'autre, le rapprochement était sans aucun doute difficile quand il s'agissait des Polignac, dont un membre était prisonnier d'État à Vincennes, ou de la duchesse de Luynes, dont la belle-fille, Mme de Chevreuse, avait été exilée par Napoléon pour avoir refusé son service de dame de l'impératrice. Entre les deux « bonnes sociétés » a pu sévir un temps la petite guerre des coteries qui s'ignorent ou se déchirent dans les salons, le mépris pour les « déserteurs » qui acceptaient une place à la cour. Mais le temps jouait au bénéfice de Napoléon. Après le mariage autrichien, note encore Mme de Boigne, « on pouvait compter les femmes qui n'allaient pas à la cour. Le nombre en était petit et, si les prospérités de l'empereur avaient continué quelques mois de plus, il aurait été nul ». Le refus de la société impériale était, au total, surtout le fait de personnes âgées, que toute leur existence rattachait à l'Ancien Régime ou pour qui aucune carrière ne pouvait plus se rouvrir, ou encore ne présentait plus d'intérêt. Hors de Paris, c'était le cas de nombreux rentiers aristocratiques, anciens militaires, anciens parlementaires, anciens officiers de finances, abstentionnistes de la vie active et parfois de la vie politique au point de ne pas figurer dans les collèges électoraux de département alors même qu'ils détenaient les plus grosses fortunes locales.

La contrepartie, ce furent non seulement ces ralliés dont les noms peuplent les listes sénatoriales, les conseils généraux ou les maisons impériales et princières, mais aussi tous ces fils de l'ancienne noblesse entrés en masse dans les carrières civiles et militaires — officiers, sous-préfets, fonctionnaires de tous ordres. Le colonel comte Huchet de La Bédoyère, né en 1786, n'est pas une brillante exception. Le problème ne saurait, d'ailleurs, être étudié dans le seul cadre chronologique de la période napoléonienne. Il se pose dès les origines et à travers toutes les années de la Révolution : l'histoire de la noblesse d'Ancien Régime ne saurait s'écrire uniquement en termes d'émigration, de résistance, de contre-Révolution. Au sein d'un ordre aussi composite et dissocié peut également se reconnaître un important courant de fidélité au service de l'État — celui de la Révolution puis celui de Napoléon Bonaparte. Courant d'une signification essentielle puisqu'il permet non seulement de discerner d'impressionnantes continuités dans certaines catégories de personnels, mais aussi d'amorcer cette intégration des élites d'origines sociales diverses en une nouvelle classe dirigeante qui, précisément, était au centre de la pensée napoléonienne. Et encore, d'assurer cette re-consolidation des vieilles positions aristocratiques dans un État modernisé — en attendant les alliances avec le capitalisme moderne.

3. Les voies de la promotion bourgeoise

« La Révolution de 1789 », écrit Georges Lefèbvre, « avait poussé la bourgeoisie au pouvoir, mais la démocratie le lui avait ensuite contesté : sous la tutelle de l'empereur, les notables l'ont

récupéré; leur richesse et leur influence se sont accrues; débarrassés
de la menace populaire, ils se sont préparés à gouverner et à restaurer le libéralisme. »

Derrière ces raccourcis du dernier des « grands ancêtres »
de l'histoire de la Révolution française, raccourcis d'une densité
surprenante sous les mots les plus simples, on retrouve sans hésitation possible toute la démarche, à vrai dire bien peu révolutionnaire, de ce qui s'appelait autrefois le tiers état. A tout prendre,
et vue dix ans plus tard, qu'est-ce que la Révolution bourgeoise?
Une tentative résolue, et réussie, dans les conditions d'une stra-
tégie sociale d'ensemble qu'on n'a pas à rappeler ici, pour briser
la barrière d'ordre qui freinait la mobilité sociale ascendante
aux échelons les plus élevés, et pour détruire le « despotisme minis-
tériel », ultime version de l'absolutisme monarchique. Une volonté
d'instituer au niveau des élites dirigeantes, élargies et enrichies
de substance, un « contenu social » à l'intérieur duquel le seul
passeport soit désormais celui de la fortune associée aux capacités.
Au-delà de la rupture initiale, inévitable pour forcer la main aux
tenants irréductibles de l'ancienne hiérarchie, l'action de la bourgeoisie perd absolument tout caractère révolutionnaire. Une
fois sauté le verrou aristocratique, la bourgeoisie a installé vers
le bas de l'échelle sociale non point des barrières, au sens juridique
et légal du terme, mais des mécanismes de filtrage — ceux de l'accès
à la propriété et à l'instruction — à l'abri desquels elle a pu développer le culte des valeurs traditionnelles.

Car ce qui frappe dans la bourgeoisie triomphante, c'est la
conservation, de part et d'autre de 1789, des structures économiques, professionnelles, mentales. La société impériale exalte
et couronne l'effort d'ascension de la société bourgeoise d'Ancien
Régime, d'identification à une aristocratie nouvelle dépourvue
du caractère monopoliste de l'ancienne. On a insisté sur le caractère limité des bouleversements introduits dans la classe des anciens
privilégiés, pour lesquels l'abolition du régime seigneurial et féodal
constitue plutôt l'amorce d'un lent recul que l'occasion d'un
effondrement brutal. Il faut tout autant insister sur la continuité
des efforts de la bourgeoisie pour étendre son contrôle sur toutes
les formes du pouvoir et sur la propriété du sol : dans une France
où s'ébauche seulement un capitalisme industriel très localisé,

et où s'effritent inversement certaines formes brillantes du capitalisme de la grande époque coloniale, il y a place, au temps de l'Empire, pour un court apogée d'un modèle social plus proche de celui des robins du XVIIe siècle que de celui de la troisième République.

La fonction publique.

Coextensive à la mise en place des administrations révolutionnaire et napoléonienne, la constitution de la catégorie socio-professionnelle des fonctionnaires est à certains égards une nouveauté. La situation est certes nuancée, la transition de l'ancien au nouveau système administratif n'ayant pas eu des effets identiques à tous les niveaux. Dans nombre de ces petites villes d'un, deux ou trois milliers d'habitants auxquelles, bien plus qu'aux grandes villes de quelques dizaines de milliers, s'accrochait le tissu urbain de la France d'alors, et dont la principale raison de vivre était d'accueillir le siège d'innombrables juridictions — bailliages de faibles dimensions, châtellenies, prévôtés, justices seigneuriales, maîtrises des Eaux et Forêts, recettes fiscales de tous ordres, etc. — la Révolution a entraîné une sensible perte d'activités et de personnels d'officiers subalternes, qui ont d'ailleurs pu se « reconvertir » en fonction de leurs capacités intellectuelles ou financières. Aux niveaux intermédiaires et supérieurs des administrations judiciaires et financières, par exemple, les personnels ont le plus souvent glissé sans difficultés d'une « recette particulière » à une recette d'arrondissement, d'un présidial ou d'une cour souveraine à un tribunal de première instance ou à un tribunal criminel de département. Au centre enfin — à Paris — le développement des administrations ministérielles a certainement gonflé l'effectif des fonctionnaires : J. Tulard parle de quelque 25 000 personnes. L'usage du temps réserve d'ailleurs la qualité de « fonctionnaire » aux personnels nommés directement par le chef de l'État, directeurs, chefs de division et de bureau; au-dessous d'eux, il n'y a que des « employés ». La multiplication de ces derniers — particulièrement dans les administrations centrales — est un facteur à la fois important et limité de différenciation et de promotion sociale. Dès les plus bas échelons, elle contribue à isoler du journalier, du compagnon, les salariés de l'État, travailleurs non manuels, ayant le sentiment d'être les dépositaires de quelque parcelle de la souveraineté publique et de s'élever un peu de cette façon — beaucoup plus que par le niveau de leur revenu — au-dessus du commun. Aux échelons intermédiaires, les emplois d'expéditionnaire ou de commis, de rédacteur sont extrêmement recherchés : si les traitements ne sont pas nécessairement supérieurs aux revenus de l'artisanat ou du commerce, ils représentent des rentrées assurées et régulières; notion banale mais à laquelle toute une petite bourgeoisie était particulièrement sensible depuis que les événements politiques, les troubles monétaires et les guerres chroniques avaient rendu plus incertains que jamais les profits des activités économiques. Sécurité accrue à partir du moment où, avec Champagny, Crétet et au ministère de l'Intérieur par exemple, apparaissent l'avancement sur un tableau d'ancienneté, l'échelle des traitements (an XIII, puis 1809). Une retenue de 3 % garantit la retraite.

Mais J. Tulard a rappelé récemment combien nette demeurait la séparation entre fonctionnaires subalternes et hauts fonctionnaires : dans l'administration civile comme dans l'armée, en dépit de l'égalité théorique dans l'accès aux emplois, la barrière sociale subsiste. Seules les familles de bonne bourgeoisie, dont les fils ont fait de longues études et même sont passés par les grandes écoles, assurent le recrutement aux échelons supérieurs. L'engouement reste très vif pour ces carrières : et l'un des éléments en est certes, en dehors des considérations de qualification ou de prestige, les avantages matériels qui s'y attachent. L'office d'Ancien Régime s'achetait contre une finance qui pouvait atteindre des sommes astronomiques; ses gages ne représentaient qu'un faible rendement pour un placement important. Les traitements du Consulat et de l'Empire, très ouverts vers le haut, sont agrémentés dans les plus hauts postes de gratifications sans périodicité, mais substantielles. Ajoutons à cela le fait que les traitements étaient cumulables. Rien d'étonnant, après cela, que les révisions des listes des six cents plus imposés fassent apparaître, au cours de l'époque napoléonienne, les fonctionnaires comme les principaux « bénéficiaires », avec les émigrés rentrés et radiés qui ont réussi à restaurer leurs patrimoines, de l'élévation des cotes foncières qui les fait progresser vers le haut du classement. A titre d'exemple, voici l'état des recettes de Taillepied de Bondy en l'année 1810, alors qu'il était préfet du Rhône [1] :

Traitement de préfet		47 776 F par an
—	maître des requêtes	5 052 —
—	chambellan	6 060 —
—	la Légion d'honneur	250 —
Total		59 138

Le préfet en question avait en outre 3 684 F de rentes perpétuelles, et percevait encore 400 F de jetons de la société des Fonderies de Romilly, dont il était l'un des associés-gérants. Nous ne possédons pas d'informations sur ses propriétés, dont il est invraisemblable qu'il ait été dépourvu. Ses seuls revenus réguliers d'origine non immobilière se montaient donc à 63 000 F par an. En outre, en 1810, il reçut une gratification de l'empereur, 20 000 F.

L'exemple qui précède est, certes, choisi dans les zones hautes de la fonction publique. Mais voici celui des fonctionnaires et employés du ministère de l'Intérieur, qui semble bien indiquer une situation matérielle en progrès au cours du règne :

	An VIII	1809
Chef de division	8 000 F	12 000 F
Chef de bureau de première classe		6 000
— — seconde —	5 400	5 400
— — troisième —		5 000
Sous-chef de bureau de première classe		4 500
— — seconde —	3 900	4 000
— — troisième —		3 500
Rédacteurs de première classe		3 400
— seconde —		3 000
— troisième —		2 500
— quatrième —		2 000
Commis de première classe	2 800	3 000
— seconde —	2 200	2 600
— troisième —		2 000
Expéditionnaire de première classe	1 900	2 500
— seconde —	1 600	1 200

Il n'est pas inutile, enfin, de replacer dans une échelle sommaire d'ensemble les traitements civils, qu'ils soient du personnel

1. Arch. nat., 177 AP 2.

administratif ou du personnel politique — en se souvenant du reste que les traitements militaires pouvaient atteindre pour certains officiers généraux cent mille francs et davantage :

Sénateur, conseiller d'État	25 000	F par an
Préfet de l'Allier	20 000	—
Archevêque, membre du Tribunat	15 000	—
Inspecteur général des Ponts et Chaussées	12 000	—
Évêque	10 000	—
Conseiller de la préfecture de la Seine	9 000	—
Secrétaire perpétuel de l'Institut	6 000	—
Ingénieur en chef des Ponts et Chaussées	5 000	—
Sous-préfet	4 000	—
Curé	1 500	—

Il n'est pas moins nécessaire de se référer à la faiblesse des salaires contemporains, où seuls des hommes exerçant un métier spécialisé pouvaient espérer gagner plusieurs francs par jour; et à l'impossibilité pour la majeure partie des entrepreneurs du commerce et de l'industrie de s'assurer un revenu net annuel supérieur à quelques milliers de francs.

De surcroît, l'importance de la classe des fonctionnaires ne peut s'apprécier pleinement qu'en fonction d'autres éléments. L'examen des listes électorales d'arrondissement montre qu'au niveau des administrations locales, où se manifeste peut-être le mieux, selon la formule de M. Agulhon, « la continuité des destins individuels mais aussi des aptitudes sociales collectives », le fonctionnaire était aussi — et peut-être avant tout — un propriétaire. Son poids lui venait donc à la fois de son autorité, et de la double sécurité du revenu foncier et du traitement public. Membre de droit dans certains cas des collèges électoraux, il était aussi à deux titres différents et complémentaires candidat à la notabilité.

Les affaires.

Que devient, à l'époque napoléonienne, le mécanisme fondamental de l'ascension bourgeoise — celui du négoce, de la manufacture et du commerce de l'argent? Le problème est de savoir dans quelle mesure ce mécanisme joue d'une façon autonome, ou au contraire continue de faciliter simplement l'accession d'une bourgeoisie « d'affaires » aux formes les plus « nobles » de la notabilité, consacrant ainsi la permanence des filières et des mentalités sociales d'Ancien Régime. Ce qui reste marqué du caractère de la permanence, en tout cas, c'est la difficulté de connaître l'évolution de la fortune mobilière et de sa position relative à l'égard de la fortune immobilière. La fiscalité, on le sait, ne renseigne pas sur le chiffre d'affaires ou le profit industriel et commercial. Les successions, intervenant à un moment de la carrière qui fausse les perspectives, au terme d'une période d'inactivité, laissent bien souvent échapper une partie de l'argent. Les deux types d'informations essentielles sont, ou bien d'un accès difficile, ou bien totalement inaccessibles par rareté ou destruction : il s'agit d'inventaires en cours de société dressés à l'occasion d'un partage ou d'une faillite ; ou des grands livres des firmes. Si bien qu'au-delà de l'impression très générale, qui est bien sûr celle du caractère toujours minoritaire de la richesse mobilière amassée par le jeu des transactions marchandes et financières et par celui de la production, on en est réduit à des estimations officielles ou personnelles très approximatives sur l'activité d'une maison en une année déterminée — ou, mieux, à déduire l'importance des moyens mobiliers de celle de la puissance foncière elle-même : les premiers précédant, accompagnant la seconde — ou se résolvant finalement en elle.

Car, en effet, ce que l'on peut savoir des plus riches bourgeoisies d'affaires du XIXe siècle commençant montre bien qu'elles continuent à associer l'activité économique, la circulation et la fructification de l'argent — et l'acquisition de la propriété du sol, bâti ou non bâti, urbain ou rural. Acquisition dont le sens et l'utilité sont certainement complexes. Un très bel exemple en est donné par la bourgeoisie marseillaise, qui avait fait en 1955, sous l'impulsion d'Ernest Labrousse, l'objet d'une recherche demeurée partiellement inédite de F. Spannel [1]. Étude fondée sur la conviction de « l'extrême rareté, même dans une ville commerçante comme Marseille, des grandes fortunes exclusivement composées de biens meubles » : sauf exception, richesse mobilière et richesse immobilière y allaient de pair, accordant ainsi la réalité à l'image mentale du temps, qui plaçait au sommet de l'échelle sociale le

1. E. Labrousse (62). — F. Spannel (72).

propriétaire plutôt que le *riche*. Les gens d'affaires marseillais, il est vrai, sont les deux à la fois. Entre 1800 et 1820, leurs successions se montent en moyenne à 184 000 F, contre 138 000 seulement pour les propriétaires rentiers, 105 à 118 000 F pour les membres des professions libérales. Les négociants-savonniers, à vrai dire, sont plus riches encore puisque la moyenne de leurs successions est à 300 000 F, avec des valeurs réelles qui peuvent atteindre le million. Bien que la part des biens mobiliers atteignent chez eux environ 50 %, contre moins du quart ou du cinquième dans les autres catégories, les négociants et manufacturiers sont, par suite, tout de même en tête des plus imposés — donc des propriétaires. La composition des fortunes immobilières est d'une variété très significative. On y trouve, d'abord, les magasins et habitations réunies des marchands dans la vieille ville; les « domaines » (entrepôts) et les locaux industriels, souvent dans d'anciens biens abbatiaux; les petites maisons ou les immeubles résidentiels de rapport. De tels biens, d'une valeur souvent élevée, servent parfois directement à la marche des affaires : ainsi la « salle à blé » du négociant en grains Bethfort (75 000 F) ou le magasin du négociant vaudois d'Illens (175 000 F), et surtout les savonneries : les cinq de Joseph Hugues de Lagarde, le plus puissant d'entre eux, valent 400 000 F, les quatre de Paul Segond, 200 000. Hors de la ville même, le territoire rural de Marseille accueille les placements des gens d'affaires, en des « bastides » qui ne sont pas seulement des maisons de plaisance mais de véritables domaines agricoles procurant d'importants revenus d'origine terrienne : régulateurs des ressources des négociants, ou repli temporaire sur la rente foncière en période de sommeil des activités commerciales. C'est par cette voie, certes, qu'une partie de la bourgeoisie d'affaires marseillaise glisse, l'anoblissement aidant, vers le genre de vie rentier et aristocratique : ainsi Antoine Ignace Anthoine, maire de Marseille de 1805 à 1811, acquéreur en l'an VIII du château de Saint-Joseph pour 90 000 F; ou Honoré Borély, acquéreur du château Borély et de ses quarante hectares de prés et de vignes. Il y a enfin d'innombrables propriétés dans tout le département des Bouches-du-Rhône et dans les départements voisins. Il faudrait pouvoir comparer ces fortunes avec celles de négociants nantais ou bordelais. Mais aussi, suivre dans les minutes notariales

STRUCTURE DE QUELQUES FORTUNES IMMOBILIÈRES DE NÉGOCIANTS
MARSEILLAIS SOUS L'EMPIRE (D'APRÈS LES DOSSIERS DE FAILLITES).

Melchior Sicard et Rocanus (4 déc. 1807)[1], négociants

Domaines de l'Audiberte et de la Noblesse	227 000 F

Dolier et Cie (31 mai 1906), négociants

Une maison rue de Noailles	70 000 F
Une portion de terrain rue d'Aubagne	8 000 F
La manufacture d'Auterive	134 000 F
	212 000 F

Berton (30 août 1812), savonnier

Une fabrique de savon	120 000 F
Une maison attenante	4 500 F
Une propriété à Saint-Loup	30 000 F
Une maison rue de Rome	36 500 F
Un enclos chemin du Canet	5 000 F
	196 000 F

Baux (14 ventôse an XIII), négociant en vins

Le quart d'un domaine national à Paillerols (Les Mées, Basses-Alpes)	70 000 F
4 maisons chemin de La Madeleine	20 000 F
2 500 toises de terrain	25 000 F
Une maison rue Sainte	45 000 F
Une maison rue Léonidas	14 000 F
Un terrain sur le port de Bandol	1 000 F
	175 000 F

Joseph Gay, Nicolas Ferrandy et Cie (12 mars 1881) savonniers

Actif de Gay :

Une fabrique de savon au quartier Sainte-Claire	50 000 F
Une maison de campagne au quartier Saint-Charles	15 000 F
Une autre maison	20 000 F

Actif de Ferrandy :

Une maison d'habitation	18 000 F
Une maison de campagne à Sainte-Marguerite	40 000 F
Une fabrique de soude à l'étang du Lion	30 000 F
	173 000 F

Imbert, marchand de coton (an XIII)

Une propriété au quartier de La Capelette	22 000 F
Une propriété au quartier du Canet	23 000 F
Une maison	6 500 F
Une partie d'une autre	1 500 F
	53 000 F

1. Date de la faillite.

Audibert (7 octobre 1806), négociant

Domaine de Fontblanque (Les Pennes et Vitrolles)	85 000 F
Une maison rue Sainte	35 000 F
Remise et place à bâtir rue Notre-Dame de la Garde	7 000 F
Terrains aux Capucins	5 000 F
Terrains aux Réformés	3 000 F
La moitié d'une maison place des Hommes	3 500 F
Une maison à la Plaine	12 000 F
	150 500 F

Folsch et Cie (4 avril 1807), négociants

Une maison rue Sylvabelle, avec une raffinerie	80 000 F
Une petite maison place Castellane	4 500 F
Une campagne au Tholonet	21 000 F
La moitié du domaine des Soulières (entre Le Cadenet et Pertuis)	35 000 F
	140 500 F

Joseph Bourgarel (27 juin 1806), qualification non identifiée

Une saline au Plan d'Aren (Fos), dont la récolte vaut 12 000 F	200 000 F
Un domaine à Port-de-Bouc	12 000 F
Un domaine à Arles	12 000 F
Une propriété à Istres	1 500 F
4 petites terres à Fos	3 500 F
	229 000 F

Nicolas Dodero di Andrea (1er août 1812), négociant

Domaine de la Mission de France	31 000 F
Domaine des Picpus	24 000 F
Deux magasins et salles rue Sainte	7 000 F
Campagne au quartier Saint-Charles	26 000 F
Deux magasins rue du Pont	2 000 F
Deux maisons à Gênes	15 000 F
	105 000 F

Victor et Joseph Cheaulier et Cie (23 mai 1807), savonniers

Savonnerie de l'Estelle	60 000 F

Pascal et Tardieu (1806), négociants en vins

Actif de Pascal :	
Une campagne au Canet	30 000 F
Une maison rue d'Aubagne	10 000 F
Actif de Tardieu :	
Campagnes et maisons aux Martigues	22 000 F
	62 000 F

les procédures multiples d'obligations hypothécaires qui, constamment, devaient mobiliser ces biens au profit des besoins du commerce ou de l'industrie.

Il reste certain — l'exemple marseillais le prouverait d'ailleurs — que l'ensemble de la période révolutionnaire et impériale favorise plutôt l'instabilité et le renouvellement au sein du personnel de la bourgeoisie d'affaires que l'épanouissement et la consolidation de dynasties. Cela tient aussi bien à la persistance du vieux schéma selon lequel l'exercice de la « marchandise » n'est qu'une étape, un état transitoire précédant l'accès à l'oisiveté rentière, le négociant retiré après fortune faite et investie en biens fonds entrant, à défaut d'anoblissement, dans le personnage du seigneur bourgeois, qu'aux graves perturbations des activités économiques traditionnelles : rupture des relations avec l'outre-mer, pertes éprouvées aux Iles ou sur les océans, nécessité de s'adapter à des activités de remplacement. L'acquisition des biens nationaux se situe en quelque sorte à la charnière : point d'aboutissement pour des familles qui ont prospéré au cours du siècle finissant et qui « s'embourgeoisent » précipitamment; point de départ pour de nouvelles générations qui tentent leur chance jusque dans les mauvaises années. Les événements politiques ont pu — à Lyon, à Nantes — aggraver les coupures, accélérer les chutes. A Genève, la banqueroute de l'ancienne monarchie atteint profondément les grandes familles rentières de l'État français. A l'inverse, c'est à tort que l'on croirait à la naissance de nouvelles souches de la grande bourgeoisie économique à partir des « aubaines » de la guerre et de la Révolution : spéculations sur les biens nationaux et sur les fournitures militaires et navales. Elles ont pu procurer à quelques-uns des enrichissements spectaculaires et scandaleux; mais le montant en a été ou bien dissipé de façon aussi spectaculaire, ou replacé hors des affaires. Au début du Consulat, la liste des douze plus imposés du département du Nord porte en tête les noms de Vanlerberghe et de Paulée; le montant de leurs contributions foncières est tellement élevé qu'il n'est même pas connu avec précision. Quelques années plus tard, Vanlerberghe sort ruiné de l'affaire des Négociants réunis, dont la liquidation lui impose un difficile acquittement à l'égard du Trésor. Quant à Paulée, qui a progressivement vendu la majeure partie des biens nationaux qu'il avait acquis dans d'excellentes conditions avec les papiers au moyen desquels le gouvernement avait soldé ses créances, il est devenu sans doute le plus riche rentier de France, ayant replacé le produit à cinq pour cent.

Une opposition fondamentale existe peut-être bien, en fin de compte, entre Paris et les départements. Dans ces derniers, le renouvellement de l'almanach des familles marquantes du commerce et de l'industrie se poursuit sans qu'émergent de grandes fortunes durables. Dans la capitale, en revanche, un milieu d'affaires plus stable et plus puissant est en train de se constituer. Il est nourri par l'immigration des plus chanceux ou des plus audacieux des provinciaux (et, toujours, des étrangers), et soutenu par un réseau complexe d'activités, dans lequel la banque joue un rôle essentiel, associée à des formes traditionnelles du grand négoce mais aussi à des créations industrielles dont beaucoup sont extérieures à Paris. En dehors du Nord et du Haut-Rhin, où se constituent également à partir de l'industrie textile des patronats manufacturiers solidement structurés autour d'un nombre réduit de familles souvent alliées, ce n'est guère qu'à Paris que l'on peut reconnaître, à l'aube du XIXe siècle, la formation d'une grande bourgeoisie capitaliste moderne, débordant d'ailleurs très vite hors du cadre des seules affaires et étendant ses ramifications sur tous les secteurs clés de la vie professionnelle et publique. Alors seulement s'opère un vrai rajeunissement des classes dirigeantes.

Un cas classique à bien des égards, tant par les secteurs économiques dans lesquels il s'insère que par le conformisme des aboutissements : celui des associés de l'affaire Robillard et Cie. Il s'agit de la société qui exploite, à partir de l'été de 1800, la manufacture de tabacs installée dans l'hôtel Longueville, place du Carrousel, bien national loué par la régie des domaines pour l'énorme somme de 80 000 F par an. Mais le capital social, lui aussi, est considérable : les six associés ont versé chacun 200 000 F. Les Robillard sont deux : Pierre Antoine, l'oncle, installé en grand brasseur d'affaires dans une maison de la place Vendôme estimée 145 000 F, et Jacques Florent, le neveu, qui achète en l'an VIII une maison de 130 000 F sur la Chaussée d'Antin. L'oncle ne tarde pas à mourir, en l'an X. Sa succession, dont l'actif monte à près de douze cent mille francs, offre un bel exemple de fortune à dominante mobilière :

Deniers comptants	31 000 F
Mobilier	20 000 F
150 actions de la Banque, au cours de 1 290 F	193 500 F
Leur dividende pour un semestre	7 500 F
Part dans la manufacture	200 000 F
Créances diverses	195 000 F

En face de quoi, tout de même, les immeubles entrent pour 450 000 F : notamment deux maisons à Paris et un domaine à Thiais. Quant à Jacques Florent, né en 1757 à Étampes, et dont le père, trésorier principal de l'extraordinaire des guerres de Rouen, avait dû déjà lui léguer une fortune confortable, ses moyens sont sans doute déjà considérables, puisque de l'an VIII à l'an X on le voit acheter, outre son domicile déjà cité, quatre maisons à Paris (dont une rue de Choiseul, pour 145 000 F) plus une ferme près d'Orbais et cent arpents de bois à Saint-Martin d'Ablois, dans la Marne, pour 290 000 F au total. Parmi les autres associés, on relève d'abord un Delaître (Bernard-Jean Étienne), très riche propriétaire rentier appartenant à une grande famille d'officiers de finance, de justice et de militaires. Le père était directeur général des entrées de Paris, propriétaire du château de Charonne. L'un des frères, Antoine Charles, colonel major des chevau-légers polonais de la Garde en 1808, général de brigade en 1812, demeurait place Vendôme. L'autre, Jean-François Marie, connu dès 1790 par sa manufacture de l'Épine, près d'Arpajon, l'une des plus puissantes filatures de coton de France, devait l'être ensuite comme préfet de l'Eure-et-Loir puis de la Seine-et-Oise. Notre Delaître lui-même avait épousé une fille d'Asselin, ancien lieutenant-général du bailliage de Chartres. Lui aussi se révèle avide de beaux placements fonciers : en l'an IX, une grosse ferme à Thiais (172 000 F), acquise de la femme de l'architecte Bellanger et par elle de Lefèvre d'Ormesson; en l'an XI, 250 000 F de biens à Épinay et Villemoisson; en l'an XII, une maison rue Basse-du-Rempart qui avait appartenu au banquier Girardot (82 000 F). Ces achats, comme ceux de Robillard neveu, prouvent que l'affaire était entre les mains de solides capitalistes, mais aussi qu'elle était en pleine prospérité : en fait, un inventaire après le décès de

Mme Delaître montre que la manufacture existait depuis l'an III, et que jusqu'à la fin de l'an VIII la mise de fonds avait rapporté en moyenne 7 % l'an. D'ailleurs, le renouvellement de l'an VIII, outre un intérêt de 5 % pour cette mise, promettait un traitement de 15 000 F par an à chaque associé — c'était énorme. Du côté des Robillard, il est fort possible que la fortune personnelle ait pris appui sur la propriété coloniale : deux frères de Jacques Florent avaient été à coup sûr habitants de Saint-Domingue jusque vers 1792. Des autres associés, l'un au moins, Charles Biancour — lié aux milieux de l'ancien ministère de la Marine et de la Compagnie des Indes — était encore un très riche rentier, acquéreur en l'an IX de sa maison de la rue de la Michodière pour 215 000 F, d'une ferme de 126 ha à Bièvres en l'an XII pour 180 000 F.

Qu'advient-il de cette puissante affaire ? Elle continue à prospérer puisqu'en 1806-1807 elle est en mesure d'acheter pour 600 000 F d'immeubles entre la rue Grange-Batelière et le boulevard Montmartre et de s'y transporter. Pas pour longtemps, certes, puisque le rétablissement de la régie des tabacs l'oblige à se dissoudre en 1811. Mais à cette date la fortune des associés est définitivement faite, sur tous les plans. Jacques Florent Robillard, régent puis censeur de la Banque de France, est créé baron de l'Empire à l'automne 1810, privilège qu'il partage avec un petit nombre de banquiers tels que Delessert, Hottinguer, Mallet [1]. Il constitue aussitôt un majorat en faveur de son fils unique, âgé de vingt-cinq ans. Sans la moindre peine, du reste : de l'an XII à 1807, en effet, il a acheté à l'ancien parlementaire parisien Morel de Vindé les terres de Magnanville, Soindres, Château Poissy, Ménil Aubourg et Fontenay Monvoisin, dans les environs de Mantes — pour plus de 700 000 F. L'inventaire après le décès de la baronne, survenu en 1812, révèle que le mobilier du ménage ne se montait pas à moins de 100 000 F, dont 26 000 en bijoux et 14 000 en argenterie. Le destin, toutefois, fait tourner court cette ascension : la même année, le fils unique est mort sans postérité. Les Delaître, eux aussi, ont pris rang parmi les grands notables : le préfet et le général ont été faits barons ; l'associé de Robillard est électeur départemental et conseiller général de la Seine [2].

1. Michel Bruguière (51).
2. Arch. nat., BB^30 1091.

L'assimilation à une grande bourgeoisie « parisienne », au monde des grands notables « nationaux » a pu aussi se faire, dans nombre de cas, au terme d'un circuit géographique et par le cheminement de filières professionnelles propres à la *diaspora* huguenote issue de la France méridionale, particulièrement du Languedoc et du Dauphiné, aux XVIIᵉ et XVIIIᵉ siècles. L'Ancien Régime finissant, la Révolution et Napoléon ont accompli la réintégration des protestants dans la vie civile et sociale d'une façon non seulement officielle, mais, peut-on dire, triomphale, eu égard à l'importance beaucoup plus que proportionnelle à leurs effectifs que les cercles et réseaux protestants achèvent alors de conquérir dans la vie économique, politique ou intellectuelle. La « montée » à Paris et la conquête de la notoriété sont choses faites, pour plus d'une famille protestante française (ou étrangère, immigrée), dès avant 1789. Mais les premières années du XIXᵉ siècle offrent dans la famille Say un superbe exemple d'ascension sociale axée sur les années napoléoniennes [1].

Les Say appartenaient au bastion protestant de la région de Barre-des-Cévennes, avant de le quitter pour Nîmes où certains d'entre eux avaient été pendant plusieurs générations maîtres-tailleurs puis marchands-drapiers. Un Louis Say s'exile en 1687 pour Amsterdam, puis pour Gênes (1694). Son petit-fils Jean-Étienne Say, né à Genève en 1739, reprend pied en France — comme tant d'autres, à commencer par les Delessert — d'abord en s'installant à Lyon comme commissionnaire en soieries, puis à Paris comme courtier de banque et enfin comme agent de change. L'épanouissement du destin familial se situe à la génération suivante. L'aîné des fils, Jean-Baptiste, bien qu'il ait personnellement pris la tête d'une filature mécanique de coton à Auchy, dans le Pas-de-Calais, de 1804 à 1813, sort en fait du monde marchand par la porte des activités journalistiques et politiques, avec l'aide des premières relations qu'il s'est faites : Clavière, puis Mirabeau. Quand la célébrité vient pour lui, c'est en qualité de rédacteur en chef de *la Décade philosophique* (1794), remarqué par Bonaparte qui l'associe à la rédaction de la Constitution de l'an VIII puis

1. Joseph Valynseele (78).

le nomme au Tribunat. Jean-Baptiste Say ne sera pas pourtant un homme politique : le libéralisme et le pacifisme de sa pensée, nourrie dès longtemps de celle d'Adam Smith, le rejettent dans l'opposition; ce qui compte pour lui, c'est la réflexion économique, c'est le combat idéologique — la première édition du *Traité d'économie politique* est de 1803. L'intermède industriel est à la fois une expérience d'observation directe des lois de l'économie politique et un moyen de survivre. La vraie gloire ne vient qu'après l'Empire, avec les grandes chaires d'enseignement du Collège de France et, surtout, du Conservatoire des arts et métiers. Si Jean-Baptiste Say participe totalement au prestige des grands savants, il ne sort guère en revanche de son milieu par son mariage, contracté dans une famille normande d'officiers de justice roturiers. Le « couronnement » ne viendra qu'avec son fils Horace, à qui son mariage avec la très riche héritière de la grosse maison de commerce des textiles Chevreux-Aubertot permettra de faire une carrière exclusivement scientifique et politique — Chambre de commerce de Paris, Conseil d'État, Académie des Sciences morales et politiques. La fin de cette branche sera Léon Say, qui saura conquérir de surcroît les fauteuils d'administrateur de grandes sociétés, la direction d'un grand journal et le ministère des Finances, sans parler de la présidence du Sénat. De la fille cadette de Jean-Baptiste Say, d'autre part, Octavie, mariée à Charles Raoul-Duval, fils d'une famille picarde de bourgeoisie de robe, devait sortir une impressionnante série d'alliances dans les grandes affaires du négoce maritime, de l'industrie textile et de la banque, dans l'aristocratie britannique comme dans celle de l'ancienne France ou dans les horizons du capitalisme helvétique et américain.

Le frère de Jean-Baptiste Say, Horace, mort prématurément lors du siège de Saint-Jean d'Acre, n'avait pas amorcé une carrière sociale moins brillante que son aîné : officier du génie proche de l'entourage de Bonaparte, professeur à l'École polytechnique, il avait épousé une Delaroche, fille d'un grand médecin genevois installé à Paris. Par les Delaroche, dont le fils aîné associé aux Delessert devait faire une grande carrière de négociant et de notable au Havre, s'établissaient des liens entre les Say et d'autres dynasties alors plus puissantes de protestants français issus du

Refuge suisse. Jean-Baptiste, lui-même, avait pris à Auchy la succession des Delessert.

Quant au troisième fils de l'ancêtre venu s'établir à Paris, Louis Say, il était resté le plus proche des affaires. Manufacturier en calicots à Abbeville de 1806 à 1812, il avait géré ensuite une sucrerie de betteraves à Nantes en association, une fois encore, avec un Delessert, puis l'avait reprise à son seul compte en 1814, avant de venir à son tour s'installer à Paris en 1832, toujours comme raffineur. De cette branche devaient sortir dans la suite du siècle, chez les héritiers de l'affaire parisienne, une colossale fortune et d'éblouissantes alliances dans les familles princières de toute l'Europe. Ainsi l'histoire des Say illustre-t-elle parfaitement ce qu'une certaine « conjoncture parisienne » du début du siècle — reconstitution et rajeunissement à Paris d'une société protestante revenue définitivement d'exil, climat favorable aux créations industrielles modernes comme aux spéculations sur les formes survivantes du grand commerce maritime — a pu offrir d'occasions de réussite à une bourgeoisie où vont se recruter, désormais, les têtes de la haute société politico-financière.

C'est encore avec le Consulat que coïncide « l'explosion sociale » de la famille grenobloise des Perier, préparée au siècle précédent par une ascension, sur deux générations, que l'on peut qualifier de foudroyante par l'audace de ses initiatives comme par la puissance des moyens accumulés [1]. Prenons comme point d'articulation cette date du 17 pluviôse an IX où Claude Perier meurt à Paris — il n'y était installé que depuis l'an III [2]. A la toilerie de chanvre que son père avait développée à Voiron, selon le système du marchand-fabricant contrôlant un grand nombre d'ateliers domestiques ruraux, Claude Perier (1742-1801) avait substitué un ensemble complexe d'affaires : à la fin de l'Ancien Régime, on y reconnaissait principalement, outre des intérêts dans une maison marseillaise de commerce colonial, une grosse manufacture d'indiennes à Vizille, dirigée techniquement par un Fazy de Genève, appuyée sur la possession du domaine et château de Vizille achetés plus d'un million en 1780; et une banque à Grenoble sous la

1. Pierre Barral (48).
2. Arch. de Paris, 1 U¹7.

raison Perier père et fils, Berlioz, Rey et Cie. Atteint par la perte
de revenus de nature seigneuriale à Vizille et ailleurs, par la dépré-
ciation des assignats ou le maximum, Claude Perier n'en sauva
pas moins sa fortune à travers la Révolution, sans doute grâce à
la thésaurisation de métaux précieux — et eut le flair de racheter,
en l'an III, 27 deniers et demi d'intérêt dans les « mines d'Anzin,
Fresnes, Raismes et Nord-Libre », dont il devenait ainsi avec
Jean-Barthélemy Lecouteulx le principal actionnaire; opération
pour laquelle il put débourser 962 000 F. Ainsi Perier se trouvait-il
ancré à la fois dans tous les secteurs majeurs de l'économie du temps.

A sa mort, il laissa dix fils et filles, entre lesquels le partage
de l'empire paternel fut le point de départ d'une nouvelle prospérité et non point du tout d'une liquidation. Des deux filles,
l'aînée, Joséphine, était mariée à Jacques Fortunat Savoye de
Rollin, avocat général au parlement de Grenoble, tribun et plus
tard préfet. L'autre, Hélène, avait épousé un négociant grenoblois,
Teisseire, neveu du futur ministre Cretet, passé dans l'administration comme sous-préfet de Tournon. Parmi les plus jeunes fils,
Amédée et Joseph seront auditeurs au Conseil d'État, tandis que
Camille, ancien élève de l'École des Mines puis auditeur à son
tour, entrera dans la carrière préfectorale en 1810 à Tulle, fonctions dans lesquelles la Restauration le confirmera. Ainsi toute
une partie « mineure » de la famille se trouve-t-elle solidement
installée non plus dans les affaires, qui requièrent de l'expérience
et souffriraient du morcellement, mais dans la haute administration,
effectuant la synthèse des anciens personnels des cours souveraines et des jeunes talents sélectionnés par Napoléon. Ce sont
inversement les aînés qui recueillent l'héritage économique. Le
premier fils, Augustin, associé au sixième, Alphonse, reprend à
Grenoble, sous la raison Augustin Perier et Cie, la partie dau-
phinoise des affaires : fabrique de toiles peintes de Vizille, qui
s'augmentera d'une filature et d'un tissage; commerce des toiles;
commercialisation des fontes produites à Allevard par Paulin
de Barral; commandite de 500 000 F dans la maison de commerce
Quévremont et Balleydier, de Lyon. Le second fils, Alexandre,
s'intéresse à la filature du coton, contrôlant deux établissements
à Nonancourt (Eure) et à Amilly-Triqueville près de Montargis.
Le troisième et le quatrième fils — Casimir et Scipion — sont les

véritables continuateurs de leur père. Ils fondent à Paris une banque d'affaires au printemps de 1801, avec un ancien associé de Claude Perier, Henri Flory, et sous la commandite de Guillaume Sabatier, le grand financier languedocien, jadis très lié aussi bien à Claude Perier qu'à son frère Augustin, ex-directeur de la dernière Compagnie des Indes à Lorient, mort riche de trois millions qui passèrent à son beau-frère le banquier Carrié-Bézard. Contrôlant seuls les parts héritées de leur père dans la Compagnie d'Anzin, ils acquièrent une place prépondérante dans cette société très fermée d'actionnaires issus de l'aristocratie terrienne ou de la haute finance d'Ancien Régime, tant belge que française. Ils en dirigent en fait la marche technique et commerciale, aidés par leurs homonymes et amis les Perier de Chaillot, en assurent la gestion financière et lui ouvrent au besoin crédit par leur propre banque. Des liens s'établissent avec d'autres régions industrielles : Scipion a épousé en 1803 une de Dietrich; Scipion et Casimir, avec un de leurs associés d'Anzin, Thieffries, et d'autres capitalistes, achètent les mines de charbon de Noyant dans le Bourbonnais. La fortune de Claude Perier, après l'achat des parts d'Anzin, avait été estimée par lui-même à 800 000 F, certainement très au-dessous de la réalité. Dès 1805, une estimation attribue au seul Casimir deux millions de fortune; l'élément foncier traditionnel n'y manque certes pas : on le sait par exemple propriétaire de plus de six cents hectares de bois entre Sens et Troyes, provenant d'un ancien domaine des Villeroy. La consécration politique de la réussite viendra, on le sait, très vite. Mais l'originalité des Perier est plutôt dans le modèle proposé d'une bourgeoisie capitaliste moderne, dans le passage du négoce ou de la manufacture de style traditionnel à la banque d'affaires dont la puissance financière permet le contrôle ou l'orientation d'un certain nombre d'entreprises industrielles dans des secteurs variés — bref, dans une première esquisse d'une concentration capitaliste des affaires au profit de la puissance bancaire.

Les propriétaires rentiers.

Bourgeoisies « de pointe », au total, que celles aperçues dans les détours de ces monographies; et qui, pour annoncer l'avenir un bon siècle à l'avance, n'en représentent pas moins fort mal l'échantillon commun de la bourgeoisie française. Ce dernier demeure constitué, sans doute possible, par les véritables vainqueurs de la Révolution, c'est-à-dire tous ceux qui ont, à la faveur des ventes de biens ecclésiastiques et, secondairement, de biens d'émigrés, accru leur emprise sur la terre et sur la rente foncière. Les attitudes, le vocabulaire social de l'époque napoléonienne confirment bien *post factum* le sens profond de la Révolution, qui est celui d'un déplacement de pouvoir des anciens privilégiés vers une élite plus large de rentiers du sol, puisant dans ce dernier à la fois le plus sûr de leurs revenus, leur influence sociale et leur qualification politique. La ruée des acquéreurs de biens nationaux traduit la puissance de l'aspiration de l'ancien Tiers à partager un statut qui tirait son prestige séculaire de son caractère fondamentalement aristocratique.

La généralisation de l'emploi du terme de propriétaire et la dilatation de son contenu socio-professionnel sont un des phénomènes les plus frappants de l'après-Révolution. Il peut s'agir de personnes vivant réellement des revenus de leurs biens, d'une bourgeoisie rentière nourrie de fermages ou de métayages. Mais il peut s'agir aussi de retraités, à des âges variables et souvent précoces, de professions dont on paraît vouloir oublier le souvenir. Enfin il peut s'agir de personnes actives plaçant leur qualité de propriétaire au-dessus de leur qualification professionnelle, l'une dissimulant l'autre. Et, naturellement, derrière le mot de propriétaire, comme derrière celui de cultivateur, termes au pouvoir essentiellement apaisant et unifiant, peuvent encore se retrouver d'anciens nobles retirés sur leurs terres et dont, sur les listes de notables, le nom et l'importance des revenus signalent le véritable rang. Toutefois la propriété — et particulièrement la propriété de biens nationaux, de nature à garantir le « dévouement » et la « fidélité » aux constitutions napoléoniennes — ne suffit pas à définir entièrement le notable. Au niveau départemental, notamment, entrent en jeu d'autres considérations : ancienneté et respectabilité des fonctions, moralité publique et privée, étendue des liaisons et de la parenté. Il n'en reste pas moins que la fortune, de plus en plus, sera déterminante : d'abord, parce que les propriétaires exercent un rayonnement inestimable comme centres

d'une clientèle, comme bailleurs d'emplois et de terres ; ensuite,
parce que, comme Napoléon l'expliquait à Beugnot, ils forment
le milieu naturel de recrutement des serviteurs de l'État. « J'ai
fait la fortune de ceux qui ont travaillé avec moi à fonder l'Empire ;
je ferai celle de leurs enfants, c'est un devoir ; ensuite je n'emploie-
rai plus que des gens qui auront cinquante mille livres de rentes en
terres. Je ne suis pas assez riche pour payer tout le monde, et ceux
qui sont le plus intéressés au maintien de l'État doivent le servir
gratuitement. »

La notion de propriétaire-rentier, qui remplace en l'élargissant
celle de bourgeois, coïncide en tout cas avec celle d'habitant des
villes. L'enquête de 1809 sur les agglomérations de plus de mille
habitants [1] révèle que la frontière entre « ville » et « bourg » ou
« village » passe, entre autres critères, par celui d'une structure
sociale dans laquelle la présence de commerçants, d'industries,
de professions libérales et, par-dessus tout, de propriétaires vivant
du produit de leurs biens est absolument déterminante pour le
classement urbain. La société issue de la Révolution accentue
donc, par-delà la destruction du système seigneurial, l'opposition
villes-campagnes comme antagonisme entre rentiers et exploi-
tants du sol.

Naturellement, la bourgeoisie rentière du sol prend une importance particulière dans les régions les moins différenciées du point
de vue économique, les plus agricoles, les moins urbanisées ou
du moins caractérisées par une urbanisation diffuse en petits
centres ruraux. Une étude sur les notables de l'Allier a pu ainsi
montrer que sur 640, plus du tiers appartenait à cette catégorie
sociale [2]. Si, dans 80 cas sur près de 220, il s'agissait d'une bourgeoisie anciennement active, presque toujours d'une bourgeoisie
d'offices, dans le reste du groupe il s'agissait d'une bourgeoisie
vivant noblement et se conformant en tous points au modèle
aristocratique. Ainsi, dans la région montluçonnaise, trouvait-on
différentes branches de Deschamps, distinguées par les noms des
domaines (des Clayolles, de Villaine, de Savigny, de la Varenne,
de Bisseret...), et dans lesquelles on faisait carrière militaire — sans

1. Arch. nat. F[20] 428 à 430.
2. Bernard Gilliet (59).

aucun attachement sentimental à une monarchie qui ne récom-pensait qu'exceptionnellement les roturiers en leur conférant la noblesse personnelle. Chez les Deschamps de la Varenne, le père, Jacques Antoine, capitaine de cavalerie, sert ensuite la République et se retire général de brigade; le fils, Antoine Joseph, d'abord officier au Royal Normandie, est créé baron d'Empire. D'autres, comme les Meilheurat, de la région de Gannat, cultivaient leurs terres, étaient maires de leurs communes, ou à l'occasion joignaient à leur qualité de rentiers l'exercice d'une profession libérale.

L'ancien conventionnel et ministre Colchen, devenu en 1800, préfet de la Moselle, avant d'être nommé sénateur, incriminait cette « passion d'acquérir » qui, « en attachant trop d'hommes à la terre, a été un obstacle aux progrès de l'industrie ». On pour-rait ajouter : et à ceux de l'agriculture. Ainsi Colchen devient-il après coup un précurseur de l'argumentation bien connue selon laquelle la Révolution française, en accentuant l'attachement de toute la société à ses bases rurales et foncières, aurait aggravé le retard de la France par rapport à l'industrialisation pionnière de la Grande-Bretagne. Il faut néanmoins se garder de tout excès dans cette interprétation. Il n'est pas douteux, bien sûr, que la propriété foncière, aussi bien que la thésaurisation, a entretenu une rigidité des structures économiques, d'autant plus que les revenus de la rente foncière étaient principalement destinés à la consommation. Mais on ne doit pas oublier un autre phénomène, lui aussi massif et général : la part des revenus disponible — et les déclarations de successions le montrent bien, à tous les niveaux de bourgeoisie — s'investit dans le crédit, les créances mobilières font régulièrement partie de la structure des fortunes, qu'elles résultent d'opérations d'escompte d'effets de commerce ou d'obli-gations hypothécaires. Le cas de ces dernières montre bien com-ment le crédit circule, s'organise entre deux « pôles terriens » : celui du réinvestissement de la rente foncière, et celui du gage foncier de l'emprunt [1]. Il conduit d'autre part à reconsidérer la place des investissements fonciers dans les fortunes des négociants et des industriels. Déjà, P. Gonnet, étudiant les notables dijon-nais, avait pu écrire : « Vendeurs et acheteurs de produits de la

---

1. Cf. à ce sujet les remarques de Louis Bergeron (50).

UN ÉCHANTILLON DE NOTABLES

LES SOIXANTE-SEPT « PERSONNES LES PLUS MARQUANTES »
DU DÉPARTEMENT DE L'ORNE EN 1812[1]

Nom	Age	Avant 1789	En 1812	Revenu foncier
de Tascher *	67	Officier de dragons, chevalier de Saint-Louis	Sénateur, comte	25 000 F
de Tascher * fils	30		Auditeur au Conseil d'État, baron	10 000 F
Angot de Flers *	35		Propriétaire, maire	25 000 F
Avesgo de Coulonges *	57		Maire, conseiller général, président de canton	30 000 F
Bernard d'Avernes *	78	Officier général	Conseiller général, président de canton	85 000 F
Caumont de la Force * d'Andlau	40 32	Officier de cavalerie	Maire, conseiller général Chambellan, comte	40 000 F fils de famille
Descorches de Sainte-Croix	63	Maréchal de camp, chevalier de Saint-Louis	Préfet, baron	20 000 F
de Broglie *	40		Propriétaire	4 500 F + 100 000 F (attendus en héritage)
de Narbonne *	30		Écuyer de l'empereur	40 000 F
d'Orglandes *	45		Conseiller général, président de canton	60 000 F
de Lapallu *	64	Officier des Gardes françaises	Propriétaire	40 000 F

de Lapallu *	35		Propriétaire	45 000 F
de Redern	44	Comte prussien	Propriétaire	150 000 F
de Gontaut Biron *	36	Mousquetaire noir	Chambellan, comte	150 000 F
Lebouyer de Monhoudou	64		Propriétaire, conseiller général	20 000 F
* de Saint-Simon de Courtomer	62	Maréchal de camp	Chambellan, président de canton, comte	80 000 F
Dutocq **	79	Avocat, bailli haut justicier	Conseiller à la Cour de Cassation	3 000 F
Delaunay	48	Avocat	Président de chambre à la Cour impériale de Caen	4 000 F
Delaunay	36		Propriétaire, maire	10 000 F
Demées	59	Lieutenant particulier aux bailliage et siège présidial d'Alençon	Président du tribunal de 1re instance d'Alençon	10 000 F
Goupil de Préfeln	60	Avocat au parlement de Rouen	Procureur général près la Cour impériale de Caen, baron	15 000 F
Gérard	60	Avocat	Vice-président du tribunal de 1re instance d'Alençon	20 000 F
Godechal Vorus	58	Avocat, substitut du procureur du Roi	Avocat	4 500 F
Lefessier	56	Grand juge à la Martinique	Conseiller à la Cour de Cassation	1 200 F
Lautour Boismaheu	60	Homme de loi	Général de brigade en retraite	30 000 F
Lepelletier du Coudray	67	Juge au bailliage d'Argentan	Président du tribunal de 1re instance d'Argentan	6 000 F

* Issus de l'ancienne noblesse.
** A partir de ce nom : issus de l'ancien tiers état.
1. Arch. nat., F1cIII, Orne.

Nom	Age	Avant 1789	En 1812	Revenu foncier
Leroyer Latournerie	45	Avocat au Parlement	Procureur impérial criminel	3 000 F
Lelièvre Launay	59	Homme de loi	Président du tribunal de 1re instance de Domfront	2 400 F
Porriquet	62	Avocat procureur au Châtelet	Conseiller à la Cour de Cassation, président de canton	8 000 F
Roullin Martinière	35		Homme de loi	3 000 F
Thomas Laprise	53	Homme de loi	Procureur impérial près le tribunal de 1re instance de Domfront	4 000 F
Duchâtel	61	Directeur de l'enregistrement	Conseiller d'État, comte	4 000 F
Chausson Lassalle	50		Maire, conseiller général, président de canton	6 000 F
Duchâtel	60	Receveur du timbre	Maire, président de canton	2 000 F
Roger	53	Receveur de l'enregistrement	Notaire, maire, président de canton	6 000 F
Renault	59	Directeur de l'enregistrement	Secrétaire général de la préfecture	3 000 F
Chandru	60	Médecin	Médecin, maire, président de canton	10 000 F
Libert	59	Médecin	Médecin	8 000 F
Serres	57	Médecin	Médecin	15 000 F
Colombel La Rousselière	65	Négociant	Maire, conseiller d'arrondissement, président de canton	6 000 F
Desmousseaux	55	Banquier	Préfet, baron	10 000 F

	Âge	Profession	Fonctions et titres	Revenu
Duriez	72	Maître de forges	Maître de forges, conseiller d'arrondissement, président de canton	10 000 F
Guéron Desnos	46	Maître de forges	Maître de forges, conseiller d'arrondissement, président de canton	3 000 F
Legrand de Bois-landry	61	Négociant	Maire, conseiller d'arrondissement, président de canton	12 000 F
Richard	46	Manufacturier	Manufacturier, conseiller général, président de canton	100 000 F
Lepetit	67	Propriétaire	Maire, propriétaire	15 000 F
Menardeau	45	Propriétaire	Propriétaire, maire	18 000 F
Roulleaux	47		Sous-préfet	5 500 F
Dunoyer	39	Militaire	Maire, président de canton	6 000 F
Delestang	56		Sous-préfet	3 000 F
Hély	41	Militaire	Conseiller d'arrondissement	6 000 F
Lefebvre Desnouettes	39	Colonel de dragons	Général, comte	6 000 F
Leroy	39	Capitaine d'infanterie	Préfet	6 000 F
Lhermite du Landry	54	Capitaine d'infanterie	Propriétaire	10 000 F
Raymond	40	Officier du génie	Général de brigade	5 000 F

Des « ci-devant » minoritaires, mais tenant le haut du pavé par leurs fonctions et par leurs fortunes — seul le cotonnier Richard est plus riche qu'eux, grâce à la valeur de ses manufactures ; l'ancien tiers état des légistes — massivement réinstallés dans la magistrature impériale — des professions libérales et des propriétaires rentiers ; des militaires ; et quelques gens d'affaires : en dépit des nuances propres à un département qui reste très rural et très aristocratique, l'échantillon donne bien du corps des notables français un profil significatif, dénonciateur d'une étonnante stabilité.

terre, grands propriétaires fonciers, les négociants n'ont de liqui-
dités que celles qu'ils tirent des revenus de la terre »; celle-ci
produit le capital sur lequel s'édifient les fortunes mobilières [1].
Ajoutons : l'acquisition de solides bases immobilières — maisons
dans la ville, domaines à la campagne — n'est pas seulement,
pour la fraction de la bourgeoisie engagée dans les affaires, une
assurance pour l'avenir, pour le passage à l'oisiveté rentière ou
à la retraite; elle est dès le départ et pendant toute la marche de
l'entreprise la garantie de sa crédibilité, et l'instrument indispensable du recours au crédit à moyen ou à long terme. Ce serait
une erreur complète que d'assimiler l'intensité de l'investissement
foncier à un gel désastreux des disponibilités en capitaux. Simplement, la France vivait sous un régime de crédit fractionné et
« territorial », pour reprendre la terminologie de l'époque, exception faite de quelques secteurs et de quelques places (essentiellement Paris) où le rôle du crédit bancaire s'affirmait déjà. Situation encore pour quelque temps adaptée aux besoins de la croissance et des entreprises. On suivra ici Jean Bouvier, tenant de la
thèse selon laquelle la modernisation des instruments et des organismes du crédit suit le développement économique et y répond,
beaucoup plus qu'il ne le précède à la façon d'un préalable indispensable [2]. Quant au retard industriel, indéniable, beaucoup
d'autres raisons, on le verra, peuvent suffire à son explication.

4. La France des travailleurs manuels

On doit s'excuser du déséquilibre entre les longues analyses
consacrées aux élites sociales et la pauvreté des développements
touchant les masses de la nation. Mais il n'est que le reflet d'une
disparité profonde dans l'information, qui conduit les historiens,

1. P. Gonnet (60).
2. Jean Bouvier « Systèmes bancaires et entreprises industrielles
dans la croissance européenne au XIXᵉ siècle », Colloque sur l'industrialisation de l'Europe, Lyon, 1970 (à paraître).

hors de toute considération de sympathies « de classe », à exploiter de préférence l'information la plus directement accessible.

La société rurale.

C'est cette société qui se rattache le plus insensiblement à la société bourgeoise, du fait qu'elle partage avec elle — mais d'une façon combien inégale! — le privilège de la propriété. Mais, de toute façon, de l'une à l'autre, le seuil n'est pas seulement économique, il est aussi intellectuel, et se situe dans une zone de contact de très faible épaisseur.

Un des rares exemples récents d'analyse en profondeur d'une société rurale en France au début du xixe siècle est fourni par M. Agulhon, étudiant la Provence intérieure [1]. Relevons tout d'abord que l'auteur ne croit pas à une nouvelle distribution de la propriété foncière en France après la Révolution. En simplifiant, on pourrait dire que les paysans les plus aisés ont réussi à participer au transfert de propriétés qui s'est effectué au sein des classes riches, cependant que s'aggravait à la base de la société rurale le phénomène de parcellarisation de la propriété, un certain nombre de non-propriétaires ayant réussi à accéder à une micro-propriété très éloignée de leur procurer le statut de producteurs indépendants. En dépit des particularités locales, le cas provençal semble largement analogue aux classifications de la plupart des régions. Classifications ambiguës, du reste, au sein desquelles la propriété ou l'absence de propriété n'est pas l'élément déterminant. Grossièrement, deux étages : à l'inférieur, les paysans pauvres, cultivateurs qui n'ont assez de moyens ni pour acheter ni pour louer « une unité d'exploitation autarcique » et restent condamnés à « des genres de vie mixtes à plus ou moins grande proportion de salariat » ou de petit métayage à mi-fruits, sans parler des ressources d'appoint — salaire de la femme qui file, ou formes multiples du « grapillage populaire », des menus services et de la domesticité. M. Agulhon a repéré un texte du préfet du Var, Fauchet, qui décrit admirablement l'un au moins de ces genres de vie. Là où, à une certaine distance des villes,

1. Biblio. no 47, p. 309-363.

la concurrence des riches acquéreurs ne fait pas trop monter le prix de la terre, « les journaliers peuvent, à force d'économie ou par des arrangements peu onéreux, se rendre propriétaires d'un petit champ. Ils le cultivent à temps perdu : ils y travaillent depuis l'aurore jusqu'à l'heure de commencer la journée qu'ils louent aux bourgeois, et le soir ils trouvent encore le moyen d'employer une heure pour eux-mêmes. Les jours perdus pour les autres journaliers ne le sont point pour eux. Ils possèdent une foule de provisions que les autres sont obligés d'acheter et une sorte d'aisance règne dans leur ménage ». Dans le cas présent, il s'agit essentiellement de petites olivettes mêlées d'un peu de blé, « sur les collines, au milieu des terres arides et sablonneuses, et parmi les rochers, où se trouvent en général les propriétés des pauvres cultivateurs ».

A l'étage supérieur, les « ménagers » ou « rentiers », selon le vocabulaire de la région. « Catégorie d'hommes dont les limites sont parfaitement nettes », écrit M. Agulhon. « La pratique personnelle du travail agricole les oppose aux bourgeois de tous genres, et l'aisance, l'espèce d'autarcie économique, même étriquée, qui les dispense de se mettre jamais à la recherche d'un salaire, les oppose aux petits paysans. » Il s'agit soit d'un propriétaire, soit d'un fermier, mais dans tous les cas de gens installés sur des exploitations d'une certaine importance. Les plus riches ménagers peuvent à la limite cesser de travailler personnellement : on en trouve deux douzaines aux niveaux les plus modestes de la liste des six cents plus imposés du Var. L'un d'entre eux, qui meurt en 1814, laisse dans une succession de 74 000 F quelque douze mille francs en créances, « attestant que le prêt d'argent n'était pas réservé aux seuls bourgeois et négociants riches ».

Artisanat et boutique.

Analysant ces milieux à Toulouse dans les dernières années du XVIIIe siècle, J. Sentou [1] les présente comme assurant la transition, dans les sociétés urbaines, entre les classes populaires dans lesquelles ils « plongent par la base » et la bourgeoisie, dont ils consti-

1. Jean Sentou (71).

tuent les strates inférieures — « tantôt peuple et tantôt bourgeoisie ». Il attribue en outre un rôle de « transit social » beaucoup plus actif à la boutique, par laquelle l'enrichissement est nettement plus rapide, — tandis que « l'artisanat apparaît... sans débouché véritable sur les catégories supérieures ».

Sans doute cette distinction est-elle en train de perdre de sa valeur à l'époque napoléonienne, dans la mesure où celle-ci se situe à la charnière d'une économie stable dans ses traditions et d'une nouvelle économie capitaliste. A. Daumard estime en effet, que dès 1815, les transformations économiques offrent des possibilités de promotion remarquables à des travailleurs manuels sans capital, en particulier aux gens de métier hautement qualifiés pour peu qu'ils réussissent à emprunter le capital nécessaire — citant à l'appui, notamment, le cas de l'industrie mécanique parisienne [1]; toutefois, ajoute l'auteur, « si le renouvellement du milieu patronal, à tous les niveaux, par l'ascension d'hommes de condition inférieure apparaît avec évidence, inversement l'importance de la capillarité sociale est modeste si l'on examine non le milieu d'arrivée, la bourgeoisie d'entreprise, mais le milieu de départ et au premier chef les classes populaires ». J. P. Chaline estime de son côté que la moitié de la bourgeoisie rouennaise est sortie, sous la Restauration, du milieu des « fabricants » et tisserands ruraux à domicile, passés de la campagne à la ville, de l'artisanat à la manufacture.

Le salariat.

Formant un monde étranger à la propriété, à la scolarisation, à l'exercice des droits politiques, le salariat est le grand perdant de la société française au début du XIXe siècle. Certes, c'est aussi un monde fort divers, mais dont le sort n'est pas plus favorable, qu'il s'agisse des ouvriers des secteurs en voie de modernisation ou de ceux des métiers traditionnels et des salariés à façon. Dans le premier cas, l'époque voit s'instaurer des rapports particulièrement rigoureux, voire répressifs, entre patrons et ouvriers. R. Dar-

1. Adeline Daumard (55).

quenne en a cité récemment un exemple à propos des charbonnages de Mariemont, dans le Hainaut : retenues-amendes sur le salaire, renvois temporaires, licenciements sanctionnent impitoyablement les fautes professionnelles ou l'absentéisme [1]. Dans le second, qui est celui notamment d'un grand nombre de travailleurs du textile, la tension est constante entre un marché de la main-d'œuvre qui continue à s'alourdir du poids de la démographie rurale, et un marché des produits fabriqués rendu instable par l'évolution des fabrications comme par une conjoncture commerciale fort capricieuse. Dans tous les cas, la condition ouvrière souffre de la méfiance policière et de l'autorité patronale qui s'abattent sur le salarié. Plus peut-être que sur le fameux livret ouvrier, il convient d'attirer l'attention sur l'interdiction des coalitions ouvrières (1803), sur la supériorité légale reconnue au maître, cru sur parole — traité en mineur, l'ouvrier n'a même pas la possibilité de se défendre dans les conseils de prudhommes (vingt-six créés entre 1806 et 1813) où les patrons ont la majorité et où les salariés sont représentés par des chefs d'atelier, des contremaîtres, des artisans (B. Gille). L'encadrement, la surveillance ont un double sens social — empêcher ceux dont la fonction est de fournir la force de leurs bras de s'évader de leur condition — et politique : les migrants saisonniers, les ouvriers des chantiers publics sont particulièrement redoutés comme possibles disséminateurs de troubles, exposés à Paris à être arrêtés et expulsés (J. Tulard). La capacité de réaction ouvrière demeure faible : en fait, il n'y a de mouvement ouvrier que dans le cadre des compagnonnages, toujours vivaces mais dans les seuls métiers traditionnels — bâtiment en tête — et desservis par leur corporatisme étroit [2]. Dans ces limites, il peut arriver que certains mouvements de grève emportent un succès que leur restriction à des catégories très spécialisées rend plus facile; ainsi de celle des tailleurs de pierre travaillant au Louvre qui, en 1805, réclamaient à la fois une augmentation de salaire et une réduction de la journée de travail. Napoléon aurait déclaré : « Le temps des ouvriers est leur seule propriété, ils ont raison de chercher à le vendre le plus cher possible. » Attitude

---

1. Roger Darquenne (54).
2. Émile Coornaert (53). — Jean Bruhat (52).

plausible parce qu'il s'agissait de « privilégiés » du monde ouvrier, ou parce que jouait la crainte d'organisations occultes très difficiles à combattre? Toujours est-il que, dans les formes d'organisation, les méthodes de lutte, les objectifs, les mentalités, le mouvement ouvrier reste fortement marqué par l'Ancien Régime.

7

La vie économique :
démarrage ou stagnation?

L'analyse de la vie politique et sociale de la France napoléonienne laisse, en somme, sous une double impression. Celle,
d'abord, d'une Révolution qui a détruit une certaine idée de la
souveraineté monarchique et permis une éphémère expérience
démocratique — sans pour autant autoriser l'économie d'un
nouvel absolutisme : celui de Napoléon, dont le sens a été d'enra-
ciner par des méthodes autoritaires une partie au moins des acquisitions de la décennie précédente. Celle, d'autre part, d'une structure sociale qui a gagné en unité et en fluidité sans pour autant
que l'équilibre de ses masses internes se soit sensiblement modifié,
et qui obéit à un système de valeurs resté fort traditionnel par-
delà même l'abolition des ordres. Incontestablement, cette lenteur
des transformations sociales, en dépit de l'importance de la révolution juridique, est en rapport avec la lenteur des transformations
économiques et, en particulier, avec l'insuffisant dynamisme social
de la classe des entrepreneurs du commerce et de l'industrie. En
droit, ses possibilités d'action sont désormais illimitées. En fait,
elles demeurent freinées par un ensemble d'attitudes à l'égard de
la consommation, de l'éducation, de conceptions de l'ascension
sociale — et, bien entendu, par toute une conjoncture aux effets
contrastés. Aussi, sur le plan économique, ne saurait-on relever
que peu d'éléments radicalement novateurs. La France agricole
ne bouge pas encore. Le système français d'échanges extérieurs
subit des dommages irréparables sans qu'un système de substitution soit réellement trouvé. Seule l'industrie textile et, dans une
moindre mesure, l'industrie chimique trouvent dans les circonstances la stimulation nécessaire à une mutation technique décisive.
Les années 1800-1815 se caractérisent ainsi par la juxtaposition
d'une économie rurale de type ancien encore à peine modifiée,

d'une économie portuaire asphyxiée au lendemain d'un siècle d'expansion, d'une économie industrielle où les secteurs de pointe ne sont pas encore des secteurs d'entraînement pour l'ensemble de la production et proposent l'image d'une réussite brillante mais localisée [1].

1. Incertitudes sur l'économie agricole

C'est un mauvais observatoire que ces quinze années pour l'étude de l'évolution de l'économie agricole. Le rythme propre à cette économie imposerait de n'en observer les mouvements que dans la longue durée, en remontant haut dans l'Ancien Régime et en descendant bas dans le XIXe siècle. Les travaux sont d'ailleurs rares sur la phase de lente préparation de la révolution des assolements, des engrais et des spécialisations. Seules les analyses et les hypothèses de Michel Morineau [2] sont venues récemment bousculer le tableau conçu par Marc Bloch et Daniel Faucher d'une révolution agricole dont les prémices appartiendraient au XVIIIe siècle. Les indications, qualitatives ou chiffrées, ne manquent pourtant pas dans les informations fournies par les préfets napoléoniens; mais elles n'ont pas fait l'objet d'une collecte et d'une mise en œuvre systématiques.

Sans parler des réalités concrètes du travail et de la production, que l'on ne pourrait atteindre qu'à travers des monographies multipliées, les conditions générales elles-mêmes sont connues de façon très inégale. Seul, en fait, le mouvement des prix est parfaitement dessiné : et sans doute est-ce un élément capital. Comme l'a rappelé naguère Ernest Labrousse, « le prix reste... le problème économique capital de la " classe propriétaire ", ainsi que du vaste monde des chefs d'exploitation vendeurs. Et même, plus largement, compte tenu des structures économiques

1. Sur l'ensemble des « problèmes économiques de la France napoléonienne », voir Louis Bergeron (97).
2. Michel Morineau (121).

et sociales de l'époque, un des plus grands problèmes de notre économie nationale [1] ». Prix encore orienté à la hausse, en dépit des « creux » de 1804 et de 1809, et culminant dans le « clocher » de 1812 — l'année la plus chère du siècle avec 1817. Orientation à la hausse qui, indéniablement, joue contre le progrès des techniques agricoles et en faveur d'une extension plus ou moins irrationnelle des surfaces cultivées — attestée par tous les rapports. Derrière la hausse des prix, c'est aussi celle des fermages qui se poursuit, également défavorable à l'investissement agricole, à la fois parce que le propriétaire peut escompter du renouvellement en hausse des baux un surcroît de profit qu'il n'a donc aucune raison de rechercher à titre onéreux — et parce que le fermier risque à tout moment d'être mis en difficulté par la diminution de sa propre marge.

Révolution française et révolution agricole.

Quant aux conséquences de la Révolution de 1789-1793 sur l'économie rurale, leur complexité rend impossible toute appréciation globale.

Quelles ont pu être les incidences des modifications dans la répartition de la propriété? La parcellarisation résultant de l'accession à la propriété d'un lopin de terre, surtout à l'occasion des ventes de biens nationaux de seconde origine, d'un certain nombre de prolétaires ruraux n'a pu que jouer, pour des raisons évidentes, contre le progrès agricole et pour le maintien des usages communautaires. A l'inverse, quand la grande propriété s'est trouvée renforcée, le système d'exploitation par le fermage s'est en général trouvé du même coup maintenu dans ses formes classiques, qui lui assignaient comme objectif prioritaire le versement régulier d'une rente foncière aussi élevée que possible, en l'absence et même sous l'interdiction de tout changement au système de culture — c'est le cas notamment à propos de l'interdiction de dessoler. Restait le cas du renforcement de la moyenne propriété exploitée en faire-valoir direct : les observateurs contemporains

---

1. E. Labrousse, R. Romano, F. G. Dreyfus (117).

lui ont volontiers décerné les éloges les plus flatteurs. Était-ce dans ce cadre juridique et social que pouvait prendre naissance, avec les pratiques d'une agriculture plus intensive, la révolution des techniques agricoles? M. Agulhon suivrait volontiers le préfet des Bouches-du-Rhône, qui, louant les « ménagers » provençaux, estimait leurs terres « les mieux cultivées et les plus productives », et voyait dans cette « classe patriarcale » la plus capable de profiter des leçons de l'agronomie. Plus récemment encore, R. Forster [1] attire l'attention sur le cas d'un ancien fermier général du duc de Saulx-Tavanes, Jean Calignon, maire d'Arc-sur-Tille qui, ayant acheté 60 ha de son ancien maître et les cultivant lui-même, y obtenait en 1801 des rendements en blé de 23 pour 1, trois fois supérieurs aux rendements courants — et passait dans la région pour un cultivateur modèle. Le fait d'être devenu le propriétaire indépendant de 60 ha, conclut R. Forster, paraissait un stimulant bien supérieur à celui d'être le fermier de 600...

Incidences, en second lieu, de l'abolition du complexe des droits féodaux et seigneuriaux? Laissons de côté le problème encore en débat de la charge relative qu'ils avaient pu représenter, pour nous limiter à la seule question : où est allé le surplus de revenu net libéré au profit du cultivateur? Il fait peu de doute que les gains procurés par la participation plus large et plus fréquente à l'économie de marché ont été réemployés, soit dans de patientes acquisitions foncières, soit dans une certaine amélioration de l'alimentation — mais certainement pas dans le perfectionnement de l'exploitation.

La Révolution, en tout cas, ne semble pas avoir modifié les mentalités — en l'occurrence, les attitudes à l'égard de la terre. Qu'il s'agisse de l'esprit étroitement rentier des propriétaires ou, chez les ruraux, de la satisfaction d'une vieille « soif » de propriété ou de l'élargissement de l'auto-consommation, le temps n'est pas encore venu du passage à un système technique dans lequel on ne se contenterait plus de recueillir le don spontané de la nature.

---

1. Robert Forster (113).

A propos de quelques plantes : illusions et réalités.

La mesure déterminante d'un éventuel progrès serait évidemment celle du recul des jachères, et de l'avance corrélative des cultures fourragères. Cette mesure est impossible. De plus, dans la mesure où certaines régions, étroitement délimitées, sont d'ores et déjà spécialisées dans un élevage bovin destiné à la boucherie, pour la consommation des grands centres notamment, Paris ou Lyon — c'est le cas du pays d'Auge, ou du Charolais et du Brionnais — on ne peut considérer qu'il s'agisse là de zones touchées par quelque « révolution agricole », car on engraisse les bœufs sur les meilleures terres, qui portent naturellement des pâturages de bonne qualité. Ainsi que Pierre Chaunu a pu le dire, les fermiers normands regardent pousser l'herbe et s'endorment dans la facilité. En Saône-et-Loire, les grands propriétaires avaient dès longtemps fait fortune en affermant les prairies de leurs domaines à prix d'or [1]. Les progrès de la consommation urbaine poussent au développement de la spéculation sur l'herbe là où elle peut réussir d'elle-même, mais les prairies artificielles, elles, ne progressent que lentement et sporadiquement et plutôt dans les pays de céréaliculture riche ou intensive.

Autre équivoque : celle qui plane sur le rôle tenu exactement par la culture de la pomme de terre, venue — comme auparavant celle du maïs — s'insérer dans les assolements traditionnels à des dates variables selon les régions, mais en tout cas déjà bien avant l'Empire [2]. Les statistiques préfectorales lui assignent, en pourcentage des terres labourables, près de 8 % dans la Moselle, de 5 à 6 en Savoie, de 2 à 3 dans la Creuse et la Haute-Vienne, à peine plus d'1 en Flandre française ; la consommation par tête aurait atteint 800 g par jour en Moselle en 1801, 575 g en 1813 dans le Haut-Rhin. Pourtant, écrit Michel Morineau, « quelle qu'ait été l'ampleur de sa popularité, la pomme de terre était et est toujours restée, par rapport aux grandes cultures, aux céréales majeures, le seigle et le froment, une culture secondaire, une culture adventice » ; elle n'était d'ailleurs « ni la seule ni la première » :

1. Marguerite Rebouillat (123).
2. Michel Morineau (122).

avec le mil, les châtaignes, le sarrasin et, d'une façon plus générale, le maïs, la pomme de terre s'inscrivait « sur la liste des tentatives obscures et perpétuelles accomplies, de leur chef, par les paysans pour résoudre à leur niveau et avec leurs moyens le problème des subsistances ». Mais l'aire de culture de la pomme de terre n'était pas encore stable. Son développement, lié jadis à des poussées de misère : guerres, disettes — n'excluait pas des reculs quand l'abondance des grains revenait. Son usage restait celui d'un *ersatz*, marqué de trivialité par son passé de « manger à cochons », encore mal intégré à la cuisine et à la gastronomie, bref une nourriture de pauvres gens vivant dans le cadre de l'autosubsistance. En fin de compte, l'extension de la culture de la pomme de terre, loin de s'identifier avec le progrès de la technique agricole, correspondait plutôt à l'apparition d'une surcharge démographique et d'un processus de paupérisation à l'intérieur de certaines sociétés rurales. Ainsi Michel Morineau peut-il opposer le cas de la Flandre belge, où le département de la Lys, par exemple, producteur en abondance d'excellents grains, les exportait tandis que sa population ne consommait que 400 g de pain par tête et par jour et faisait de la pomme de terre sa principale nourriture, au cas de la Flandre française, où les habitants du Nord mangeaient avant tout un pain relativement blanc.

Effet secondaire : la pomme de terre permettait l'essor de l'élevage porcin en même temps qu'elle servait de nourriture d'appoint. Dans le Limousin, par exemple, à l'époque napoléonienne, « le plus petit ménage » peut désormais élever un ou deux cochons. Événement capital dans le progrès de l'alimentation paysanne, autrement dépourvue de viande [1].

L'information est au total plus sûre concernant les cultures appartenant en partie ou en totalité au secteur commercial. Ainsi de la vigne, dont il faut rappeler avec Ernest Labrousse qu'elle « constitue la grande catégorie du profit rural populaire ». La hausse du prix de l'hectare en atteste la prospérité, liée peut-être à une hausse de la consommation intérieure, mais aussi au développement des exportations sur le continent. En Saône-et-Loire, dans le vignoble des vins rouges du Mâconnais, vins de qualité

1. Jean-Jacques Hémardinquer (115).

moyenne, qui se vendent bien à Paris, l'hectare passe de 2 500 F
vers 1796 à 4 000 en 1807 [1]. En Côte-d'Or, Beaune, grand marché
national et international des vins de crus, achemine par roulage
des quantités de vins vers la Rhénanie et les pays mosans. Même
les vins du Sud-Ouest, les plus défavorisés par l'éloignement,
trouvent aux temps du blocus des débouchés dans les parties
septentrionales de l'empire et dans l'Europe du Nord : ainsi en
1808-1809 voit-on le négociant en vins Féron, de Paris, offrir
à la maison Briansiaux — le grand commissionnaire lillois — les
crus de son ancien associé Soulages, « qui sont les premiers du
Quercy », et ceux de « plusieurs propriétaires des meilleures côtes
de Bordeaux ». Le mode de transport n'est pas détaillé, mais
Féron assure : « Les moyens particuliers que j'aurai de faire arriver
ici mes vins me permettent de vous les offrir presque aux mêmes
prix qu'autrefois malgré que la voie de terre soit infiniment plus
coûteuse que celle de mer. » Mais, aussi, faut-il tenir compte du
caractère de marchandise assez précieuse de ces vins de Cahors,
qui « sont des vins de ressource, et que l'on vend toujours cou-
ramment parce qu'ils sont nécessaires à presque tous les marchands pour restaurer et améliorer leurs petits vins; aussi sont-ils
de tous les vins de Bordeaux *(sic)* les plus demandés aujourd'hui...
toujours cotés à Bordeaux à un prix à peu près double des Saint-
Émilion, palus et autres [2]. » Pour monter au sommet de la hiérarchie
oenologique, notons que la période napoléonienne est celle d'une
intense prospérité, malgré des difficultés passagères, pour les vendeurs de vins de Champagne — vins gris, vins rouges, mais de
plus en plus vins mousseux, dont la vente se développe depuis
1780 [3]. Les grands propriétaires et négociants d'Épernay, Moët
et Chandon, qui peuvent, dès 1801, se vanter d'avoir « la cave
la mieux approvisionnée de toute la Champagne », constatent
aussi la coïncidence entre les débuts du Consulat et une année de
récolte — 1800 — dont les vins « sont très excellents, bien clairs
et du meilleur goût... les meilleurs récoltés depuis longtemps...
Ils ont en outre une superbe mousse ». Aussi le chef de la maison,
ancien camarade du Premier Consul à Brienne, peut-il en faire

1. Marcel Vitte (131).
2. Arch. nat. 3 AQ 310 (Fonds Briansiaux).
3. Georges Clause (106).

offrir à l'intendant de Mme Bonaparte, comme jadis il eût fourni la cour. Mais comme, simultanément, les approches de la paix générale deviennent évidentes, on procède aussi à une offensive sur tous les marchés d'exportation, dont Rouen est la porte normale grâce à son accessibilité directe par la voie navigable. Angleterre, États-Unis; Hollande, Russie; Allemagne, Autriche — tels sont les grands clients, les trois derniers conquis et gardés en dépit de législations douanières sinon prohibitives du moins très lourdement protectionnistes. La récolte de 1801 ayant été au contraire médiocre, Moët et Chandon achètent à n'importe quel prix tous les vins de 1800 qu'ils peuvent rafler dans les meilleurs celliers et sur les meilleurs terroirs. Le printemps de 1802 est occupé par une frénétique activité d'emballage et d'expédition des fragiles flacons qui, dans les conditions techniques de l'époque, ont encore beaucoup à craindre du gel et de la casse. En mai, on évoque « les affaires extraordinaires que nous venons de faire cette saison [1] ». C'est près des trois quarts du commerce qui se fait alors avec l'étranger. On comprend donc que Moët et Chandon se soient trouvés parmi les premiers demandeurs de licences d'exportation lors de l'assouplissement du blocus, encore que les voies détournées et plus ou moins licites aient pu dès auparavant être utilisées.

Les cultures industrielles, enfin. Leur caractère de cultures de substitution est bien connu; encouragées par les hauts prix que garantit la pénurie des moyens normaux d'approvisionnement, elles connaissent localement des succès spectaculaires. Ainsi, en Normandie, la vogue des oléagineux — comme dans le Nord et en Picardie, du reste — est-elle considérable : le colza pallie l'absence d'huile de baleine comme d'huile d'olive; il se répand dans la plaine de Caen, dans le pays de Caux au point d'aggraver par sa trop grande extension la disette de 1812 [2].

L'histoire de la culture betteravière sous l'Empire, enfin, est la plus chargée qui soit de mythe et d'exagération. Elle a certes très nettement engagé l'initiative officielle, puisque c'est un décret impérial du 25 mars 1811 qui introduisit la betterave sucrière dans l'Empire, annonçant pour le 1er janvier 1813 la prohibition

1. Archives privées.
2. Jean Vidalenc (129).

comme marchandise anglaise du sucre de canne, prescrivant
pour 1811 l'ensemencement de 32 000 ha et leur répartition autoritaire entre un certain nombre de classes de départements. Mais
l'expérience ne devait durer que quatre ans à peine, anéantie à
la Restauration par l'invasion du sucre colonial à bon marché :
et son déroulement porta les résultats très au-dessous des prévisions. La betterave sous le Ier Empire, c'est un épisode sans lendemain : l'étendue limitée de l'expérience, en temps et en surface,
n'a en tout cas pas permis d'amorcer des transformations agricoles profondes. Parmi les handicaps, hormis la méfiance naturelle
à l'égard d'une nouveauté qui n'était pas issue de l'initiative des
cultivateurs eux-mêmes, il faut compter le rendement insuffisant
en sucre des espèces alors cultivées et, plus encore, le fait que
cette culture, fait inouï, était étroitement dépendante d'une véritable industrie de transformation du produit agricole. Or l'implantation de cette dernière était laissée à l'initiative privée, et l'harmonie ne s'établit pas du premier coup entre les besoins des cultivateurs — hantés par l'idée d'écouler difficilement leur récolte — et
les exigences des entrepreneurs — redoutant de ne pas disposer
d'un approvisionnement suffisant pour amortir les capitaux engagés.

L'Aisne, à titre d'exemple, faisait partie avec le Nord, le Pas-
de-Calais, la Somme, l'Oise et aussi le Bas-Rhin, de la première
classe des départements sucriers. Or, sur 400 ha d'ensemencements
qui lui avaient été assignés pour 1811, et 1 000 pour 1812, il n'en fut
réellement consacré à la betterave que 49, puis 515. Le département prenait rang ainsi loin derrière le Nord et surtout le Bas-
Rhin, que ses 3 500 ha, ses 500 000 kg de sucre produits par
14 sucreries détachaient nettement en tête[1]. Mais l'histoire des
entrepreneurs n'en est pas moins instructive. La betterave était
à peine l'affaire des agriculteurs, beaucoup plus celle de capitalistes entreprenants ou d'industriels. Les deux premières sucreries
furent celles de Costel, un pharmacien de Mailly, dans l'arrondissement de Laon, et de Huet-Delacroix, un notaire de Château-
Thierry. Ce dernier, en 1813, en vint à planter lui-même 160 ha
de betteraves pour alimenter sa fabrique. La troisième transfor-

---

1. Gérard Decottignies (109).

mait également sa propre récolte : c'était celle de Cougouilh, propriétaire à Mont-Saint-Martin, favorisée par la proximité du canal de Saint-Quentin dans son approvisionnement en charbon du Nord — les sucreries consommant pour des raisons calorifiques une forte quantité de combustible. Deux autres appartenaient à des négociants de Vailly (Wolf) et de Soissons (Lettu). Une sixième, à Fourdrain, dans l'arrondissement de Laon, était fondée par un ancien propriétaire colonial, Marion de la Brillantais. La dernière fondée, en 1813, à Roupy, près de Saint-Quentin, le fut par un filateur de coton très réputé, Arpin, qui avait déjà été le premier dans le département à introduire les mécaniques anglaises [1]. Le cas « moyen », on le voit, ne contredit pas l'exemple toujours pris du banquier Delessert et de ses sucreries parisienne et nantaise.

La complexité du rôle des cultures industrielles dans l'évolution de l'économie et de la société rurales apparaît peut-être au mieux dans un dernier cas : celui de la garance dans le département du Vaucluse [2]. Culture intégralement destinée à la vente (à la différence de la vigne, qui ne fournit encore dans cette région que de faibles quantités de vins de qualité méritant la commercialisation), introduite récemment et consolidée à l'époque impériale par son rôle de substitut à l'égard des produits tinctoriaux importés, la garance n'est pas directement un facteur de progrès agricole. En effet, elle ne vient pas s'insérer dans un assolement à prépondérance céréalière, et les façons culturales, l'engraissement du sol qu'elle appelle ne profitent qu'à elle : de fait, elle s'étend sur les marges jusque-là incultes des terroirs, suscitant le défrichement de « paluds » ou de « jonquiers » — zones marécageuses aux sols légers et humides. Et pourtant, c'est l'extension des garancières qui est pour les habitants de cette région l'événement révolutionnaire de ce début de siècle. La culture elle-même exige une main-d'œuvre abondante — depuis la préparation du sol jusqu'à l'arrachage des racines, les alizaris, et à leur emballage : aussi les journaliers trouvent-ils de l'emploi, à des prix en hausse. Les récoltants-vendeurs, qu'ils soient petits métayers ou exploi-

1. Arch. nat., F^{12} 1570.
2. Anne-Marie Lioux (119).

tants aisés, gagnent facilement de l'argent, payés comptant à des cours en hausse. Ils se procurent ainsi le numéraire nécessaire au paiement de l'impôt ou à l'achat des grains (dont la production est très instable). Aussi, note le maire de Carpentras dès l'an XI, « les haillons de la misère ont-ils presque disparu de notre sol malgré l'excessive quantité de non-propriétaires que nous comptons parmi nos citoyens ». D'autre part, l'abondance nouvelle de l'argent liquide, loin de faciliter seulement l'existence quotidienne, ou de valoriser parfois au centuple des terrains jusque-là méprisés, permet l'accès à la propriété, et enfin fournit des capitaux pour le développement d'autres cultures spéculatives telles que la sériciculture ou le safran — cette dernière plante ayant surtout l'avantage de précéder le blé et d'en élever sensiblement le rendement. Toutefois l'impression générale demeure que les cultures nouvelles — cultures industrielles pour l'essentiel — ne sont admises par le monde paysan qu'à la condition de ne pas bousculer le système traditionnel de culture des grains : aucune transformation fondamentale n'est donc encore à attendre de succès localisés.

2. Les malheurs du grand commerce maritime

Si la résistance au changement reste donc le phénomène dominant dans le secteur agricole, où les bouleversements ne semblent décidément pouvoir venir que de grands mouvements de fond de la démographie ou de la conjoncture des prix, en revanche c'est la fragilité et la catastrophe qui paraissent le lot inévitable du grand capitalisme tel que l'avait connu le XVIIIe siècle — celui de l'armement maritime et du négoce colonial. Tout au plus des nuances peuvent-elles être apportées à un tableau général qui est bien celui d'une destruction.

Ces nuances sont bien connues dans le cas de Bordeaux grâce à des travaux récents [1]. Ils font apparaître ici une courbe descen-

1. Paul Butel (103).

dante coupée d'une succession de reprises partielles. Pour juger
des atteintes subies par l'économie du port, il faut en effet garder
présentes à l'esprit les conditions complexes de son activité : Bordeaux était un port de réexportations coloniales faisant l'objet
— quant au sucre — d'un traitement industriel sur place; mais
aussi un port d'exportation des vins régionaux, élément de stabilité dans son trafic. Les Anglais interdisaient les liaisons directes
avec les colonies, effectuées par des navires français : mais le
commerce indirect par l'intermédiaire des États-Unis, sur navires
neutres, restait possible. Des capitaux importants étaient immo-
bilisés — et, à Saint-Domingue notamment, furent finalement
perdus — dans les plantations des Iles ou chez les correspondants
commerciaux, sous forme de revenus ou de créances difficiles à
rapatrier, de domaines difficiles à vendre; mais les bénéfices réalisés
en France dans les moins mauvaises années, avant 1798, se consolidaient sagement dans les acquisitions foncières. Le commerce
bordelais aborda en fait le Consulat dans des conditions encou-
rageantes, au sortir d'une crise assez brève (1798-1799) et dans la
perspective d'une prochaine reprise commerciale. De 1801 à
1803, il partagea avec l'ensemble des ports français, ainsi qu'avec
le négoce et la banque parisiens, les fallacieux espoirs de retour
aux affaires faciles que suscitèrent, successivement, l'engagement
de pourparlers de paix avec l'Angleterre, l'envoi d'une expédition
militaire à Saint-Domingue, des spéculations sur le développement des échanges avec l'océan Indien. Et, plus tard encore, les
apparences d'un prochain débarquement en Angleterre. Ainsi
est-ce un peu après le tournant du siècle que le XVIIIe siècle va
mourir pour de bon, du point de vue de l'économie d'échanges.
Bonaparte n'était certainement pas insensible à l'idée d'un grand
redressement de la position océanique de la France, soutenu par
l'enthousiasme de capitalistes dont certains lui touchaient de près,
par le renforcement des moyens navals de la France et de l'Espagne,
par le rétablissement de l'empire colonial. Sans doute même n'a-t-il
jamais par la suite complètement abandonné l'idée — quelques
efforts français d'intervention dans les premiers mouvements
d'indépendance de l'Amérique latine à l'égard de l'Espagne le
confirmeraient. Mais le choix stratégique, fait en 1805 pour répondre aux menées britanniques, à la pression d'une économie domi-

nante qui entendait exploiter la paix d'Amiens à son seul profit, fut décisif; il impliquait non seulement une certaine façon de faire la guerre, mais aussi une nouvelle conception du développement économique de la France, fondant à son tour sa domination économique sur une sphère continentale âprement défendue.

A Bordeaux — et ailleurs — il est probable, pour autant que le suggèrent les faillites, à peu près seules à nous renseigner, que le mouvement d'investissements — fondations de nouvelles sociétés, entreprises d'armement — se solda après la rupture avec l'Angleterre par de nouvelles pertes. Mais non point, et pas plus que précédemment, par une ruine totale. P. Butel insiste, pour les années 1804-1807, sur l'importance du recours — une fois de plus — aux intermédiaires neutres, non seulement pour les relations transatlantiques, mais aussi et plus pour le grand cabotage sur les côtes européennes : c'est alors que les liens, qui sont aussi humains (immigration marchande, alliances matrimoniales) se renforcèrent avec le Danemark, l'Allemagne du Nord. Le drame final ne date que des blocus — le français et l'anglais — tels que les définissent les mesures de 1806-1807, qui éliminèrent les vaisseaux neutres et limitèrent les possibilités de cabotage aux côtes des Charentes et de la Bretagne méridionale. Les vins eux-mêmes ne purent plus se vendre, sauf occasionnellement sous le régime des licences. C'est alors qu'apparaît irrémédiable la « désindustrialisation » signalée par François Crouzet dans diverses régions de l'Aquitaine qui dépendaient commercialement et financièrement du négoce bordelais [1]. A Bordeaux même, l'armement en course ou l'armement en aventure ne représentent que des solutions de rechange extrêmement limitées. Plus grave, sans doute : depuis 1793, Bordeaux a perdu son rôle de redistribution internationale. Pendant les reprises mêmes, il n'apparaît plus comme un grand marché européen, mais seulement comme un port régional et national. Ce sont les ports « entre Escaut et Vistule » qui recueillent la maîtrise du marché des produits coloniaux.

Le cas de Marseille présente certaines analogies avec le précédent. L'horizon proche n'est pas ici celui des côtes de l'Europe occidentale et septentrionale, mais celui du bassin méditerranéen.

1. François Crouzet (108).

Les neutres, ce ne sont pas les Danois ou les Prussiens mais les Ragusains et surtout les Grecs ottomans. Les ports qui vont recueillir une part au moins de l'ancien rôle de Marseille, c'est Gênes ou Trieste, Livourne ou Malte. Comme à Bordeaux, le trafic connaît une reprise de 1801 à 1807, mais si les navires et les marchandises sont de nouveau là, les acteurs et le pavillon cessent d'être français. En tout cas, les efforts de reprise en direction des Iles, de l'Amérique du Nord ou de l'océan Indien sont à peu près nuls : ici, l'outre-mer, c'est le Levant [1].

Marseille, on le verra, s'est en quelque mesure sauvée par un nouveau départ de ses industries, ainsi que par le développement d'un rôle de redistribution régionale auquel aida sans doute le déclin des foires de Beaucaire et l'animation croissante de la circulation routière et fluviale dans le couloir rhodanien.

Les ports de la Bretagne et de la Manche ont certainement souffert d'une paralysie plus totale. Nantes avait fait de la traite négrière son activité la plus lucrative : elle se trouva totalement anéantie. En revanche, elle put tirer quelques compensations de sa situation géographique : moins étroitement surveillé par les navires anglais, son port, enfoncé au plus creux du golfe de Gascogne, était le meilleur point d'atterrissement pour les cotons bruts des États-Unis ou du Brésil, aussi longtemps que des navires neutres purent les apporter, en provenance notamment de Lisbonne; de Nantes, le trajet par terre était le plus court jusqu'à Paris, devenue bourse nationale du coton, et de là jusqu'aux régions industrielles. C'est pourquoi les Delessert, par exemple, n'hésitèrent pas à y transférer leur filiale du Havre. Étonnant renversement des rapports : tandis que certaines affaires nantaises se repliaient sur Paris et sur le commerce de commission, des affaires parisiennes se donnaient des antennes dans les ports. Les places maritimes ne jouaient plus qu'un rôle subordonné, accueillant des arrivages aléatoires, irréguliers, dont la capitale devenait le marché. Paris, poste central d'une activité malsaine de spéculation, qui jouait moins sur les quantités que sur les « différences »...

Bien que l'étude en soit encore à faire, la société nantaise

1. Pierre Echinard (112).

d'après la Révolution, dans le prolongement d'un processus caractéristique dès le XVIIIe siècle, semble bien s'être retournée vers la terre, dans un grand mouvement de repli des capitaux, de « seigneurialisation » du genre de vie, d'alliances avec les familles de l'ancienne aristocratie foncière. Jean Meyer a déjà posé la question [1] : où est donc passé tout l'argent manipulé par les gens d'affaires des ports bretons? Peut-être est-il allé s'investir sans retour dans les beaux domaines de l'arrière-pays nantais, préférant les revenus sûrs de la vigne ou des herbages à de nouvelles aventures industrielles, au demeurant peu favorisées par les nouvelles conditions du commerce international. C'est à un personnel largement renouvelé qu'incombera la difficile remontée économique du XIXe siècle.

Un élément à verser au dossier : les événements « troublants » qui se passent, d'une part dans le Maine-et-Loire au temps des ventes nationales, d'autre part à Nantes même. Parmi les douze plus imposés à la contribution foncière en 1802, on relève dans le Maine-et-Loire, outre le marquis de Walsh-Serrant, en première ligne avec 16 700 F de contribution, le négociant angevin Boreau de la Besnardière, en huitième rang (5 300 F), et l'indienneur nantais Petitpierre, le plus fort acquéreur de biens nationaux. Boreau de la Besnardière le père avait été l'actionnaire commanditaire, de 1775 à 1785, de la manufacture de toiles peintes de Tournemine-les-Angers, ainsi d'ailleurs que d'autres établissements industriels. Comment interpréter ces acquisitions foncières? En ce qui concerne Petitpierre, venu de Neuchâtel prendre la tête du principal atelier d'impression de Nantes, l'achat de biens ruraux paraît bien avoir été le signe d'une entrée en sommeil de la fabrication, qui ne permettra pas d'ailleurs d'échapper à la faillite en 1806. Le secret de la réussite avait résidé dans les facilités d'approvisionnement aux ventes de Lorient comme dans la certitude des débouchés procurés par l'armement maritime. Depuis l'arrêt du commerce lorientais et la chute de la Compagnie des Indes, Petitpierre a dû acheter à Paris de seconde main et cher — en Suisse, aussi, à Neuchâtel ou à Bâle. Quant aux clients, la maigreur du poste des créances actives en dit long sur le marasme

---

1. Jean Meyer (120).

du marché — car, bien sûr, comment incriminer le fournisseur quand il est d'une telle réputation? Quant à Boreau de la Besnardière, le fils, il avait dès 1785 renoncé à s'intéresser plus longtemps à la manufacture de Tournemine; ce « négociant » était sans doute un grand seigneur de province parvenu — depuis 1791, il était propriétaire de la seigneurie de Martigné-Briant, un bien valant près de trois cent mille livres [1]. Les successeurs de Boreau de la Besnardière et de ses associés, d'ailleurs, suivirent la même voie : Serge Chassagne a retracé la politique des « négociants » Lemasurier et Bayon qui, de 1791 à l'Empire, se lancèrent dans l'investissement foncier en sélectionnant les biens les plus rentables tandis que la manufacture, elle, piétinait. Belle occasion pour son historien de souligner le reflux du capital du négoce ou de la manufacture vers les terres de bon rapport, et de rendre compte ainsi de l'échec de toute entreprise de substitution et, finalement, de l'industrialisation de l'Ouest angevin — et nantais — au XIXe siècle. A condition, toutefois, de prendre également en considération le fait que cet Ouest, tout simplement, n'offre plus le cadre économique séduisant qui lui avait permis naguère d'attirer les capitaux et les énergies. On en trouverait la confirmation, une ou deux générations plus tard, dans l'histoire de la branche nantaise des Say : tous les mariages s'y concluent dans la seconde moitié du XIXe siècle avec la noblesse bretonne, et les descendants des sucriers sont devenus propriétaires-agriculteurs, ou officiers. Et pourtant, la souche des chefs d'entreprise s'était bien renouvelée à l'époque napoléonienne...

Sur la face nord de la Bretagne et sur les côtes normandes ou artésiennes, l'arrêt des activités a été le plus précoce en raison de la maîtrise totale des Anglais dans le bras de mer. Les espoirs conçus au Havre ou à Dieppe ont dû être abandonnés en 1803. A Saint-Malo, les difficultés de la période révolutionnaire et impériale s'inscrivent dans la pente d'un déclin continu depuis le deuxième quart du XVIIIe siècle. L'horizon commercial lointain ne dépassait plus l'Espagne depuis longtemps; en espérant toujours une reprise du commerce avec l'Inde, on se contentait du grand cabotage ou de la pêche morutière. Brest, Morlaix ou Gran-

1. **Serge Chassagne (105).**

ville; Isigny, Honfleur ou Boulogne se répartissaient hors du temps du blocus un trafic essentiellement fondé sur les ressources agricoles ou artisanales de leurs arrière-pays immédiats.

Quand la paix reviendra, deviendra manifeste le report de la grande activité maritime sur l'axe de la Basse-Seine, voie de liaison entre Paris et l'Angleterre — et aussi la détresse relative de ports voués à desservir des économies régionales faiblement exportatrices, privés définitivement de leur prélèvement de bénéfices sur la circulation internationale des produits tropicaux, fixant peu d'industries nouvelles. Ligne de faiblesse d'une économie qui n'a pas eu le temps, dans la brièveté de l'épisode napoléonien, de compenser ses pertes.

3. Une première industrialisation

Les conditions françaises.

Le secteur industriel est le seul à propos duquel on puisse dire avec certitude qu'une routine est rompue, qu'un progrès qualitatif et quantitatif est reconnaissable dans les années 1800-1815. Certes, la notion d'un saut brusque dans l'âge industriel, à supposer qu'elle ait une valeur pour quelque pays, n'en a aucune dans le cas de la France. La croissance industrielle y apparaît lente et entrecoupée. Cependant il est incontestable que la période napoléonienne coïncide avec la définition d'un ensemble de conditions économiques nouvelles, ainsi qu'avec une modernisation décisive de quelques branches de l'industrie, en sorte que si l'on voulait absolument assigner un point de départ au processus de la révolution industrielle dans notre pays, ce serait assurément dans les premières années du XIXe siècle, et non pas avant 1789, ni non plus nettement après 1815, qu'il conviendrait de le fixer. Encore faut-il adopter une chronologie très souple. Si important qu'ait pu être l'effet psychologique de la stabilisation consulaire, le premier dessin d'une rénovation industrielle est lisible dès le temps du Directoire. Quant à la chute de l'Empire, elle n'introduit pas une coupure dans l'histoire économique de la France. La crise du commerce et de l'industrie, sensible depuis la fin de 1810, la crise du passage à la paix en 1814-1815 n'ont pas anéanti les entreprises qui étaient nées et qui avaient prospéré dans les dix ou quinze années antérieures. Les affaires ont subi des pertes sensibles, dues notamment dans le textile à une dévalorisation des stocks de coton brut et à la contraction du marché. Mais quelques faillites ne signifient pas que l'élan ait été complètement brisé. Et, très vite, ce sera la politique du « blocus en pleine paix », le retour inévitable au protectionnisme.

De part et d'autre de la Révolution, les conditions du développement industriel se sont profondément modifiées. L'économie française n'est plus dans sa situation des années 1780; elle ignore les conditions dans lesquelles s'est mue dès l'origine l'industrialisation britannique. Jusqu'au début des années 1790, elle avait bénéficié de l'intégration aux grands circuits du commerce maritime mondial. Depuis les guerres, elle est de plus en plus rigoureusement, mis à part quelques intermèdes, continentale et fermée. Cette évolution peut avoir des répercussions ambiguës : certes, le retour des gouvernements de la Convention, du Directoire et de Napoléon à une politique protectionniste ou prohibitionniste, l'organisation de la guerre économique enfin, étendue à une grande partie de l'Europe, paraissent aboutir à délimiter un espace commercial vaste et abondamment peuplé, théoriquement très favorable à une expansion industrielle que soutiendrait l'innovation technologique — beaucoup de manufacturiers étant parfaitement conscients de la nécessité de saisir l'occasion non seulement pour recueillir la clientèle européenne de l'industrie britannique, mais aussi pour combler le retard par rapport à la Révolution industrielle déjà accomplie chez l'ennemi. Cela est d'autant plus vrai en apparence que cet espace économique devient une sorte de « marché commun à sens unique », au sein duquel des traités de commerce imposés ou des décisions unilatérales organisent les échanges en fonction des seuls intérêts économiques de la France; ainsi le royaume d'Italie est-il obligé de diriger ses soies brutes vers Lyon et d'accueillir les toiles françaises à l'exclusion des helvétiques; ainsi la ligne de douanes du Rhin, barrant le chemin à la libre circulation des exportations de la grande région industrielle du

duché de Berg, impose-t-elle à un certain nombre d'entreprises
d'émigrer en France pour retrouver la sécurité du marché. Mais
est-ce suffisant? L'impérialisme de la politique française ne supplée
pas à d'autres carences. Le marché intérieur, ample par ses dimensions démographiques, n'est sans doute pas capable d'absorber
de grandes quantités de produits offerts par l'industrie textile
mécanisée — draps, toiles et toiles peintes. L'atonie, l'inélasticité
de la demande nationale : thème constant des plaintes des fabricants, hormis même les temps de crise aiguë. Sans doute le pouvoir d'achat, et aussi l'orientation vers ce type d'achats restent-ils
alors trop faibles. Depuis 1789, seuls les salaires agricoles paraissent avoir connu une hausse marquée, équivalente ou supérieure
à celle du coût de la vie. Les salaires « industriels » en revanche,
à l'exception de Paris où la spécialisation des métiers et d'irrégu-
lières poussées de la demande (bâtiment, consommation de luxe)
favorisent l'augmentation des prix de journée, ont probablement
connu une dégradation de leur valeur réelle. Analysant la situation
sociale dans le département de Jemmapes, R. Darquenne estime
que l'augmentation des salaires nominaux « n'atteignit pas 10 %
par rapport à 1789 alors que le pain et la viande avaient respectivement haussé de 50 et de 30 %. » Le salaire, fixé par l'autorité
préfectorale à un franc c'est-à-dire au voisinage du minimum nécessaire à la survie, est dans la pratique souvent inférieur à ce niveau.
Contrairement à une opinion très répandue, R. Darquenne juge
que les circonstances de la guerre n'ont pas joué en faveur des
salaires : « Au lieu de raréfier les bras, la conscription est un allié
puissant des patrons par la masse des réfractaires et des déserteurs »,
qui doivent bien se débrouiller pour gagner leur vie, et que les
industriels n'hésitent pas à employer, au risque d'être condamnés,
parce qu'ils « tiennent à leur merci une main-d'œuvre docile et
presque gratuite ». Quant aux revenus des paysans propriétaires,
des métayers et des fermiers, il faudrait savoir dans quelle mesure
ils ont consacré les suppléments dont ils ont certainement disposé
depuis la Révolution à une consommation de produits non alimentaires.

D'autres facteurs encore entrent en ligne de compte pour freiner
le progrès industriel. Le coton brut est en hausse du fait des difficultés d'approvisionnement. Les tisserands ruraux — le tissage

n'étant encore guère ni mécanisé ni concentré — exigent des prix de façon également en hausse. Les produits de l'industrie « mécanique » ont sans doute, dans ces conditions, du mal à s'imposer, auprès des clientèles rurales, de préférence à ceux de l'artisanat traditionnel. Dans d'autres secteurs — de celui de la toile de Jouy à la draperie de Louviers et d'Elbeuf ou à la papeterie des Montgolfier et Canson — l'attachement à la fabrication du produit de qualité à un prix élevé contrarie la progression des articles de grande consommation. Préalable non écarté, enfin : celui d'une bonne infrastructure de communications routières et fluviales. Faute de ces facilités, trop de régions de France restent faiblement irriguées par la circulation marchande, les liaisons sont mal établies malgré les efforts de Napoléon avec les autres États européens, la sidérurgie continue à préférer à la houille un bois pourtant relativement rare et cher.

La mécanisation de l'industrie cotonnière.

La filature du coton s'est massivement engagée dans la voie de la mécanisation entre la fin du Directoire et les années 1810-1812. Ce mouvement a d'abord été largement spontané : il a été le fait d'entrepreneurs audacieux qui, dès avant 1800, ont souhaité tirer parti des inventions techniques anglaises pour implanter en France une industrie qui, la paix revenue, saurait résister au retour des importations en provenance des îles Britanniques. Charles Albert et Liévin Bauwens se disputèrent ainsi l'honneur d'avoir le premier ramené sur le sol national des ouvriers, des dessins ou des pièces à l'aide desquels une industrie moderne allait se développer en France.

La reprise des relations commerciales avec l'Angleterre, dès avant la paix d'Amiens, modifia la situation. Cette reprise convenait aux intérêts des indienneurs, accoutumés à s'approvisionner en toiles blanches des Indes orientales aux ventes des Compagnies — à Londres, Anvers, Copenhague. Et l'indiennage, à la fin du XVIIIe siècle, c'est en France encore pour quelques années l'industrie de pointe — une industrie qui s'est brillamment développée et dans laquelle les entreprises se créent encore constamment, après avoir été longtemps entravée dans son essor par les résistances des lainiers ou des soyeux français [1]. Elle contrariait à l'inverse les intérêts des manufacturiers en fil et des marchands-fabricants qui contrôlaient le tissage. Ces derniers réussirent à exercer une pression décisive sur Napoléon et ses ministres : ils emportèrent le décret du 22 février 1806, bien antérieur au blocus — qui imposait des droits très élevés aux cotons bruts et filés, et prohibait les toiles, blanches ou peintes, et les mousselines. Les filateurs se condamnaient d'ailleurs par là-même non seulement à subir la hausse de la matière première, mais à réussir la substitution quantitative et qualitative de leurs fournitures à celles de l'Angleterre et du grand commerce international, faute de quoi l'indiennage, situé en bout de chaîne, péricliterait. Les textes montrent qu'ils ne craignaient rien ; ainsi leur adresse à Napoléon dès le 28 février :

« Sire ! V. M. a bien voulu prendre en considération les réclamations des fileurs et tisseurs français et déjà votre décret du 22 février ranime nos espérances. Daignez, Sire, en agréer l'hommage de notre respectueuse reconnaissance. Oui, Sire, tout effrayés que nous soyons du droit imposé à l'introduction des cotons en laine, nous osons nous flatter que l'exécution stricte et sévère des intentions salutaires du décret, en débarrassant l'industrie française du monopole de nos ennemis, rendra à nos ateliers toute l'activité possible et nous donnera les moyens de fournir aux manufacturiers de toiles peintes des belles qualités à des prix modérés, en quantité suffisante et même au-delà de leurs besoins, pour les amener à regarder ainsi que nous le décret du 22 février comme un nouveau et important bienfait de V. M. Nous sommes, etc.

Les fileurs du département de la Seine et des environs : Richard-Lenoir Dufresne ; Simon Thaddée Pobecheim ; La Rochefoucault-Liancourt ; Benjamin Delessert ; James Thayer ; Dufrayer et fils ; Sagniel ; Sevène frères ; Bardel ; Tiberghien ; Despereux ; Lehoux ; Charles Albert [2]. »

Ainsi la filature et le tissage du coton reçurent-ils une impulsion très vigoureuse de la situation artificielle où les plaçait la poli-

---

1. Sur cet arrière-plan, voir l'exposé synthétique de **Serge Chassagne** (105).
2. Arch. nat., AF IV 1060.

tique douanière de l'empereur. En peu d'années les créations de filatures mécanisées se multiplièrent, le tissage des toiles de coton — un fileur à la mécanique alimentant le travail de dix tisserands — gagna dans les campagnes sur celui des anciens textiles, lin ou chanvre, des régions industrielles se constituèrent. Ni l'audace économique, ni le savoir technique — diffusé notamment par Paris — ne firent défaut, pas plus que les capitaux. Décidément, le retard industriel accusé jusque-là par la France ne pouvait être imputé à quelque incapacité fondamentale du tempérament national [1].

La région saint-quentinoise offre un très bel exemple de l'installation victorieuse du coton. Suivons à ce propos l'historique du marquis de Nicolaï, préfet de l'Aisne au début de la Restauration [2]. Avant 1789, dans les communes rurales des arrondissements de Saint-Quentin, Vervins, Cambrai, Bapaume, 70 000 ouvriers tissaient des linons et batistes que Saint-Quentin blanchissait, apprêtait et repassait. 150 000 pièces de ces toiles de lin, valant de onze à douze millions, étaient exportées pour les quatre cinquièmes. On était tombé à 50 000 pièces en 1800, remonté à un maximum de 115 000 en 1807, retombé à 45 000 à la fin de l'Empire et au début de la Restauration. Mais la région ne s'était pas appauvrie pour autant : si le lin ne faisait plus travailler que 34 000 ouvriers pour un produit de quatre millions de francs, le coton avait pris la relève depuis 1804; les filatures de Samuel Joly, à Saint-Quentin, d'Arpin, à Roupy, et les filés envoyés par la région lilloise alimentaient désormais le tissage de 160 000 pièces, valant sous Napoléon 20 millions. En 1815, alors même que les cours s'étaient effondrés, toiles de lin et toiles de coton représentaient encore un produit annuel de 17 millions, soit 5 de plus qu'en 1789; et les tissus de coton, moitié moins chers désormais que les toiles de lin, voyaient s'ouvrir par leur bas prix un marché de plus en plus large en France.

Hormis Paris, les trois pôles de la croissance industrielle cotonnière — et par suite de la croissance industrielle tout court — sont les régions rouennaise, lilloise et mulhousienne. Dans chacune

1. Ces problèmes se trouvent repris dans L. Bergeron (99).
2. Arch. nat., F[12] 1570.

d'elles, rythme et modalités de l'industrialisation ont leur originalité. A Rouen, ou autour de Rouen, les choses sont allées
très vite entre 1785 et 1803. Dès 1785, Defontenay avait installé
à Louviers la première filature à continues — la machine d'Ark-
wright ayant été introduite en France par Milne. Le traité libéral
de 1786 avait provoqué la faillite de vingt-trois manufactures de
toiles peintes, totalisant un passif de près de deux millions de
livres, en 1788-1789; la production des cotonnades était tombée
de 25 %; mais la crise devait aussi fournir l'occasion d'une « percée
technique », du reste imparfaite. En 1792, à Lillebonne, c'est la
manufacture de Jacques Lemaître et fils, un riche marchand-
fabricant de Bolbec; à Fontaine-Guérard, celle de Guéroult,
à la tête d'une société de fabricants et négociants rouennais, au
capital de 300 000 livres en 30 actions; celle de Sykes, à Nonancourt
dans l'Eure; en 1795, celle de Franck Morris à Gisors... Defontenay, Lemaître et Guéroult ont bénéficié des compétences d'un
technicien anglais, Hill, pour l'installation de leurs usines. On n'en
est pas encore à la génération des constructeurs et techniciens
français qui, après 1800, aura acquis son autonomie. Toutes ces
créations, toutefois, ont en commun d'utiliser la continue : une
machine chère, nécessitant la force d'une chute d'eau ou d'une
machine à vapeur, et ne produisant que des fils forts pour la chaîne.
La *mule-jenny*, c'est l'invention « définitive », selon le mot de
Paul Mantoux, celle qui, plus légère et bien meilleur marché,
donne à la fois des fils forts et fins, de chaîne comme de trame.
Peut-être apparaît-elle chez Lemaître en 1796; en tout cas elle
se généralise dans la région rouennaise de 1800 à 1803, à la faveur
de la paix et de la reprise de la demande intérieure. Seize filatures
hydrauliques sont alors créées. A Deville, Rawle en installe une
première en 1801, avec une machine importée de Manchester,
une seconde en 1802; en 1808 elles totalisent 18 000 broches, et
alimentent 300 métiers à tisser dans le Nord et le Pas-de-Calais.
Pinel, à Rouen, fait tisser autour de la ville et à Cholet. En 1804-
1805, le commerce stagne, les investissements fléchissent : effet
de la concurrence des filés britanniques, certes; baisse de la consommation aussi, sans doute, effet de la crise bancaire parisienne,
peut-être, en raison des liens financiers qui unissaient les deux
villes. Mais du printemps de 1806 au printemps de 1808, l'ascension

reprend, l'industrialisation progresse dans les communes voisines de Rouen : Maromme, Bondeville, Le Houlme... A la veille de la crise de 1808, provoquée par les hauts prix du coton qui, désormais, vont étouffer l'expansion en faisant reculer la consommation populaire, la Seine-Inférieure et l'Eure possèdent près de 450 000 broches sur un peu plus d'un million pour l'ensemble de l'Empire [1].

Dans le Nord, on observe un certain décalage, ainsi qu'une dimension plus faible des entreprises. Les *mules* apparaissent chez Lefebvre-Burghelle à Seclin, chez Desurmont à Tourcoing, chez Roussel-Grimonprez à Roubaix, entre 1801 et 1803. Mais le mouvement paraît s'accélérer ici dès les années 1804-1806, après la rupture de la paix d'Amiens, et plus encore de 1806 à 1808 : l'équipement en broches du département du Nord passe alors de 45 000 à 132 000 unités, et atteindra 200 000 en 1810. La plus grosse affaire est à Douai, où Gautier-Dagoty, la plus importante filature du Nord avec 9 000 broches, contrôle en même temps tissage et indiennage — formule d'intégration qui est presque de règle à l'époque dans toutes les entreprises de quelque envergure, car elle présente des garanties dans une période d'organisation imparfaite de ce secteur industriel.

En haute Alsace, les conditions et la ligne du développement sont encore autres [2]. Le développement de l'industrie cotonnière y est avant tout soutenu par la puissance sans cesse croissante de l'indiennage, imputable au voisinage de la Suisse. Repli en France d'indienneurs neuchâtelois contraints d'abandonner le berceau de leur industrie pour retrouver le marché français; apports techniques et financiers des Bâlois; proximité du Rhin — voie d'exportation ou voie de contrebande — tous ces facteurs contribuent à multiplier les ateliers d'impression. D'où, particulièrement quand l'approvisionnement en toiles exotiques ou simplement étrangères se fera difficile, une forte pression en faveur du développement de la filature et du tissage autochtones. Dès 1802 Gros, Roman et Davillier ont adopté à Wesserling le principe de l'intégration technique. Les autres créations sont cependant

1. D'après Hiromasa Suzuki (125).
2. André Brandt (101).

plus tardives : notamment les filatures de Nicolas Koechlin à Masevaux (1808), de Nicolas Schlumberger à Guebwiller (1810), de Daniel Dollfus-Mieg à Dornach (1812) : ce dernier achetant une part des houillères de Ronchamp et Champagny.

Les commandites dans quelques entreprises textiles d'Alsace sous le Ier Empire *.

Entreprises	Commanditaires	Commandite en F	
Blanchenay, Bridel et Cie (successeurs d'Osterried, Haussmann et Cie), Mulh.	Frères Mérian, Bâle	100 000	en 1811
	Hosch-Mérian, Bâle	100 000	
	J. D. Bridel et f., Vevey	200 000	
Dollfus, Mieg et Cie, Mulh.	Mérian frères, Bâle	2 000 000	1810
	Jacques-Louis Pourtalès	100 000	
Graf, Thierry et Cie, Mulh.	Preiswerck et Zimmerlin, Bâle	250 000	1809-10
	Christophe Bourcard et Cie, Bâle	250 000	
Hartmann, à Munster	Soëhnée aîné et Cie, Paris		
Nicolas Koechlin et fr., Mulhouse	Cousins Mérian, Bâle	575 000	1808
	Jacques-Louis Pourtalès	100 000	1810
Risler, Koechlin et Cie, Mulhouse	Bourcard-Tourneisen	200 000	1811
	Jérémie Stehelin	200 000	
	Mérian-Kuder	200 000	
	Frey, Tourneisen et Christ, tous de Bâle	200 000	
Schwartz, Risler et Cie, Mulhouse	Baron de Fries, Vienne	200 000	1806
Vetter, Thierry et Grossmann, Mulhouse	Emmanuel La Roche	300 000	1811
	Jean-Rodolphe Gemuseus	300 000	
	Martin de Martin Wenck tous de Bâle	300 000	
Jean Hofer et Cie, Mulh.	Jacques-Louis Pourtalès	500 000	1811
Schlumberger et Hofer, Mulhouse	— — —	100 000	1811
Daniel Schlumberger et Cie, Mulhouse	— — —	150 000	1812
Wichelhausen, Colmar	— — —	37 000	1811

Ainsi, vers 1811, peut-on estimer à plus de six millions le montant des commandites suisses dans l'industrie textile de la haute-Alsace — principalement, il est vrai, dans des indienneries.

* Source : Archives économiques de la Suisse à Bâle, *Zirkularsammlung*. Se reporter, d'autre part, à la thèse de Maurice Lévy-Leboyer, p. 448-452.

Une nouvelle étape de l'industrie chimique.

Liée techniquement et géographiquement aux industries textiles — soie et laine aussi bien que coton — l'industrie chimique est en plein progrès depuis la seconde moitié du XVIIIᵉ siècle : elle est en train d'assurer la substitution de produits artificiels aux produits naturels dans les opérations de blanchiment, apprêt, teinturerie — ainsi que dans la fabrication des savons. A la différence de l'industrie textile, où l'innovation est issue de façon empirique de l'initiative des gens de métier, l'industrie chimique s'est modernisée sous l'impulsion d'un progrès typiquement scientifique. Ce progrès est pour l'essentiel accompli avant notre période. Qu'il s'agisse de l'acide sulfurique, de l'acide chlorhydrique ou de la soude artificielle, les découvertes et leur application industrielle sont antérieures à la Révolution : les établissements de Rouen, de Javel (Paris) ou de Montpellier sont là pour en témoigner. Toutefois, jusqu'à l'époque napoléonienne, l'industrie chimique se détachait encore mal « d'un artisanat de droguistes et de teinturiers », aux établissements petits et rares [1]. Désormais, au contraire, ainsi que le souligne Chaptal — homme de chimie appliquée autant que théorique, industriel pionnier — le fabricant cesse de se méfier des conseils du savant. « La chimie vient de faire de si grands progrès, son utilité est si généralement reconnue, ses applications... sont devenues si nombreuses, que nous ne voyons plus une fabrique importante dont la direction ne soit confiée à un homme instruit dans cette science. On voit des chimistes à la tête des plus grandes entreprises. La science et la pratique se sont éclairées réciproquement et l'on marche à grands pas vers la perfection [2]. » C'est assurément ce que montre l'histoire de l'industrie chimique dans ses principaux centres du temps : région parisienne et région marseillaise, d'ailleurs unies par certains liens personnels. Pas de meilleur témoignage, au reste, que celui de l'évolution des affaires de Chaptal lui-même. Dès 1782, à La Paille, près de Montpellier, Chaptal avait construit et équipé une fabrique d'acides sulfurique et chlorhydrique. Il l'abandonne en 1799,

1. André Thépot (126).
2. Cité par Robert Tinthoin (128).

mais c'est au profit de l'usine des Ternes, qu'il vient d'installer sur 6 ha à Neuilly, en association avec Philippe Coustou, chef d'une maison de commerce et de commission de la rue des Jeûneurs [1]. En 1809, il met l'affaire au nom de son fils et de Berthollet fils [2]. Il crée deux nouvelles usines, l'une à La Folie (Nanterre), l'autre au Plan d'Aren (Fos). Les capitaux engagés sont importants : 200 000 F à Neuilly, 500 000 F à Fos. Dans tous les cas, on note le souci d'installation à la fois à l'écart des agglomérations urbaines (c'est la première des industries « insalubres » modernes — partageant ce « privilège » avec les tanneries) et à proximité des grands marchés d'approvisionnement en matière première (les salins) ou de consommation industrielle (région parisienne, Marseille). Mais l'exemple de Chaptal n'est pas isolé. Il faut encore citer celui de Darcet, le fils de celui qui avait inauguré la chaire de chimie du Collège de France en 1774; vérificateur des essais de la Monnaie, il groupe autour de lui d'autres fonctionnaires de la même institution — Anfrye, Gautier, Barrera — et tous s'engagent à la fois, vers 1809-1811, dans l'affinage des métaux, la fabrication des soudes factices à Saint-Denis (où Leblanc, l'inventeur du procédé, l'avait pratiquée depuis 1790) et aussi rue de Montreuil, en association avec Auguste Jacquemart, frère du banquier bien connu, et lui-même savonnier [3].

C'est cependant l'histoire de l'industrie marseillaise qui est la plus révélatrice de la mutation industrielle qui s'opère autour de la soude et dans le cadre de la politique du blocus. Les savonniers de Marseille dépendaient traditionnellement des soudes naturelles espagnoles dérivées de l'incinération des *barillas*, plantes des zones littorales marécageuses. A deux reprises, en 1794 puis à partir du blocus et surtout de la guerre d'Espagne, ils se trouvèrent privés des détergents qui leur étaient indispensables par l'interruption des relations commerciales. En 1809, Napoléon décida d'en profiter pour imposer le remplacement des soudes naturelles par les soudes artificielles, fabriquées à partir du sel marin suffisamment abondant sur les côtes françaises; la substitution était encouragée par l'exemption d'impôt sur le sel utilisé

1. Arch. de Paris, D 31 U 3, 4/120.
2. *Ibid.*, 4/126.
3. Arch. de Paris, D 31 U 3, 5/54, 61-62, 164.

dans la fabrication, en échange d'une sorte d'abonnement. L'année suivante l'importation des soudes étrangères tant artificielles que naturelles fut absolument prohibée. De ces circonstances et de ces mesures résulta un essor spectaculaire de l'industrie chimique dans la région des étangs, où la récolte du sel était dès longtemps une appréciable source de revenu pour de nombreux négociants-propriétaires. Dès 1810, les Bouches-du-Rhône comptaient quatorze soudières artificielles, à Fos, Istres, Septèmes, Aix, Vitrolles, Auriol — dont celle de Chaptal et Berthollet, celle aussi des frères Pluvinet, également fabricants à Clichy-la-Garenne.

Un secteur de conservation : la sidérurgie.

Entre la sidérurgie et l'industrie cotonnière, un contraste singulier. A la veille de la Révolution, toutes deux avaient pu paraître s'engager du même pas dans la voie de la modernisation technique. D'Indret au Creusot, de Wilkinson à l'ingénieur Touffaire, les procédés britanniques, assimilés par les Français, semblaient annoncer une percée technique, soutenue de surcroît par l'intérêt du gouvernement et l'audace de très grands financiers, prêts à engager des capitaux considérables même au risque d'une rentabilité différée. Or Le Creusot n'est finalement qu'une expérience sans lendemains immédiats, et qui sombre dans les difficultés d'argent avec la monarchie même et ses grands trésoriers. Les forges et fourneaux d'après la Révolution n'ont pas changé. Et certes, ainsi que l'expliquera en 1814 Rambourg, le futur propriétaire de Commentry, « les personnes qui proposent si aisément la substitution du charbon animal au charbon végétal ne paraissent pas se douter que cela entraîne à changer presque tout dans les feux, les affineries, les mécaniques, qu'il faut être placé près des houillères donnant le genre de charbon convenable, avoir le minerai à portée du combustible et former les ouvriers à ce genre de travail ». L'insuffisance des moyens de la plupart des maîtres de forges ou la rareté, en France, des bonnes combinaisons de ressources n'expliquent cependant pas tout. Si la plupart des entrepreneurs n'exploitent, au mieux, qu'un ou deux hauts fourneaux et une forge, ne disposent que d'une trésorerie faible et dépendent largement du crédit ou des commandites des grands marchands de fer — ceux de Paris pour les forges de la Haute-Marne, de Lyon pour celles de la Côte-d'Or, par exemple — il y a, tout de même, quelques grands capitalistes dans le patronat du temps. Les uns appartiennent à l'histoire de l'Ancien Régime : la veuve de Dietrich à Niederbronn, François de Wendel à Hayange et Moyeuvre [1]; les autres sont des maîtres de forges ou d'anciens fermiers qui ont élargi leur domaine à la faveur des ventes nationales : ainsi Raux, dans les Ardennes (en même temps filateur de coton dans l'Aisne depuis 1808), ou Jean Nicolas Gendarme, grand fabricant de boulets de canon; ou les frères Rochet dans la Côte-d'Or. En fait, pour la sidérurgie comme pour l'agriculture, c'est sans doute la conjoncture qui les incline avant tout à se satisfaire des méthodes traditionnelles. Protection douanière, commandes de guerre, demande d'outillage agricole ou de matériel de roulage stimulent la production et permettent des prix élevés. La cherté ou la rareté du bois, qui incite à rechercher les moyens d'économiser le combustible, ne conduit qu'à des améliorations de détail mais pas encore à une transformation fondamentale.

Progrès techniques partiels et localisés : ils ont été étudiés particulièrement par Guy Thuillier à propos du Nivernais [2]. Un milieu exceptionnellement favorable à l'expérimentation technique s'y était constitué à l'époque napoléonienne, comprenant le préfet Sabatier, le polytechnicien Dufaud, sans compter plusieurs maîtres de forges, ingénieurs et administrateurs passionnés par la chimie des métaux et hantés par l'exemple britannique d'une transformation de tout le cycle de production. La banque parisienne apporte son crédit [3]. Mais en vain, dans l'immédiat : le milieu des maîtres de forges paraît l'un des plus résistants au changement. Cet attachement à une conception rentière ou marchande des affaires, beaucoup plus qu'industrielle ou technicienne, conduit même certains maîtres de forges, dans la grande période d'activité de celles-ci (avant 1811) à admettre qu'une partie des hauts fourneaux puissent en arriver à chômer faute de charbon de bois plutôt que d'envisager sérieusement les modalités d'une trans-

1. Denis Woronoff (132).
2. Guy Thuillier (127).

formation des installations et des procédés. Et pourtant la hausse vertigineuse des bois exerce une pression croissante sur les profits.

C'est sans doute la répartition géographique qui, momentanément, change le plus. En France même, la plus grande partie de la production provient toujours des régions à la fois riches en minerai et en forêts de la ceinture méridionale et orientale du Bassin parisien : Nièvre, Côte-d'Or, Haute-Marne, Haute-Saône, ainsi que de l'Orne — même si l'activité sidérurgique demeure très largement dispersée ailleurs, des confins de la Bretagne au Périgord et aux Pyrénées, de l'Allier à l'Isère. Mais les annexions donnent un poids considérable à la production des départements belges et de la Sarre. Un projet a existé, d'autre part, pour créer sur les rives provençales une sidérurgie utilisant le minerai de fer de l'île d'Elbe, à l'initiative de capitalistes parisiens. C'est même de l'Allier, dont la part était jusqu'alors négligeable, que partent avec Nicolas Rambourg quelques-unes des initiatives novatrices les plus actives : introduction des soufflets à piston, recherche et utilisation de la houille dans ses forges de Tronçais. Enfin il est à noter que la métallurgie du cuivre — si peu étudiée — se développe parallèlement en fonction des besoins de l'indiennerie comme de l'armée et de la marine : les Fonderies de Romilly-sur-Andelle sont même parmi les premières sociétés anonymes par actions à se constituer alors.

4. Vers une nouvelle géographie économique de la France

L'inversion des prépondérances.

Avec la Révolution et ses guerres, un équilibre caractéristique de la « prospérité du XVIIIᵉ siècle » se trouve aboli de façon irréversible : c'est celui qui, abstraction faite des masses géographiques et sociales qui vivaient et continueront encore longtemps à vivre de la production agricole et de ses échanges intra-nationaux, orientait la croissance industrielle et commerciale de la France en fonction de la façade atlantique et de ses correspondants d'outre-mer. Cet équilibre, au demeurant, n'était nullement artificiel ou superficiel. Il n'opposait pas une périphérie « suractive » à un cœur dormant, le brillant des économies portuaires à la routine des économies rurales. Les échanges maritimes animaient les arrière-pays sur une grande profondeur, stimulant l'industrie des toiles de Loudéac ou la meunerie de la vallée garonnaise, suscitant jusque dans l'Est le commerce des bois et des fers, édifiant des circuits de redistribution intérieure, appelant l'immigration des indienneurs neuchâtelois à Nantes comme la participation de capitaux dauphinois aux armements marseillais. Un certain schéma de développement économique national, de type britannique jusqu'à un certain point, s'imposait progressivement à la France — comportant il est vrai d'immenses risques du point de vue de la compétition internationale ou des conflits armés. Cela ne se reverra plus. La France retourne à ses plaines, à ses montagnes, à ses frontières — à ses lourdeurs et à ses bornes.

Dans la distribution des activités économiques françaises ce sont donc désormais les éléments structurels et, véritablement, les déterminismes géographiques ou démographiques qui vont pour un temps au moins commander — jusqu'à ce que la révolution des chemins de fer vienne à son tour imposer une « nouvelle donne ». Bien sûr, les effets secondaires restent importants, ceux, en particulier, qui tiennent à la psychologie de la bourgeoisie et spécialement des entrepreneurs. Mais, tout de même, comment ne pas reconnaître désormais les chances particulières des plaines riches du Nord ou des agricultures viticoles spécialisées; elles vont dessiner plus nettement qu'autrefois l'opposition entre deux moitiés de la France et, à l'intérieur de celle du Midi, les contrastes entre secteurs stagnants de l'Aquitaine, par exemple, et secteurs encore actifs d'un bas Languedoc apte à trouver des compensations du côté des vins et des eaux-de-vie. Comment ne pas apercevoir les risques d'asphyxie d'un Midi adossé aux péninsules ibériques, privées de leurs prolongements coloniaux — et à l'inverse les atouts d'une France au nord de la Seine, orientée vers une mer du Nord de plus en plus active, du temps de la contrebande à celui de la prépondérance économique anglaise? Comment ne pas prendre en compte les inégalités dans la répartition des ressources minières, aggravées par celles de la circulation intérieure — fleuves et canaux coordonnés en un réseau qui ne dessert qu'un quart de la France? Au grand arc déserté du golfe de Gascogne, entre Brest et Bayonne, comment ne pas opposer la jeunesse des foyers industriels du Nord-Ouest, du Nord et de l'Est? Et aussi, la prospérité éphémère de la sidérurgie des régions centrales? Tout cela, à vrai dire, appartenant surtout aux années d'après 1815.

Les bénéficiaires de la Révolution et de l'économie de guerre.

L'effondrement du grand commerce maritime d'une part, le premier essor de la manufacture cotonnière de l'autre, rendent compte pour l'essentiel des modifications de la géographie industrielle de la France aux premières années du XIX\ e siècle. Toutefois, les anciennes localisations résistent ou s'adaptent dans une certaine mesure. Les régions d'industrie textile rurale n'entrent en décadence que là où elles dépendaient trop directement de la marine et des exportations vers l'outre-mer. Ailleurs, la substitution au profit du coton entretient encore une importante demande en main-d'œuvre dans le tissage. Parmi les grands centres portuaires, l'un au moins surmonte l'interruption des échanges, c'est Marseille — où l'ancien négoce, « dont les intérêts se trouvaient dans les Iles et au Levant, entre en décadence ou s'embourgeoise », tandis qu'un « nouveau commerce » prend son essor, « se tournant vers l'Italie et le marché intérieur français, puis vers le marché européen », et que se renouvellent les techniques et le personnel de la savonnerie (F. Spannel).

D'autre part, les orientations continentales du commerce extérieur français, la re-structuration des échanges intérieurs expliquent la fortune, passagère ou durable, d'un certain nombre de centres urbains dont le rôle prend un sens nouveau dans la France des conquêtes et du blocus. La grande gagnante est à coup sûr Paris. Derrière la récupération, puis la nouvelle croissance démographique de la ville, qui marche vers ses 700 000 habitants, quelles nouveautés fondamentales déceler? Il faudrait, certes, se garder de les exagérer. Pour longtemps encore, Paris reste une ville où l'importance d'une population rentière — aristocratique ou bourgeoise — qui est la plus riche de France entretient des armées de domestiques, de blanchisseuses et de couturières-lingères, de perruquiers et de porteurs d'eau — mais aussi de maîtres et d'ouvriers des métiers « nobles » de l'ameublement, de l'habillement, des métaux, des métiers d'art et de luxe. Mais, depuis la Révolution, la ville a aussi consolidé ou acquis ses prééminences : capitale politique incontestée, elle bénéficie d'une centralisation qui a pour effets aussi bien de multiplier les emplois de « ronds-de-cuir » que de concentrer les flux des recettes fiscales; capitale bancaire, elle est en mesure de contrôler l'activité industrielle de départements éloignés; capitale commerciale, elle reprend aux ports anéantis le grand négoce des denrées coloniales, devient le temple des spéculations aux temps de la rareté, domine le marché national par la puissance de son commerce de commission. Qu'importe si les industries nouvelles, comme celle de la filature du coton, ne peuvent y connaître qu'une passagère implantation : la ville d'autrefois, toute aux mains des robins et des clercs, est désormais une métropole du capitalisme, qu'il soit rentier ou affairiste. Le XIXe siècle n'aura plus à lui apporter que deux consécrations : celle de la commande du réseau ferroviaire et celle de l'immigration massive des montagnes du Centre et des bocages de l'Ouest; alors on pourra la dire tentaculaire.

Lyon était l'une des villes majeures qui avaient eu le plus à souffrir de la Révolution. N'était-elle pas comme une antithèse politique et économique de Paris, par son fédéralisme comme par une certaine morosité moralisante dans la conduite de ses affaires? Certes, si l'on met avec Jean Labasse [1] l'accent trop fortement sur les fluctuations courtes de l'industrie de la soie, si dépendante des foires de Leipzig et des marchés allemand et russe, le destin économique de la ville apparaît-il comme singulièrement exposé. L'auteur, s'identifiant sans doute par trop avec les Guérin, ces grands négociants-banquiers dont il a reconstitué les affaires, n'a pas craint d'écrire que ce destin « s'apparentait à celui des grands ports, les premières victimes du blocus ». Nous serions bien plutôt tenté d'insister sur les aspects positifs de ce dernier, s'agissant d'une ville dont la conjoncture politique napoléonienne

1. Jean Labasse (116).

a magnifié la vocation géographique. Nous suivons en cela Félix Rivet [1], tenant d'une véritable renaissance économique lyonnaise sous le Consulat et l'Empire : « Très tôt, le transit avait repris son ancien lustre puisque dès 1801, représentant les 7/8 du commerce local, il occupait 15 000 personnes, le sixième de la population de la ville. » En termes atmosphériques, on dirait que la pression monte d'autant plus sûrement à Lyon qu'elle dégringole à Beaucaire. Tandis que l'antique foire méridionale décline en conformité avec l'effondrement des exportations vers le monde hispano-américain, la plaque tournante du sillon rhodanien assume pleinement ses fonctions de ville-étape sur les routes qui, de Paris et de l'Est de la France, éclatent en ce point vers le Midi languedocien et provençal, le Piémont et toutes les Italies. La ville compte près de 200 entrepreneurs de roulage ou commissionnaires-chargeurs. Elle est aussi le terminus de « la nouvelle route du Cenis, route du coton illyrien et levantin, ...du riz piémontais et de la soie lombarde ». Écoutons aussi, en 1809, les administrateurs du Comptoir d'escompte analyser fièrement les fonctions de leur ville : transformation de matières premières importées des départements méridionaux ou de l'étranger; concentration des produits manufacturés (du fait de l'extension rapide des manufactures de coton et de laine) et des récoltes des contrées environnantes; entrepôt, en tant que « point intermédiaire entre le Nord et le Midi de l'Europe commerçante ». Le commerce de Lyon est le seul, depuis 1789, à avoir « opposé une barrière insurmontable au monopole de l'Angleterre [2] ».

Strasbourg, enfin. Ferdinand L'Huillier, Paul Leuilliot, plus récemment Roger Dufraisse [3] ont souligné à l'envi la chance exceptionnelle de cette place à l'époque napoléonienne — une chance qui fait rêver à l'heure des difficiles concurrences dans le Marché commun. Mouvements de troupes continuels, transit légal des denrées coloniales ou commerce de contrebande, exportations par le Rhin vers l'Allemagne du Nord ou l'Allemagne centrale — Strasbourg étant, selon sa Chambre de commerce, « la porte par où s'écoulent au-dehors les produits de plus du tiers

1. Félix Rivet (124).
2. Archives centrales de la Banque de France, à Asnières.
3. Roger Dufraisse (111).

de la France » — facilitent la formation rapide de grandes fortunes de négociants : six maisons en 1810 auraient atteint un
capital d'un million (P. Leuilliot), plusieurs autres tournant autour
du demi-million. A quoi s'ajoute un temps, jusqu'à ce que Lyon
devienne le point d'entrée exclusif, le commerce d'importation
du coton levantin, arrivant par la voie de Vienne un moment
rivale de celle de Trieste. Suivant et accompagnant le négoce,
une active manufacture du tabac. De ces bénéfices faciles sortiront
de grandes dynasties bourgeoises comme celle des Humann et des
Saglio.

L'inégalité des chances d'industrialisation.

L'annexion temporaire des départements septentrionaux de
l'Empire a d'autre part mis en évidence des phénomènes de concurrence entre des régions pourvues de puissantes bases naturelles
et d'une avance technique, et d'autres condamnées à « suivre »
dans des conditions fort inégales. La constitution d'un espace
politique aux limites nouvelles possédant malgré les insuffisances
de l'infrastructure une unité économique déjà évidente, a sans
doute contribué à accentuer des déséquilibres antérieurs, notamment entre un Nord pourvoyeur et un Midi consommateur de
produits manufacturés.

Ces déséquilibres, ce sont les départements belges et allemands
qui les créent — particulièrement ceux de Jemmapes, de l'Ourthe
et de la Roër : du Borinage au bloc Liège-Aix-la-Chapelle —
pesant d'un poids fort lourd dans l'ensemble de l'appareil de production industrielle de l'Empire, et tirant de leur annexion une
rente qu'ils regretteront après le morcellement territorial de 1814.
Laissons de côté ici le problème encore débattu par les historiens
belges : à savoir si l'inclusion dans un ensemble français a accéléré
ou non la croissance économique des pays d'entre mer du Nord
et Meuse, déjà sensible dans la deuxième moitié du XVIIIe siècle.
Par rapport aux départements de la France proprement dite,
l'appréciation ne fait pas de doute. Il faut mettre à part le cas de la
Flandre, où le brillant développement de l'industrie cotonnière
gantoise, intégrée comme ses pareilles françaises depuis la filature
jusqu'à l'impression, ne paraît pas malgré tout avoir dominé

le marché français, mais plutôt celui des pays belges à la consommation desquels ses articles s'adaptaient sans doute mieux. L'essor
rapide et brillant des manufactures françaises dans ce secteur n'a
pas permis aux toiles et aux filés de la Flandre belge de s'imposer
au reste de l'Empire. On sait que Liévin Bauwens avait choisi d'installer à Passy un grand établissement moderne. On observe que
Lousbergs ne faisait jamais de consignations de ses marchandises
à Paris, qui n'était pour lui qu'un centre de règlements financiers;
ce grand entrepreneur était même pour son équipement sous la
dépendance de Paris et de la Normandie — recevant des produits
chimiques de Chaptal fils et Berthollet, des cylindres en cuivre
pour l'impression de Perier de Chaillot et des fonderies de Romilly-
sur-Andelle. C'est le vieux Pourtalès l'aîné qui le soutenait de ses
capitaux : « un Crésus... un ancien ami et le plus fort capitaliste
de l'Europe », comme l'appelle Lousbergs [1].

En revanche, les mines, la sidérurgie, les draps de la Wallonie
ont une allure très conquérante. En 1813, Jemmapes, l'Ourthe
et la Sambre-et-Meuse produisent la moitié en valeur du charbon
de l'empire [2]. Les charbonnages du Hainaut, en particulier, appuyés
d'ailleurs par des capitaux français du Nord ou de Paris, favorisés
par les canaux qui ouvrent le marché parisien via Saint-Quentin
et l'Oise, font de grosses dépenses d'équipement et en recueillent
les fruits, notamment dans la deuxième moitié de la période.
Roger Darquenne a décrit ce processus à propos de la société de
Mariemont, où les Warocqué dépensent 243 000 F pour l'achat
et l'installation d'une machine à feu de grande puissance (1808).
En 1813 encore, Jemmapes, Sambre-et-Meuse, l'Ourthe, les Forêts
produisent un quart du fer de l'empire. La manufacture d'armes
légères de Charleville passe sous le contrôle de l'entrepreneur de
celle de Liège. Cependant, c'est l'industrie drapière du triangle
Aix-la-Chapelle-Verviers-Liège qui donne sa dimension nationale et internationale à l'économie des départements belges,
entraînant le développement d'une industrie de la construction
mécanique. Les draps de cette région se vendaient dès le XVIIIᵉ siècle
dans toute l'Europe centrale — par les foires de Leipzig — et

1. Stadsarchief, Gent, Fonds de Hemptinne, registres de copies de
lettres.
2. Robert Devleeshouwer (110).

dans le bassin méditerranéen, concurrençant les fabricants du Languedoc. L'avance se trouve renforcée par un passage à la mécanisation de la filature qui est pratiquement contemporain de celui opéré par l'industrie cotonnière. Les premiers métiers à tisser suivront de peu. C'est la famille Cockerill, installée à Liège, qui tient la tête du progrès mécanique. Dans le travail de la laine, le matériel « belge » (du moins, fabriqué en Belgique par un immigrant britannique) joue le même rôle que les métiers importés d'Angleterre et imités à Paris pour le travail du coton [1]. Dans la France proprement dite, les foyers septentrionaux de l'industrie lainière arrivent à suivre le mouvement, grâce à quelques très grands entrepreneurs dont Guillaume Ternaux et sa famille est le plus remarquable exemple : c'est à Ternaux que l'on doit la réanimation de la draperie sedanaise, rémoise et enfin d'Elbeuf-Louviers. Georges Clause note que « la fabrique de Reims entre 1800 et 1810 refait le terrain perdu et dépasse nettement le niveau atteint avant la Révolution ». Mais dans le Midi — du Dauphiné au Languedoc et aux Pyrénées — l'adaptation est plus tardive et plus difficile. Pour ces régions l'extension des frontières a créé les conditions d'une concurrence plus dure.

1. Louis Bergeron (98).

8

Après la Révolution : foi, sensibilité, raison

Reflet ou support, comme on le voudra, de la société contemporaine, le système de valeurs religieuses, philosophiques, morales, voire esthétiques prévalant dans la France napoléonienne est en tout cas pleinement engagé dans une conjoncture d'ensemble dont les lignes directrices n'ont cessé d'apparaître au fil de l'étude, qu'il s'agisse des principes politiques, des intérêts matériels, des rapports sociaux. Conjoncture faite de ruptures irréversibles aussi bien que de surprenantes continuités, et dans laquelle, qu'il s'agisse de la vie intellectuelle ou des activités économiques, l'impression d'un certain reflux, ou d'une véritable réaction, ne saurait faire oublier quelques initiatives vigoureuses dans le sens du progrès défini par les hommes des Lumières. Sans doute plus meurtrie que triomphale, l'Église romaine, dans des conditions qui ne sont pas celles d'une restauration en dépit des heureux effets du Concordat, s'efforce de reprendre le contrôle des consciences et des idées dominantes; effort que semble porter le courant spiritualiste et antiphilosophique du début du siècle. Mais quelle erreur serait-ce de croire l'esprit philosophique anéanti! Si les années révolutionnaires ont pu ébranler dans la bourgeoisie elle-même la confiance dans la validité de ses postulats politiques, si les survivances du voltairianisme l'appauvrissent en le réduisant à un anticléricalisme, les nouveaux développements de la pensée scientifique préparent les nouvelles offensives du rationalisme.

1. Un renouveau catholique?

Les prêtres.

L'une des raisons essentielles de la détérioration durable de la situation de l'Église en tant que communauté de foi réside dans le profond affaiblissement du corps pastoral. L'encadrement sacerdotal devenu fragile, les paroisses insuffisamment desservies sont causes d'une vie liturgique et sacramentelle irrégulière, d'une déficience dans l'enseignement de la religion et de la morale chrétiennes. De récentes études au niveau des diocèses apportent la preuve d'une détresse qui se prolonge bien au-delà du rétablissement de la paix religieuse et civile.

Exemple d'un diocèse particulièrement mal pourvu : celui de Grenoble, étudié par Jean Godel [1]. De 1801 à 1809, la population du département passe de 435 000 à 500 000 habitants, tandis que le nombre des prêtres tombe de 592 à 482. Il ne peut y avoir un prêtre par paroisse, compte tenu des prêtres absorbés par les services généraux ou le vicariat dans les plus grosses paroisses. D'une part, il meurt beaucoup de prêtres en raison de leur moyenne d'âge élevée; d'autre part, les ordinations, pratiquement interrompues depuis 1793, ne reprennent que très lentement : 2 de 1799 à 1804, 2 en 1805, une en 1806, 2 en 1807, 4 en 1808, aucune en 1809, 11 en 1810. Impressionnante prolongation du tarissement, note l'auteur : « La secousse subie par la religion était profonde, on s'en rend tout à fait compte ici. » Aussi bien le grand séminaire n'a-t-il été rétabli qu'en 1806, et l'état ecclésiastique a-t-il suffisamment perdu de son lustre matériel pour ne plus attirer que des vocations « bien décidées ».

« Nombreux étaient les diocèses de France, ajoute J. Godel, qui n'étaient pas mieux nantis et même plus mal, parfois, comme celui de Valence qui n'eut qu'un prêtre de 1802 à 1810. » Voici, cependant, un diocèse heureux, relativement : celui de Vannes, dans le Morbihan [2]. L'effectif des recteurs et vicaires ayant la charge des paroisses était de 450 en 1789; il devait tomber à moins

1. Jean Godel (136).
2. Claude Langlois (138).

de 400 en 1808, mais se redresser ensuite rapidement, jusqu'à
470 en 1814. Rapidité liée à l'abondance des ordinations : 183
pendant tout le Consulat et l'Empire. Ici, il n'y avait eu ni crise
des vocations, comme dans la plus grande partie du royaume,
à la fin de l'Ancien Régime, ni interruption totale des ordinations
pendant la Révolution — une vingtaine de séminaristes réfractaires ayant été ordonnés clandestinement hors du diocèse, principalement sous le Directoire. Le grand séminaire, grâce à l'achar-
nement de Mgr de Pancemont, avait été rouvert dès la fin de 1803.
Claude Langlois a montré que ces nouveaux prêtres avaient été
fournis à 70 % par des familles paysannes. Contre les vocations,
jouent en effet l'anticléricalisme urbain, et l'attitude de « la bourgeoisie libérale, des fonctionnaires et des propriétaires, autant
nobles que roturiers, qui détournent visiblement leurs fils de la
carrière cléricale ». Cette « ruralisation » du clergé se rattache
vraisemblablement aux effets durables d'une lente pénétration
du renouveau chrétien, amorcé au XVIIᵉ siècle, dans les campagnes
bretonnes.

À l'exception de quelques autres régions privilégiées — Auvergne,
Vivarais, Quercy — le clergé est pour l'ensemble de la France
déficitaire jusque sous la Restauration. En 1789 on comptait
60 000 prêtres séculiers, plus 70 000 réguliers, qui en dehors de
leurs fonctions spécialisées remplissaient souvent le rôle d'auxiliaires du clergé paroissial. Il n'y a guère que 36 000 séculiers au
début de la Restauration. De 1802 à 1814, 6 000 ordinations — un
peu moins que les décès au cours de la même période, un peu plus
que le chiffre annuel des ordinations à la fin de l'Ancien Régime.

Les fidèles.

L'état d'esprit du « peuple chrétien » représente un autre
obstacle à une facile renaissance de la vie chrétienne. Pour J. Godel,
la Révolution a moins déchristianisé le peuple chrétien qu'elle
n'a « agi comme un révélateur qui montre à chacun son véritable
attachement à la religion », précipitant l'abandon des plus for-
malistes. Mais elle a aussi introduit de « mauvaises habitudes »
et établi des principes néfastes. Désorganisée par l'interruption
de la vie paroissiale, la pratique religieuse le demeure aussi par

le décadi, et le principe de la liberté religieuse encourage le « libertinage » — les esprits forts, les anticléricaux se réunissent au cabaret, devenu « une anti-église dans tous les sens du terme ».

A Lorient, à Vannes, Cl. Langlois relève particulièrement les manifestations de l'impiété urbaine. Raillerie populaire; anticléricalisme des garnisons; hostilité systématique de la bourgeoisie, qu'il s'agisse des propriétaires de biens nationaux ou des esprits nourris de philosophie qui peuplent les loges maçonniques reconstituées — négociants, officiers de marine, notabilités administratives.

Aussi est-ce à une nouvelle opération de reconquête que l'épiscopat doit se livrer, pour tenter d'effacer les séquelles de la Révolution, d'éliminer les germes de l'incroyance, comme en d'autres temps pour reconquérir le terrain perdu par la faute de la Réforme. L'occasion d'une offensive systématique fut procurée par la célébration différée de l'année jubilaire de 1800, qui avait coïncidé à la fois avec le rétablissement de la religion et avec l'installation du nouveau régime. La méthode préférée fut celle des missions, prêchées soit par des confrères des paroisses voisines, soit par des équipes spécialisées dans la prédication et formées dans certains diocèses. On doit souligner, en revanche, les difficultés rencontrées par certaines formes spontanées de réanimation de la vie religieuse : notamment les confréries populaires de Pénitents — auxquelles les hommes du Midi tenaient particulièrement. Ces sociétés avaient eu le mérite pour l'Église et la religion d'entretenir à travers la Révolution et jusqu'à la restauration concordataire une forme communautaire de manifestation de la piété. Elles n'en déplurent pas moins aux nouvelles autorités : aux ecclésiastiques, parce qu'elles prétendaient imposer aux curés des formes particulières de la liturgie et des cérémonies et aux civiles, parce qu'elles évoquaient le souvenir des corporations d'Ancien Régime ou pouvaient devenir des foyers d'agitation et d'opposition. « Ce que la Révolution n'avait pu anéantir disparut devant le despotisme napoléonien » — et devant le despotisme épiscopal (J. Godel). Les confréries durent se transformer en congrégations dont la clientèle fut bientôt principalement féminine et dont la piété se trouva affadie en même temps qu'épurée. Finies, du même coup, ces fêtes patronales, occasions de processions bruyantes, expression d'une religiosité populaire « plus encore folklorique que pieuse », que les évêques et les préfets s'accordent pour qualifier de mascarades superstitieuses. « Si dans un premier temps l'homme de Brumaire, en mettant fin à la compression jacobine et en laissant espérer le retour à la vie normale, rend la liberté à la vie sociale, bientôt le conservateur autoritaire reprend le dessus et songe à contrôler l'usage que font les citoyens de la liberté rendue » (Maurice Agulhon). Ainsi se trouve parfaitement mise en lumière la préoccupation commune d'un pouvoir attaché à « l'ordre » et d'un clergé soucieux de rétablir son autorité spirituelle; illustration d'une alliance tactique d'ailleurs vite menacée de rupture par le conflit césaro-pontifical.

2. Les composantes de la réaction antirationaliste

Le courant spiritualiste.

Il ne fait pas de doute en tout cas que la restauration du catholicisme, gênée par l'insuffisance des cadres comme par une certaine indocilité des troupes, ait reçu le renfort des initiateurs de la réaction idéologique si vigoureuse du début du XIXe siècle, réaction qui déborde largement le champ des phénomènes proprement religieux.

Un accord, qui n'est pas dépourvu d'équivoque, s'établit d'ailleurs entre la politique officielle et cette vague de fond. Le scepticisme personnel de Bonaparte s'effaçant devant les nécessités politiques — celles de composer avec l'Église, force millénaire, blessée mais toujours debout, et avec la religion, ciment de l'État et de la société — on a pu entendre les défenseurs de la politique du Concordat réhabiliter publiquement l'irrationnel, le sacré; ainsi Lucien Bonaparte au Corps législatif : « Misérables sophistes! C'est en vain que vous accumulerez les arguments : l'influence mystérieuse de la religion est incompréhensible pour les cœurs desséchés; sa puissance morale, comme celle du génie, se sent, se conçoit; et l'on n'argumente point sur son existence [1]. »

1. Cité dans S. Moravia (20).

Mais sans doute une telle faveur officielle à l'égard d'une religion
sensible, magique, merveilleuse ne recouvre-t-elle chez beaucoup
d'anciens républicains ralliés à l'ordre et à l'autorité qu'une distinction entre une religion bonne pour le peuple — notion inséparable de celle d'un clergé remplissant au sein de l'État un service public — et la religion rationnelle des gens éclairés. Chez les
vrais prophètes du spiritualisme, il s'agit au contraire de balayer
la tradition rationaliste, associée aux « horreurs » de la Révolution qu'on lui impute comme conséquences directes. Aussi
bien beaucoup de ces prophètes sont-ils des victimes, anciens
prisonniers ou anciens émigrés, ou des esprits ébranlés par l'échec
partiel de l'incarnation politique et sociale des idées philosophiques
dont ils ont pu à l'origine être les adeptes. La conviction anti-
rationaliste est essentiellement passionnelle — et refus d'un effort
supplémentaire d'analyse. La carrière d'un Fontanes, chef de
file de la polémique antiphilosophique, est sans doute révélatrice
à cet égard : un modéré, adversaire de la Terreur, professeur
d'école centrale à Paris, membre de l'Institut, mais « fructidorisé »,
en fuite à Londres où il fait la connaissance de Chateaubriand ;
celui-ci est alors le témoin de son passage à une hostilité fanatique
à la philosophie. « Conversion » redoutable, dans la mesure où
l'homme, après Brumaire, pourra exercer son talent littéraire
dans le *Mercure de France.*

C'est plus que du talent — de la séduction, de la magie — qui se
trouve mis au service de l'idéologie catholico-monarchiste avec
les premières grandes œuvres littéraires de Chateaubriand. Sergio
Moravia en a récemment repris l'analyse sous l'angle de leur
signification politico-culturelle. *Atala*, « conte philosophique »
dirigé contre les philosophes, expose à travers les discours mis
dans la bouche du père Aubry, personnage majeur de l'œuvre,
le triomphe prochain de la religion sur la barbarie, d'une Église
« législatrice des hommes ». Les publicistes catholiques ne s'y
trompèrent pas, qui célébrèrent à l'envi les mérites d'une œuvre
aux résonances contemporaines si édifiantes. *Le Génie du Christianisme* a plus d'ambition. A sa manière, le livre participe à
l'œuvre missionnaire de régénération religieuse de la France. La
polémique, certes, y tient encore sa place — notamment sous la
forme d'une apologie du xviie siècle — le grand siècle catholique,

siècle exemplaire — opposé à la petitesse du XVIIIᵉ siècle porteur d'athéisme; apologie qui confine à la malhonnêteté dans son utilisation de la figure de Pascal. Mais comme l'auteur lui-même l'indique dans la défense de son texte, il s'agit surtout de proposer une alternative culturelle au rationalisme, d'exalter l'excellence du christianisme par les voies de la démonstration historique comme par celles de l'attrait esthétique. C'est ici que le romantisme vient à la rescousse du spiritualisme : subjectivisme de la sensibilité, historicisme soutiennent la tradition et la croyance. C'est par lui aussi, d'ailleurs, que le dessein de la nouvelle apologétique chrétienne cesse de recouvrir exactement celui du pouvoir bonapartiste : l'inclusion de la liberté parmi les valeurs morales essentielles de la civilisation chrétienne, le mythe de l'âge d'or de l'ancienne monarchie — celle du Moyen Age, non encore dégénérée — semblent en appeler à la restauration d'une royauté à la fois patriarcale et libérale fort éloignée de l'esprit du Consulat et de l'Empire. L'esthétique romantique, du reste, n'est pas davantage celle du pouvoir en place, qui souhaite faire « distribuer par l'Université impériale la culture la plus classique » et « tente d'imposer à la littérature les règles d'Aristote et de Boileau » (André Monglond). Bonaparte aussi aime le XVIIᵉ siècle — mais c'est le siècle de Louis XIV, ou celui de Boileau; au moins, il feint de les aimer : car dans sa jeunesse, et peut-être toujours dans l'intimité, sa préférence serait allée à *Ossian* et à *la Nouvelle Héloïse*. Décernant en 1810 le premier prix décennal commémorant le 18 Brumaire, la classe de langue et littérature française de l'Institut, à la recherche d' « un ouvrage de littérature qui réunit au plus haut degré la nouveauté des idées, le travail de la composition et l'élégance du style », écarte — entre autres — le *Génie*, considéré comme un ouvrage de théologie, au bénéfice du *Lycée* de La Harpe. Dans son *Tableau de la littérature française*, Marie-Joseph Chénier « assassine » *Atala* et « cette poétique nouvelle... qui ne saurait manquer d'être adoptée en France, du moment qu'on y sera convenu d'oublier complètement la langue et les ouvrages des classiques ».

Le service immense rendu par Chateaubriand aura en tout cas été d'orienter au profit de la religion le courant de réhabilitation du sentiment à la source duquel s'était trouvé Rousseau,

au lieu de le laisser se diluer dans un spiritualisme — ou un pan-
théisme — vagues. Encore son œuvre est-elle une manifestation
plus brillante qu'originale d'une grande tendance du moment
— on serait tenté de dire : d'une mode —, une réponse qui vient
à point nommé au goût d'un certain public des salons en voie de
reconstitution — aristocrates ou bourgeois en quête d'un idéal
de substitution —, d'une clientèle qui enlève à nouveau chez les
libraires les ouvrages de théologie et les manuels de piété, la
Mathilde de Mme Cottin (une histoire d'amour au temps des
Croisades), la *Duchesse de La Vallière* de Mme de Genlis, la *Dot
de Suzette* de Fiévée — exaltation des valeurs morales de l'Ancien
Régime. Le *Génie* lui-même avait été de peu précédé par Ballanche,
*Du sentiment considéré dans ses rapports avec la littérature et les
arts.* C'est encore en 1801 que le musée des Monuments français,
mis sur pied par Alexandre Lenoir, et commenté en un *Guide*
par ce dernier [1], avait offert le premier rassemblement de chefs-
d'œuvre de la sculpture médiévale. Dans la peinture, les thèmes
de la Bible, de l'Évangile, de l'histoire du christianisme, reprennent
leur place. Les musiciens auteurs d'hymnes révolutionnaires
reviennent à la composition de musique liturgique : adaptant
l'esthétique musicale du siècle précédent à de nouveaux thèmes,
Gossec écrira un *Te Deum*, Méhul un oratorio (*Joseph*, 1807) et
Chérubini douze messes et deux requiems. En échange, le *Génie
du Christianisme* a bénéficié d'une véritable orchestration dans
la presse modérée, celle des royalistes pour qui, selon le mot de
Joubert, Napoléon Bonaparte est « un inter-roi admirable ».
En évoquant dans les deux premières préfaces « l'homme puissant
qui nous a tirés de l'abîme », puis « l'homme providentiel », Chateaubriand entre dans le jeu de la grande opération de restauration
idéologique liée au succès du coup d'État.

Le courant du traditionalisme autoritaire.

Tout un pan de la réflexion catholique échappe cependant à
cette satisfaction triomphante d'une Église acceptant de retrouver
l'aile protectrice d'un État même au prix de la perte de son indé-

1. Alexandre Lenoir (139).

pendance et de l'abandon du monopole de la foi. Mais qu'il s'agisse de la pensée mennaisienne ou de celle de Joseph de Maistre, l'ultramontanisme, la doctrine théocratique cheminent encore discrètement, ou ne parviennent guère à se faire entendre depuis l'étranger. Pensées extrémistes, marginales, elles surgissent bien à l'époque napoléonienne; mais leur diffusion lui est postérieure.

Les *Réflexions sur l'état de l'Église de France pendant le XVIII*e *siècle et sur sa situation présente*, de La Mennais, sont de 1808. Elles expriment à cette date le point de vue d'un isolé. Mais on y trouve déjà des thèmes essentiels qui seront repris dans l'*Essai sur l'indifférence en matière de religion*, de 1817 à 1823 : répugnance pour le salariat du clergé, mépris pour une hiérarchie épiscopale soumise à l'État; exaltation de la théocratie pontificale; affirmation — sans grand effort théologique — de la primauté du principe religieux. « Sans Pape, point d'Église », écrit-il dès 1814; « sans Église, point de christianisme; sans christianisme, point de religion et point de société, de la sorte que la vie des nations européennes a sa source, son unique source dans le pouvoir pontifical. »

C'est dans un remarquable parallélisme des chronologies que Joseph de Maistre élabore en exil à Saint-Pétersbourg une philosophie politique qui converge avec la précédente. De l'*Essai sur le principe générateur des constitutions politiques*, qui est de 1808, à *Du Pape*, publié en 1819 mais élaboré avant 1814, le maître de la pensée providentialiste et contre-révolutionnaire remonte d'une restauration monarchique à une restauration politique de l'autorité pontificale. Thèmes également traités, dès avant 1800, par Louis de Bonald. L'inspiration commune est celle du retour à la foi traditionnelle comme clé de voûte d'une société hiérarchisée.

Science et foi.

En fin de compte, le dénominateur commun le plus évident de tout le camp des apologistes, théologiens, philosophes ou littérateurs chrétiens, est leur attitude profondément anti-scientifique. Chateaubriand : « C'est à la vanité du savoir que nous devons presque tous nos malheurs... Les siècles savants ont toujours touché aux siècles de destruction » *(Génie du christianisme);*

il faut revenir à l'ordre divin, au finalisme, à une « histoire naturelle religieuse ». Rivarol, dans un pamphlet de 1799 dirigé contre les Idéologues *(De la philosophie moderne)*, critique l'analyse « qui décompose et qui tue », détruit les idées et les institutions, prépare le renversement de l'ordre social. La Harpe ne craint pas de faire l'éloge de la philosophie scolastique et des anciennes Universités. Joseph de Maistre : « Ce n'est point à la science qu'il convient de conduire les hommes » (*Soirées de Saint-Pétersbourg*, huitième entretien). Tout cela évoque une filiation globale entre réaction idéologique à la fin de la Révolution et « l'anti-Lumières », l'illuminisme mystique d'un Claude de Saint-Martin en particulier. Et a conduit, à n'en pas douter, à retarder la diffusion d'attitudes mentales ouvertes sur le progrès dans une société française déjà soumise à tant de freinages.

3. Le mouvement scientifique au début du XIXe siècle

Pourtant, l'affrontement entre les « esprits des deux siècles » n'est pas manichéen. Dès Chateaubriand, se discerne l'ambiguïté du mouvement romantique, susceptible d'une orientation libérale alors même qu'il a commencé par cautionner la réaction politique et idéologique; il est encore trop tôt, d'autre part, pour inventorier les audaces et les ressources inouïes que ce mouvement osera ou libérera bientôt dans le domaine artistique. Quant aux derniers philosophes du XVIIIe siècle ou à leurs héritiers, le fait qu'ils aient manqué à construire la cité de leurs rêves ou à en prendre le contrôle ne signifie pas la stérilisation de leur pensée. La Révolution a de toutes sortes de façons encouragé le progrès continu des sciences. Sa consolidation par l'Empire a permis, malgré une atmosphère de contrôle policier sur toute la vie intellectuelle, le développement de nouvelles synthèses ou, du moins, de nouvelles utopies indispensables à la reprise du progrès des sciences sociales et politiques.

Les grandes institutions scientifiques.

Napoléon Bonaparte a confirmé la place d'honneur et la fonction utilitaire tout à la fois des sciences dans l'État en confirmant le statut et la vocation de l'Institut de France. Depuis 1795, ce dernier était divisé en trois classes, la première — par son effectif comme par sa prééminence — étant celle des sciences (mathématiques, physiques et naturelles). La réforme politique de l'Institut en 1803 ne modifia en rien cette position privilégiée, qui consacrait en même temps la dignité nouvelle reconnue aux sciences dans la culture du xviiie siècle, et les services qu'elles avaient rendus à la patrie dans la guerre révolutionnaire — ou qu'on attendait qu'elles lui rendent encore dans le domaine du progrès économique. Les membres de l'Institut étaient des fonctionnaires publics, appointés à 1 500 F par an — et même 5 000 F pour les secrétaires permanents des différentes classes. Siégeant au moins deux fois par décade (et, à partir de 1807, dans l'actuel Palais de l'Institut), les membres de la première classe étaient consultés par différents départements ministériels sur des questions d'utilité publique. Des séances publiques trimestrielles étaient en principe destinées à mettre au courant l'opinion de l'activité des savants, orientée vers l'intérêt général. En fait, cependant, on ne les consultait plus très souvent, et c'était sur des problèmes techniques mineurs. De plus en plus, l'Institut se consacrait à l'audition et à la publication de mémoires présentés à titre individuel : sa fonction devenait donc principalement d'assurer la diffusion de recherches particulières [1].

La vie scientifique — presque exclusivement parisienne, du reste — avait bien d'autres pôles. Et, notamment, les établissements dans lesquels se donnaient des enseignements liés directement à des recherches de laboratoire, et entre lesquels une solidarité de fait s'établissait par le cumul des cours qui était de règle pour les maîtres parvenus à une haute réputation. C'était le cas, on l'a vu, du Collège de France (où Biot illustre depuis 1801 et pour soixante ans la chaire de physique générale et de mathématiques), de l'École polytechnique, plus encore sans doute du Muséum

1. Cf. M. Crosland (134).

d'Histoire naturelle. Ce dernier en effet disposait de collections, d'une bibliothèque, de bâtiments constituant un ensemble de moyens exceptionnels, mis au service de treize chaires : minéralogie, géologie, chimie, botanique, zoologie, anatomie ; on voit que la nouvelle biologie y tenait plus de place que les sciences physico-chimiques. Le Muséum avait ses *Annales*. Ses maîtres les plus célèbres furent en même temps de grands personnages officiels : Fourcroy, l'un des deux chimistes, avait été associé sous le Consulat à la réorganisation de l'instruction publique dont il resta par la suite directeur général au ministère de l'Intérieur. Cuvier, l'un des trois anatomistes, était depuis 1803 secrétaire perpétuel de la première classe de l'Institut pour les sciences physiques — une position de premier plan dans le corps des savants « officiels ». Les professeurs du muséum perçoivent le traitement — relativement élevé — de 5 000 F par an.

C'est un cas particulier que celui du Bureau des Longitudes, installé à l'Observatoire, patronné par Laplace et, grâce à lui, bien pourvu par les finances publiques. Ici, les savants-fonctionnaires n'enseignent pas : ils effectuent pour le compte de l'État des travaux à la fois théoriques (calcul de tables astronomiques, mesure du méridien terrestre) et pratiques (mesures géodésiques, définitions métrologiques).

Les sociétés savantes.

Toute une partie de l'activité scientifique s'organise cependant, avec les mêmes hommes, dans des cadres plus libres : Société philomathique, où se rencontrent de futurs candidats à l'Institut; Société d'histoire naturelle de Paris ; Société d'encouragement pour l'industrie nationale, qui informe sur les innovations, encourage l'enseignement technique, distribue des prix ;... et, très au-dessus des autres parce qu'elle est à elle seule une classe « privée » de l'Institut, la Société d'Arcueil, si minutieusement étudiée par Maurice Crosland. Constituée d'abord en un groupe amical autour des résidences « campagnardes » de Berthollet et de Laplace à Arcueil, elle prend à partir de 1807 une allure plus institutionnelle avec la publication de *Mémoires*. Société « physique et chimique » par la présence de Berthollet, elle est aussi par celle de Laplace.

astronome et algébriste, ouverte sur les mathématiques. Elle joue un rôle essentiel dans la sélection des jeunes talents — ainsi pour le polytechnicien Gay-Lussac, dont Berthollet fait son assistant dès 1800 et qui très vite vole de ses propres ailes. Elle est un foyer d'attraction pour les savants étrangers : Volta, Alexandre de Humboldt, Herschel, Oersted...

Les ouvertures de la recherche.

Une demi-douzaine de noms de la science française à l'époque napoléonienne s'associent à un bilan de conquêtes scientifiques qui tirent le parti maximum de l'acquis du siècle précédent tout en ouvrant les voies de la recherche pour le siècle qui débute. C'est vrai de Laplace, dont « on peut dire qu'il a tiré de Newton tout le concevable » (André George) dans ses grandes synthèses cosmographiques *(Exposition du système du monde, Traité de mécanique céleste)*, mais qui a aussi été l'auteur d'une *Théorie analytique* et d'un *Essai philosophique* sur les probabilités. Berthollet par son *Essai de statique chimique* (1803) reste lui aussi tributaire de Newton, dont il applique le principe d'attraction à sa théorie de l'affinité chimique, tentative d'explication des réactions et combinaisons entre corps. Gay-Lussac découvre les lois de la dilatation des gaz, reprend les expériences d'aérostation afin de procéder à des mesures de température, de pression et d'hygrométrie atmosphériques. Mais c'est sans doute dans le domaine des sciences de la vie que se préparent les travaux les plus riches en hypothèses nouvelles et en conséquences philosophiques. En 1809, Lamarck, l'un des professeurs du Muséum, publie sa *Philosophie zoologique*, ouvrage qui fonde la théorie du transformisme, appelée plus tard à être reprise par Darwin ; elle suggère la variabilité des espèces sous l'influence de ce qu'on appellera bientôt le milieu. Son collègue Geoffroy Saint-Hilaire, au même moment, lance l'idée du rattachement de tous les vertébrés à une souche commune. L'évolutionnisme heurte de front la doctrine classique de Cuvier, qui, classificateur minutieux des espèces dans la tradition linnéenne, tient à la fixité des espèces, et imagine plusieurs créations successives séparées par des destructions *(Discours sur les révolutions du globe*, 1812). Les prolongements de ce débat

mettent en cause la tradition chrétienne sur l'origine du monde
et annoncent l'un des conflits du siècle, celui de la science et de
la foi.

Le renouveau de l'esprit encyclopédique.

Conflit qu'un grand précurseur, précisément, tente de dépasser
en proposant de faire du savoir une nouvelle religion et, plutôt
que de détruire la religion, de l'accorder avec le progrès des
sciences.

Les *Lettres à un habitant de Genève*, de Saint-Simon, sont en
effet de 1803. L'auteur y met en scène une vision nocturne de Dieu,
qui lui annonce la fin de l'Église romaine : « Apprends que j'ai
placé Newton à mes côtés, que je lui ai confié la direction de la
lumière et le commandement des habitants de toutes les planètes. »
En 1808, dans son *Introduction aux travaux scientifiques du
XIXe siècle*, il confirme que « la récapitulation de la marche de
l'esprit humain » lui paraît « prouver complètement que M. de
Bonald est dans l'erreur ». Le newtonianisme, diffusé par les Ency-
clopédistes français, est le « fait général », l'idée nouvelle qui doit
« servir de base au nouveau système scientifique et par suite au
nouveau système religieux », toutes les religions connues ayant
toujours été, depuis l'origine des cultes, fondées sur le système
scientifique. Bien loin de faire profession d'athéisme, Saint-
Simon propose tout simplement à la France de son temps un changement complet du système des valeurs, qui se fonderait sur la
science moderne, issue de l'alliance de la raison avec l'expérience,
mais aussi sur l'industrie et le travail — comme la suite des textes
saint-simoniens ne tardera pas à le montrer. Projet immense de
révolution des mentalités, qui va beaucoup plus loin que les efforts
antérieurs de rationalisation de la croyance chrétienne ou de
laïcisation de la morale, ou que le prochain éclectisme de Victor
Cousin. L'ancien gentilhomme devenu sans-culotte était sans
doute l'un des rares Français à avoir spontanément voulu dater
de 1800 le début de l'ère moderne industrielle, et compris qu'elle
commandait un changement dans les attitudes mentales autant
que dans les structures économiques.

La France napoléonienne a-t-elle manqué un tournant?

Écrivant en 1972, Jean Fourastié[1] affirme : « Jusqu'ici l'Université a failli à sa tâche de diffuser dans le peuple l'esprit scientifique expérimental. Elle ne parvient pas même à transmettre correctement cet esprit expérimental à ses membres, étudiants et professeurs. » Cette condamnation formelle fait curieusement écho à celle que portait Saint-Simon en 1813. « L'organisation actuelle de l'Université », notait-il, « est monstrueuse. L'Université est le corps enseignant, de même que l'Institut est le corps perfectionnant. Le bon sens est choqué de voir le corps enseignant indépendant du corps perfectionnant; de voir ces deux corps rivaux, animés d'un esprit différent et ayant des constitutions contraires dans leur essence, puisque les littérateurs sont en tête de l'un et les savants à la tête de l'autre. »

Napoléon Ier, membre de l'Institut de France, fondateur de l'Institut d'Egypte, fasciné par les savants et convaincu que les mathématiques gouvernent le monde, est aussi le fondateur de l'Université impériale, distributrice d'une culture à dominante classique, au moyen d'une pédagogie et d'un personnel dont la conception et le recrutement n'ont pas varié depuis la fin de l'Ancien Régime. C'est peut-être sur cette contradiction, sur cette oscillation qu'il faut s'interroger pour apprécier la modernité de l'épisode napoléonien dans l'histoire de la France. Le Premier Consul, l'empereur ont bel et bien hésité entre deux modèles sociaux. Par sa formation intellectuelle, par son goût pour la puissance et l'efficacité de l'État, Bonaparte n'était pas étranger au projet d'une société appelée à s'industrialiser et à valoriser les éléments techniques dans la culture populaire, scientifiques dans la culture bourgeoise. Mais ses préoccupations ont toujours été immédiates, et de nature principalement politiques. Or, de ce point de vue, et compte tenu, bien sûr, d'une opposition irréductible au rétablissement d'un État féodal et clérical, l'important était pour Bonaparte la consolidation de l'ordre civil. Il a cherché à l'atteindre, non seulement en se cuirassant de victoires militaires, mais aussi en choisissant de s'appuyer sur la France propriétaire et

1. Jean Fourastié, *Faillite de l'Université?* Paris, Gallimard, 1972.

catholique. Or cette France, après dix ans de secousses et dans l'isolement relatif par rapport aux dangers et aux concurrences que lui procurait sa puissance armée, aspirait à consommer le bénéfice de ses épreuves. Plus sensible à la liberté d'acquérir qu'à celle de produire, séduite par le retour à des valeurs traditionnelles « sécurisantes », elle semblait en somme désireuse d'observer une longue pause — celle qui permettrait à tous les possesseurs de biens fonciers de jouir d'une conquête fondamentale de la Révolution : la « démocratisation » du genre de vie aristocratique, aux siècles précédents objet d'envie et source d'oppression. En quoi les classes dominantes de notre pays se révélaient prêtes à une durable infidélité envers la philosophie du progrès humain qui avait frayé le chemin à leur succès.

Chronologie sommaire[1]

1799

An VIII   *Frimaire*
3 (24 nov.)   Bonaparte recourt au crédit de la haute banque
                  parisienne.
8 (29 nov.)   Abrogation des mesures de déportation contre les
                  prêtres assermentés.
21 (12 déc.)   Bonaparte impose le texte définitif de la Constitu-
                  tion de l'an VIII.
24 (15 déc.)   Celle-ci est proclamée publiquement.

        Nivôse
1 (22 déc.)   Installation du Conseil d'État.
3 (24 déc.)   Mise en vigueur de la Constitution.
6 (27 déc.)   Installation du Sénat.
7 (28 déc.)   Réouverture des églises le dimanche.

1800   *Nivôse*
11 (1er janv.) Installation du Corps législatif et du Tribunat.
27 (17 janv.) Suppression de soixante des soixante-treize jour-
                  naux politiques parisiens.

        Pluviôse
6 (26 janv.)   Arrestation d'Ouvrard.
18 (7 févr.)   Résultats du plébiscite sur la Constitution.
24 (13 févr.)   Création de la Banque de France.
25 (14 févr.)   Soumission de Cadoudal.
28 (17 févr.)   Loi sur l'organisation administrative de la France.
29 (18 févr.)   Exécution de Frotté.
30 (19 févr.)   Bonaparte s'installe aux Tuileries.

        Ventôse
11 (2 mars)   Première promotion de préfets.
12 (3 mars)   Clôture de la liste des émigrés.
27 (18 mars)   Loi sur l'organisation judiciaire.

1. Cette chronologie emprunte notamment ses éléments à l'*Almanach du Premier Empire du Neuf Thermidor à Waterloo* , de Jean Massin (Paris, 1965). Cet ouvrage est beaucoup plus qu'une chronologie détaillée; son recours à l'iconographie et aux textes contemporains, ses commentaires occasionnels en font un livre qui, en dépit d'une certaine partialité du ton, sera d'une fréquentation très utile à tout lecteur désireux d'entrer dans la familiarité de l'époque.

1800   *Thermidor*
            23 (11 août)   Déclaration sur le paiement des rentes.
            24 (12 août)   Nomination d'une commission préparatoire du
                              Code civil.

            Fructidor
            17 (7 sept.)   Bonaparte répond négativement aux avances du
                              « comte de Lille ».

An IX   *Vendémiaire*
            18 (10 oct.)   « Découverte » de la conspiration d'Arena.
            28 (20 oct.)   Radiation de 48 000 émigrés sur la liste de 100 000.

            Brumaire
            14 (5 nov.)   Début des négociations pour un Concordat.

            Nivôse
            3 (24 déc.)   Attentat de la rue Saint-Nicaise.

1801   *Nivôse*
            15 (5 janv.)   Sénatus-consulte déportant 130 jacobins.
            18 (7 févr.)   Loi sur les tribunaux spéciaux.

            Ventôse
            18 (9 mars)   Rétablissement des Bourses de commerce.

            Germinal
            22 (12 avr.)   Chateaubriand publie *Atala*.

            Messidor
            26 (15 juil.)   Signature du Concordat.

            Thermidor
            4 (23 juil.)   Début de la discussion du Code civil au Conseil
                              d'État.

An X   *Vendémiaire*
            17 (9 oct.)   Décision d'ouverture de la rue de Castiglione.

            Brumaire
            29 (20 nov.)   Création des premiers fonctionnaires du Palais.

1802   *Ventôse*
            27 (18 mars)   Épuration du Tribunat et du Corps législatif.

            Germinal
            24 (14 avr.)   Chateaubriand publie *le Génie du christianisme*.
            28 (18 avr.)   Promulgation solennelle du Concordat le jour de
                              Pâques.

            Floréal
            6 (26 avr.)   Radiation complète de tous les émigrés de la liste,
                              sauf mille.
            11 (1er mai)   Loi sur l'instruction publique, créant notamment
                              les lycées.
            29 (19 mai)   Création de la Légion d'honneur.

            Thermidor
            14 (2 août)   Proclamation du Consulat à vie.
            16 (4 août)   Constitution de l'an X.

An XI   *Vendémiaire*
1 (23 sept.)   Début des travaux du canal de l'Ourcq.

        Nivôse
3 (24 déc.)   Création de 22 chambres de commerce.

1803   *Nivôse*
14 (4 janv.)   Création de 31 sénatoreries.

        Pluviôse
3 (23 janv.)   Réorganisation de l'Institut.

        Germinal
17 (7 avr.)   Fixation du régime du bimétallisme.
19 (9 avr.)   Création des auditeurs au Conseil d'État.
22 (12 avr.)   Loi sur le travail dans les manufactures (interdiction des coalitions ouvrières).
24 (14 avr.)   Le privilège de l'émission des billets est conféré à la Banque de France.

An XII   *Frimaire*
9 (1er déc.)   Institution du livret ouvrier.

1804   *Ventôse*
18 (9 mars)   Arrestation de Cadoudal.
30 (21 mars)   Exécution du duc d'Enghien.

        Floréal
28 (18 mai)   Sénatus-consulte proclamant Bonaparte empereur (Constitution de l'an XII).
29 (19 mai)   Nomination des maréchaux d'Empire.

        Messidor
9 (28 juin)   Exécution de Cadoudal.

        Thermidor
28 (16 août)   Distribution de croix de la Légion d'honneur à l'armée au camp de Boulogne.

An XIII   *Frimaire*
11 (2 déc.)   Sacre de Napoléon 1er.

1805   *Ventôse*
18 (9 mars)   Création d'un Bureau de presse pour la surveillance des publications et des représentations.

1806   27 janvier   Destitution de Barbé-Marbois. Poursuites engagées contre les « Négociants réunis ».
22 février   Prohibition des mousselines étrangères.
18 mars   Création des Conseils de prud'hommes.
4 avril   Publication du *Catéchisme impérial* de Bernier et d'Astros.
22 avril   Désignation d'un gouverneur nommé à la tête de la Banque de France.
24 avril   Rétablissement des droits sur les boissons.
10 mai   Fondation de l'Université de France.
20 juin   Oberkampf reçoit la Légion d'honneur.

1806   14 août   Création des majorats.
            23 août   Enlèvement de Mgr de Pancemont.
            21 septembre   Institution des « gardes d'honneur ».
            26 septembre   Ouverture de l'Exposition industrielle de Paris.
            10 décembre   Réunion du Grand Sanhédrin pour l'adoption
                           d'un statut civil des Juifs.

1807   2 mars   Décrets sur le statut des Juifs et le choix de patro-
                           nymes par ces derniers.
            9 août   Important mouvement dans les postes ministé-
                           riels et de la haute administration.
            19 août   Suppression du Tribunat.
            11 septembre   Publication du Code de commerce.
            16 septembre   Création de la Cour des Comptes.

1808   1er mars   Sénatus-consulte organisant la noblesse impériale.
            7 mars   Fontanes nommé Grand-Maître de l'Université.
            9 juin   Découverte de la première conspiration du général
                           Malet.
            10 septembre   Les hommes mariés et les veufs pères de famille
                           sont exemptés du service militaire.
            17 septembre   L'Université se voit reconnaître le monopole de
                           l'enseignement.

1809   30 novembre   Napoléon 1er décide son divorce.
            15 décembre   Un sénatus-consulte prononce le divorce.

1810   12 janvier   Le mariage avec Joséphine est déclaré nul par
                           l'officialité de Paris.
            30 janvier   Création du Domaine extraordinaire.
            17 février   Rome est réunie à la France.
            3 mars   Rétablissement des prisons d'État.
            27 mars   Napoléon 1er accueille Marie-Louise à proximité
                           de Compiègne.
            30 mars   Promulgation du statut de l'École normale supé-
                           rieure.
            1er-2 avril   Mariage de Napoléon 1er et de Marie-Louise.
            6 juin   Création du Conseil du commerce et des manufac-
                           tures.
            15 août   Inauguration de la colonne Vendôme.

1811   15 mars   Napoléon 1er ordonne la préparation d'un concile
                           épiscopal impérial.
            20 mars   Naissance du Roi de Rome.
            17 juin   Ouverture du Concile.
            18 octobre   Création de l'Ordre de la Réunion.
            20 octobre   Le Concile est dispersé.
            15 novembre   Un petit séminaire est autorisé par département.

1812   11 mars   Émeute de subsistances à Caen.
            4 mai   Réglementation du commerce des grains.
            8 mai   Taxation des grains.
            23 octobre   Coup d'État manqué du général Malet.

1813	29 octobre	Malet et ses complices sont fusillés.
	2 janvier	Napoléon Ier visite la raffinerie Delessert à Passy.
	25 janvier	Pie VII capitule dans le conflit qui l'oppose à l'empereur.
	30 mars	Organisation d'un Conseil de régence.
	29 décembre	Le Corps législatif condamne la poursuite de la guerre et la suppression des libertés politiques.
1814	8 janvier	La Garde nationale parisienne est reconstituée.
	24 janvier	Joseph est nommé lieutenant-général de l'Empire.
	28 mars	Joseph fait quitter Paris à la famille impériale.
	2 avril	Le Sénat proclame la déchéance de Bonaparte.
	3 avril	Le Corps législatif vote à son tour la déchéance.
	6 avril	Napoléon Ier abdique à Fontainebleau. Le Sénat offre le trône au comte de Provence.

Orientation bibliographique

AVERTISSEMENT

On a jugé, à quelques exceptions près, inutile d'alourdir la sélection qui va suivre de titres autres que ceux auxquels renvoyait le texte de l'ouvrage. Il a paru préférable d'indiquer au lecteur que toutes ses curiosités peuvent être satisfaites au moyen d'un petit nombre de bons instruments bibliographiques, avec lesquels il est hors de question de vouloir rivaliser. Ce sont, outre les nᵒˢ 2 et 3, la bibliographie internationale à peu près exhaustive publiée en fin de chaque numéro de la *Revue de l'Institut Napoléon*. On peut également recourir à L. Villat, *La Révolution et l'Empire*, t. II : *Napoléon (1799-1815)*, Paris, 1942.

OUVRAGES DE BASE[1]

1. A. Thiers, *Histoire du Consulat et de l'Empire*, 20 vol., Paris, 1845-1862.

2. G. Lefebvre, *Napoléon*, Paris, 1965.

3. J. Godechot, *L'Europe et l'Amérique à l'époque napoléonienne*, Paris, 1967.

4. *Napoléon et l'Empire*, ouvrage collectif sous la direction de J. Mistler, Paris, 1969 (2 vol.).

1. Liste des abréviations utilisées dans la bibliographie :
R.h.m.c. : Revue d'histoire moderne et contemporaine.
A.h.R.f. ; Annales historiques de la Révolution française.
Bull. S.h.P.I. de F. : Bulletin de la Société d'histoire de Paris et de l'Ile-de-France.
R.h. : Revue historique.
Bull. comm. h.é.s.R. : Bulletin de la commission d'histoire économique et sociale de la Révolution.
C.n.s.s. : Congrès national des sociétés savantes.
R.I.N. : Revue de l'Institut Napoléon.

5. *La France à l'époque napoléonienne*, numéro spécial de la *R.h.m.c.*, juillet-septembre 1970 (Actes du Colloque Napoléon, désignés dans les autres articles de la bibliographie par le sigle *A.C.N.*).

TRAVAUX PARTICULIERS

1. Le régime
4. L'envers du régime : les éléments d'une opposition

6. P. Bastid, *Sieyès et sa Pensée*, Paris, 1970.

7. G. Castellan, « L'histoire mondiale et l'univers d'une ville de province. Un exemple : le *Journal de Poitiers* en 1809 », Bull. soc. Antiqu. Ouest, VI-1961, p. 29-46.

8. R. Cobb, *The Police and the People. French Popular Protest (1789-1820)*, Oxford, 1970.

9. V. Daline, « Napoléon et les babouvistes », *A.h.R.f.*, 1970/3, p. 409-418.

10. R. Darquenne, *La Conscription dans le département de Jemappes (1798-1813). Bilan démographique et médico-social*, Mons, 1970.

11. G. Gayot, « Serviteurs ou partisans : les francs-maçons ardennais à l'époque du Consulat et de l'Empire », *Revue du Nord*, 1970/3, p. 339-366.

12. J. Godechot, « La presse sous la Révolution et l'Empire », *Histoire générale de la presse française*, t. I, p. 549-567, Paris, 1970.

13. J. Godechot, « La transformation des institutions révolutionnaires à l'époque napoléonienne », *A.C.N.*, p. 795-813.

14. G. E. Gwynne, *Madame de Staël et la Révolution française*, Paris, 1969.

15. J. Kitchin, *La Décade (1794-1807), un journal « philosophique »*, Paris, 1965.

16. Cl. Langlois, « Le plébiscite de l'an VIII, ou le Coup d'État du 18 pluviôse an VIII » *A.h.R.f.*, 1972/1, p. 43-65 (sera continué).

17. Cl. Langlois, « Complots, propagandes et répression policière en Bretagne sous l'Empire (1806-1807) », *Annales de Bretagne*, 1971/2, p. 369-421.

18. B. Melchior-Bonnet, *La Conspiration du général Malet*, Paris, 1963.

19. Dr. L. Merle, « Louis Alexandre Jard-Panvilliers. Le coup d'État du 18 Brumaire et la Constitution de l'an VIII », *Revue du Bas-Poitou et des provinces de l'Ouest*, septembre-octobre 1969.

20. S. Moravia, *Il Tramonto dell' Illuminismo*, Bari, 1968.

21. R. Mortier, « Constant et les Lumières », *Europe*, mars 1968.

22. R. Mortier, « Philosophie et religion dans la pensée de Madame de Staël », *Revue des littératures modernes et comparées*, septembre-décembre 1967.

23. R. Rémond, *La Vie politique en France*, t. I, 1789-1848, Paris, 1965.

24. F. Rude, *Stendhal et la Pensée sociale de son temps*, Paris, 1967.

25. A. Soboul, *La Première République*, Paris, 1968.

26. J. Tulard, *Nouvelle Histoire de Paris. Le Consulat et l'Empire*, 1800-1815, Paris, 1970.

27. J. Tulard, « Du Paris impérial au Paris de 1830, d'après les bulletins de police », *Bull. S.h.P.I. de F.*, 96e année, 1969, p. 157-175.

28. J. Tulard, « Quelques aspects du brigandage sous l'Empire », *R.I.N.*, 1966, no 98, p. 31-36.

29. J. Vidalenc, « L'opposition sous le Consulat et l'Empire », *A.h.R.f.*, octobre-décembre 1968, p. 472-488.

30. L. de Villefosse et J. Bouissounouse, *L'Opposition à Napoléon*, Paris, 1969.

2. Un pays sous tutelle administrative

31. J. Arnna, *Napoléon financier. Lettres au Comte Mollien*, Paris, 1959 (annotations de B. Gille).

32. J. F. Bosher, *French Finances 1770-1795*, Cambridge, 1970.

33. J. Bouvier, « A propos de la crise dite de 1805. Les crises économiques sous l'Empire », *A.C.N.*, p. 506-513.

34. J. Bouvier, « Le système fiscal français du xixe siècle : étude critique d'un immobilisme », *Colloque de Spa*, 1971 (à paraître).

35. M. Bruguière, *La Première Restauration et son budget*, Paris et Genève, 1969.

36. Ch. Durand, *Les Auditeurs au Conseil d'État de 1803 à 1814*, Aix-en-Provence, 1958.

37. R. Durand, *Le Département des Côtes-du-Nord sous le Consulat et l'Empire. Essai d'histoire administrative*, 2 vol., Rennes et Paris, 1925.

38. Ch. Eckert, « Vie et action d'Adrien de Lezay-Marnésia », *Saisons d'Alsace*, n° 11, 1964, p. 13-60.

39. J. Godel, « L'Église selon Napoléon », *A.C.N.*, p. 837-845.

40. A. Léon, « Promesses et ambiguïtés de l'œuvre d'enseignement technique en France de 1800 à 1815 », *A.h.R.f.*, 1970/3, p. 419-436.

41. P. Mallez, *La Restauration des finances françaises après 1814*, Paris, 1927.

42. R. Priouret, *La Caisse des Dépôts et Consignations*, Paris, 1966.

43. G. Thuillier, *Témoins de l'Administration*, Paris, 1967.

44. G. Thuillier, « La réforme monétaire de 1785 », *Annales E.S.C.*, 1971/5, p. 1031-1051.

45. G. Thuillier, « Pour une histoire monétaire du XIXe siècle : la crise monétaire de l'automne 1810 », *R.h.*, 1967/3, p. 51-84.

46. E. Graf von Westerholt, *Lezay-Marnésia, Sohn der Aufklärung und Präfekt Napoleons*, Meisenheim-am-Glan, 1958.

3. Les bases sociales du régime
6. Les classes sociales

47. M. Agulhon, *La Vie sociale en Provence intérieure au lendemain de la Révolution*, Paris, 1971.

48. P. Barral, *Les Perier dans l'Isère au XIXe siècle, d'après leur correspondance familiale*, Paris, 1964.

49. M. Berard, *Une famille du Dauphiné. Les Berard, notice historique et généalogique*, Paris, 1937.

50. L. Bergeron, « A propos des biens nationaux : la signification économique du placement immobilier », *Annales E.S.C.*, 1971/2, p. 415-419.

51. M. Bruguière, « Finance et noblesse. L'entrée des financiers dans la noblesse d'Empire », *A.C.N.*, p. 664-670.

52. J. Bruhat, « Le mouvement ouvrier français du début du XIXe siècle et les survivances d'Ancien Régime », *La Pensée*, décembre 1968 (n° 142), p. 44-56.

53. E. Coornaert, *Les Compagnonnages en France, du Moyen Age à nos jours*, Paris, 1966.

54. R. Darquenne, « Une dynastie de maîtres-charbonniers : les Warocqué », *A.C.N.*, p. 596-609.

55. A. Daumard, « L'évolution des structures sociales en France à l'époque de l'industrialisation », *Colloque de Lyon*, 1970 (à paraître en 1972).

56. P. Durye, « Les chevaliers de la noblesse impériale », *A.C.N.*, p. 671-679.

57. Ch. Emmanuel-Brousse, « Le livre de dotations de l'Empereur », *Revue des études napoléoniennes*, 1935 (t. 41), p. 168-173.

58. R. Forster, « The Survival of the French Nobility », *Past and Present*, 1967.

59. B. Gilliet, *Recherches sur les grands notables du département de l'Allier au début du XIXᵉ siècle*, diplôme d'études supérieures sous la direction d'E. Labrousse, Paris, 1955, dactylogr.

60. P. Gonnet, « La hiérarchie des fortunes notables urbains à Dijon, de la fin de l'Ancien Régime à la Restauration », *C.n.s.s.*, Montpellier, 1961. Section d'histoire moderne, p. 603-615.

61. H. de La Barre de Nanteuil, *Le Comte Daru ou l'Administration militaire sous la Révolution et l'Empire*, Paris, 1966.

62. E. Labrousse, « Voies nouvelles vers une histoire de la bourgeoisie occidentale au XVIIIᵉ et XIXᵉ siècles (1700-1850) », Xᵉ Congrès international des sciences historiques, Rome, 1955. *Relazioni*, vol. IV, p. 365-396.

63. J. Lacassagne, « La Cour consulaire », *R.I.N.*, 1965, p. 211-218.

64. R. Marquand, « La fortune de Cambacérès », *Bull. Comm. h.é.s.R.*, Paris, 1972.

65. P. Massé, *Varennes et ses Maîtres : un domaine rural de l'Ancien Régime à la Monarchie de juillet (1779-1842)*, Paris, 1956.

66. *Napoléon et la Légion d'honneur*, numéro spécial de *La Cohorte*, 1968.

67. A. Palluel-Guillard, « Les notables dans les Alpes du nord sous le premier Empire », *A.C.N.*, p. 741-757.

68. M. Payard, *Le Financier Ouvrard, 1770-1846*, Reims, 1958.

69. J. Savant, *Les Préfets de Napoléon*, Paris, 1958.

70. M. Senkowska-Gluck, « Les donataires de Napoléon », *A.C.N.*, p. 680-693.

71. J. Sentou, *Fortunes et Groupes sociaux à Toulouse sous la Révolution*, Toulouse, 1969.

72. F. Spannel, « Les éléments de la fortune des grands notables marseillais au début du XIXᵉ siècle », *Provence historique*, 1957 (t. VII).

73. J. Thiry, *Le Sénat de Napoléon, 1800-1814*, Paris, 1932.

74. U. Todisco, *Le Personnel de la Cour des Comptes, 1807-1830*, Paris et Genève, 1969.

75. J. Tulard, « Problèmes sociaux de la France impériale », *A.C.N.*, p. 639-663.

76. J. Valynseele, *Les Maréchaux du premier Empire, leur famille et leur descendance*, Paris, 1957.

77. J. Valynseele, *Les Princes et Ducs du premier Empire, non maréchaux, leur famille et leur descendance*, Paris, 1959.

78. J. Valynseele, *Les Say et leurs Alliances*, Paris, 1971.

5. Une population en perte de vitesse

79. A. Armengaud, « Mariages et naissances sous le Consulat et l'Empire », *A.C.N.*, p. 373-389.

80. J. N. Biraben, « La statistique de la population sous le Consulat et l'Empire », *A.C.N.*, p. 359-372.

81. *Contributions à l'histoire démographique de la Révolution française*, deuxième série, Paris, 1965. Notamment les études suivantes (numéros 83 à 88).

82. P. Clémendot, « Évolution de la population de Nancy de 1788 à 1815 ».

83. J. Coppolani, « Bilan démographique de Toulouse de 1789 à 1815 ».

84. Y. Le Moigne, « Évolution de la population de Strasbourg de 1789 à 1815 ».

85. J. Cl. Perrot, « La population du département du Calvados sous la Révolution et l'Empire ».

86. R. Darquenne, « La dysenterie en Belgique à la fin de l'Empire », *Revue du Nord*, juillet-septembre 1970, p. 367-373.

87. J. Dupâquier, « Problèmes démographiques de la France napoléonienne », *A.C.N.*, p. 339-358.

88. J. Dupâquier et M. Lachiver, « Sur les débuts de la contraception en France », *Annales E.S.C.*, 1969/5, p. 1391-1406.

89. J. Houdaille, « Le problème des pertes de guerre », *A.C.N.*, p. 411-423.

90. J. Houdaille, « Étude par sondage au 1/1 000 des troupes de l'Empire, 1803-1814 », *R.I.N.*, 1969, p. 223-236.

91. M. Lachiver, *La Population de Meulan du XVIIe au XIXe siècle (vers 1600-1870). Étude de démographie historique*, Paris, 1969.

92. E. Le Roy-Ladurie, « Démographie et funestes secrets : le Langue-doc (fin XVIIIe-début XIXe siècle », *A.h. R.f.*, 1965/4, p. 385-400.

93. M. Reinhard, « La population des villes. Sa mesure sous la Révolution et l'Empire », *Population*, 1954, p. 279-288.

94. M. Reinhard, « Bilan démographique de l'Europe, 1789-1815 », XIIe Congrès international des sciences historiques, Vienne, 1965. *Rapports*, I, p. 451-471.

95. P. Rivier et S. Allégret, « Trois paroisses de l'Est parisien : Fontenay, Nogent, Vincennes, 1740-1819 », *Soc. de dém. hist.*, *Bull. d'information*, numéro 4 (octobre 1971), p. 8-19.

96. C. Rollet, « L'effet des crises économiques du début du XIXe siècle sur la population ». *A.C.N.*, p. 391-410.

7. *La vie économique, démarrage ou stagnation*

97. L. Bergeron, « Problèmes économiques de la France napoléonienne », *A.C.N.*, p. 469-505.

98. L. Bergeron, « Douglas, Ternaux, Cockerill : aux origines de la mécanisation de l'industrie lainière en France », *Revue historique*, 1972/2.

99. L. Bergeron, *Banquiers, Négociants et Manufacturiers à Paris, de la fin du Directoire à la fin de l'Empire*, thèse de doctorat d'État (en préparation).

100. J. Bouvier, « Systèmes bancaires et entreprises industrielles dans la croissance européenne au XIXe siècle », *Annales E.S.C.*, 1972/1, p. 46-70.

101. A. Brandt, « L'Alsace napoléonienne et la révolution industrielle », *Saisons d'Alsace*, 1963.

102. A. Brandt, « Apports anglais à l'industrialisation de l'Alsace au début du XIXe siècle », *Bulletin de la Société industrielle de Mulhouse*, 1967/1.

103. P. Butel, « Crise et mutation de l'activité économique à Bordeaux sous le Consulat et l'Empire », *A.C.N.*, p. 540-558.

104. A. Chabert, *Essai sur le mouvement des revenus et de l'activité économique en France de 1798 à 1820*, Paris, 1949.

105. S. Chassagne, *La Manufacture de toiles imprimées de Tournemine-les-Angers*, Paris, 1971.

106. G. Clause, « Notes sur la viticulture et le vignoble champenois au début du XIXe siècle », *Mémoires de la soc. d'agric., du comm., des sc. et des arts du département de la Marne*, 1965, p. 137-147.

107. G. Clause, « L'industrie lainière rémoise à l'époque napoléonienne », *A.C.N.*, p. 574-595.

108. F. Crouzet, « Les origines du sous-développement économique du Sud-Ouest », *Annales du Midi*, 1959, p. 71-79.

109. G. Decottignies, *La Betterave et l'Industrie sucrière dans l'Aisne de ses débuts à nos jours*, Soissons, 1950.

110. R. Devleeshouwer, « Le Consulat et l'Empire, période de *take-off* pour l'économie belge? », *A.C.N.*, p. 610-619.

111. R. Dufraisse, « Les fonctions commerciales de l'Alsace napoléonienne », *Saisons d'Alsace*, 1963, p. 39-54.

112. P. Echinard, *Grecs et Philhellènes à Marseille*, thèse de troisième cycle, Aix-en-Provence, 1968, dactylogr.

113. R. Forster, *The House of Saulx-Tavanes*, Baltimore, 1971.

114. B. Gille, *Les Sources statistiques de l'histoire de France*, Paris et Genève, 1964.

115. J. J. Hémardinquer, « Faut-il démythifier le porc familial d'Ancien Régime? », *Annales E.S.C.*, 1970/6, p. 1745-1766.

116. J. Labasse, *Le Commerce des soies à Lyon et la Crise de 1811*, Paris, 1957.

117. E. Labrousse, R. Romano, F. G. Dreyfus, *Le Prix du froment en France au temps de la monnaie stable (1726-1913)*, Paris, 1970.

118. M. Lévy-Leboyer, *Les Banques européennes et l'Industrialisation de l'Europe au début du XIXe siècle*, Paris, 1964.

119. A. M. Lioux, *L'Agriculture et la Condition paysanne dans le Vaucluse (1799-1814)*, diplôme d'études supérieures sous la direction de P. Guiral, Aix-en-Provence, 1968, dactylogr.

120. J. Meyer, *L'Armement nantais dans la deuxième moitié du XVIIIe siècle*, Paris, 1969.

121. M. Morineau, *Les Faux-semblants d'un démarrage économique : agriculture et démographie en France au XVIIIe siècle*, Paris, 1971.

122. M. Morineau, « La pomme de terre au xviiie siècle », *Annales E.S.C.*, 1970/6, p. 1767-1785.

123. M. Rebouillat, « Les progrès de l'élevage dans la Saône-et-Loire sous le premier Empire », *C.n.s.s.*, 1967.

124. F. Rivet, « Avant le chemin de fer : problème du transit rhodanien », *Cahiers d'histoire*, 1956, p. 365-392.

125. H. Suzuki, *L'Évolution de l'industrie cotonnière dans la région rouennaise au XIXe siècle (1789-1880)*, thèse de troisième cycle, Rouen, 1969, dactylogr.

126. A. Thépot, « Le système continental et les débuts de l'industrie chimique en France », *R.I.N.*, 1966, p. 79-84.

127. G. Thuillier, *Aspects de l'économie nivernaise au XIXe siècle*, Paris, 1966.

128. R. Tinthoin, « Chaptal, créateur de l'industrie chimique française », *Fédération historique du Languedoc méditerranéen et du Roussillon*, XXXe et XXXIe Congrès, Sète-Beaucaire, 1956-1957, p. 195-206.

129. J. Vidalenc, « L'agriculture et l'industrie dans les départements normands à la fin du premier Empire », *Annales de Normandie*, 1957.

130. J. Vidalenc, « Les relations économiques et la circulation en Normandie à la fin du premier Empire », *Annales de Normandie*, 1958.

131. M. Vitte, « Quelques aspects de la Saône-et-Loire au début de l'Empire », *Cahiers d'Histoire*, 1971, p. 353-370.

132. D. Woronoff, « La sidérurgie en Moselle », *Souvenir napoléonien*, janvier 1971, p. 19-21.

8. *Après la Révolution : foi, sensibilité, raison*

133. L. Bergeron, « Les familles de pensée politique en France sous le Consulat et l'Empire », *Cahiers de Clio*, 1969.

134. M. Crosland, *The Society of Arcueil. A view of French Science at the Time of Napoleon I*, Londres, 1967.

135. S. Delacroix, *La Réorganisation de l'Église de France après le Concordat (1801-1809)*, Paris, 1962.

136. J. Godel, *Le Diocèse de Grenoble et la Restauration concordataire (1802-1809)*, Paris, 1968.

137. P. Huard, *Science, Médecine et Pharmacie de la Révolution à l'Empire (1789-1815)*, Paris, 1970.

138. Cl. Langlois, *Un diocèse breton au début du XIXe siècle*, thèse de troisième cycle, Paris, 1971, dactylogr.

139. A. Lenoir, *Description historique et chronologique des monuments de sculpture réunis au musée des Monuments français*, Paris, 1803.

140. B. Plongeron, *Conscience religieuse en Révolution*, Paris, 1969.

141. B. Plongeron et J. Godel, « 1945-1970, un quart de siècle d'histoire religieuse : la génération des Secondes Lumières, 1770-1820 », *A.h.R.f.* 1972/2 et 1972/3.

142. L. J. Rogier, G. de Bertier de Sauvigny, *Siècle des Lumières, Révolutions, Restaurations*, Paris, 1966.

143. A. Cabanis, « L'idéologie contre-révolutionnaire pendant le Consulat et l'Empire » *Revue des Sciences politiques*, 1972.

SUPPLÉMENT BIBLIOGRAPHIQUE [1]

OUVRAGES DE BASE

André Latreille, *L'Ère napoléonienne*, Paris, 1974.

Albert Soboul, *Le Premier Empire*, Paris, 1973.

Jean Tulard, *Napoléon ou le mythe du sauveur*, Paris, 1977.

TRAVAUX PARTICULIERS

1. Le régime
4. L'envers du régime : les éléments d'une opposition

Jean-Pierre Bertaud, *Bonaparte et le duc d'Enghien*, Paris, 1972.

Bluche, *Le Plébiscite des Cent Jours*, Paris, 1974.

Marc Regaldo, *La Décade philosophique*, Paris-Lille, 5 vol., 1976.

2. Un pays sous tutelle administrative

René Bargeton, « L'arrondissement de Montluçon sous le Premier
    Empire », *Bulletin des Amis de Montluçon*, 1974.

Marie-Noëlle Bourguet, « Race et folklore : l'image officielle de la
    France en 1800 », *Annales E.S.C.*, 1976, p. 802-823.

François de Dainville et Jean Tulard, *Atlas administratif du Premier
    Empire*, Paris-Genève, 1973.

Jean Tulard, *Paris et son Administration (1800-1830)*, Paris, 1976.

3. Les bases sociales du régime
6. Les classes sociales

Louis Bergeron et Guy Chaussinand-Nogaret, *Les Collèges électoraux
    du Premier Empire*, Paris, 1978 (sous presse).

Claude-Isabelle Brelot, *La Noblesse en Franche-Comté de 1789 à 1808*,
    Besançon, 1972.

    1. Ouvrages et articles parus depuis la 1re édition.

Yvonne Knibiehler, « La nature féminine au temps du Code civil », *Annales E.S.C.*, 1976, p. 824-845.

Romuald Szramkiewicz, *Les Régents et Censeurs de la Banque de France*, Paris-Genève, 1974.

Jean Tulard, « Les composants d'une fortune : le cas de la noblesse d'Empire », *Revue historique*, 1975, p. 119-138.

5. *Une population en perte de vitesse*

Jacques Dupaquier, « Voies nouvelles pour l'histoire démographique de la Révolution française », *Annales historiques de la Révolution française*, janvier-mars 1975, p. 3-29.

Jacques Dupaquier, « Révolution française et révolution démographique », in *Vom Ancien Régime zur französischen Revolution*, Göttingen, 1978.

7. *La vie économique, démarrage de stagnation*

Louis Bergeron, *Banquiers, Négociants et Manufacturiers parisiens, du Directoire à l'Empire*, Paris, 1978 (sous presse).

Pierre Cayez, *L'Industrialisation lyonnaise au XIXᵉ siècle*, dactylographié, Lyon, 1977.

Roger Dufraisse, « La politique douanière de Napoléon », *Revue de l'Institut Napoléon*, 1974, p. 3-25.

Geneviève Massa-Gille, « Les rentes foncières sous le Consulat et l'Empire », *Bibliothèque de l'École des Chartes*, 1975.

Guy Thuillier, « Le stock monétaire de la France en l'an X », *Revue d'histoire économique et sociale*, 1974, p. 247-257.

Guy Thuillier, « La réforme monétaire de l'an XI », *Revue de l'Institut Napoléon*, 1975, p. 83-102.

8. *Après la Révolution : foi, sensibilité, raison*

Claude Langlois, *Le Diocèse de Vannes (1800-1830)*, Paris, 1974.

Claude Langlois, « Religion et politique dans la France napoléonienne », in *Christianisme et Pouvoirs politiques*, Paris, 1974.

Bernard Plongeron, *Théologie et Politique au siècle des Lumières*, Paris, 1973.

Michelle Sadoun-Goupil, *Le Chimiste Claude-Louis Berthollet (1748-1822); sa vie, son œuvre*, 1977.

Index de noms de personnes[1]

1. Afin de ne pas alourdir cet index, on n'y a pas repris les noms inclus dans un certain nombre de tableaux, ni le nom de Napoléon Bonaparte lui-même.

Table

2

La France des années 1800-1815

IMPRIMERIE HÉRISSEY À ÉVREUX (1-92)
D. L. : 2e TRIM. 1972. No 3005-6 (56887)

Collection Points